DK TOP 10

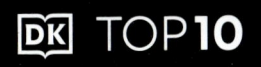

BERLIN

JÜRGEN SCHEUNEMANN

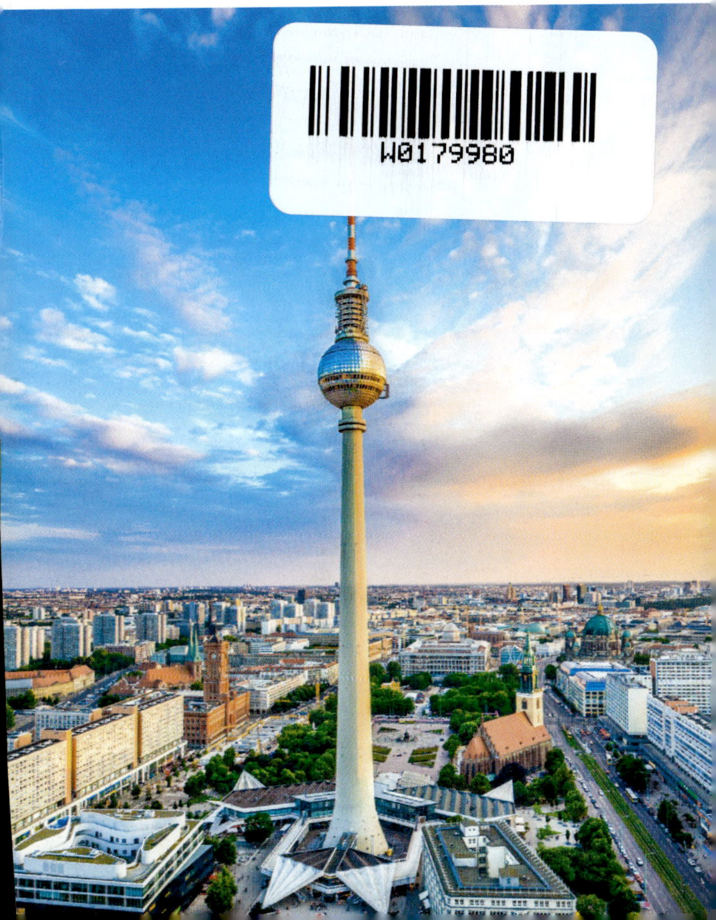

Highlights

Themen

Inhalt

Stadtteile

Reise-Infos

Die TOP10-Listen in diesem Buch sind nicht nach Rängen oder Qualität geordnet. Alle zehn Einträge sind in den Augen des Herausgebers von gleicher Bedeutung.

Umschlag Vorderseite & Buchrücken
Der Reichstag im Abendlicht
Titelseite Fernsehturm
Umschlag Rückseite, im Uhrzeigersinn von links oben Brandenburger Tor, Oberbaumbrücke mit typischer Berliner Tram, Kuppel des Reichstags, der Potsdamer Platz von innen

Die Informationen in diesem TOP10-**Reiseführer werden regelmäßig aktualisiert.**

Angaben wie Telefonnummern, Öffnungszeiten, Adressen, Preise und Fahrpläne können sich jedoch ändern. Der Verlag kann für fehlerhafte oder veraltete Angaben nicht haftbar gemacht werden. Für Hinweise, Verbesserungsvorschläge und Korrekturen ist der Verlag dankbar. Bitte richten Sie Ihr Schreiben an: Dorling Kindersley Verlag GmbH Redaktion Reiseführer Arnulfstraße 124 • 80636 München reise@dk.com

Willkommen in
Berlin

Wenige europäische Städte waren in ihrer Geschichte so sehr Schauplatz von Umbruch und Erneuerung wie Berlin. Vom preußischen Nationalstaat über das Dritte Reich, den Kalten Krieg und den Mauerbau bis zur Wiedervereinigung – stets stand Berlin im Fokus der Ereignisse. Dieser Reiseführer begleitet Sie bei der Entdeckung dieser faszinierenden Metropole.

Berlins wechselvolle Historie ist praktisch an jeder Ecke allgegenwärtig. Die Prachtstraße **Unter den Linden** führt vom klassizistischen **Brandenburger Tor** vorbei an den einstigen Ministerien des Dritten Reichs zum UNESCO-Welterbe der **Museumsinsel** mit ihren wunderbaren Kunstschätzen. Dahinter bewahrt der **Alexanderplatz** so manches Zeugnis der sozialistischen Architektur. Genau dieses Sammelsurium an Stilen macht Berlins Charme aus.

Die Stadt ist mit ihrer Kunstszene sowie den zahllosen Bars, Restaurants und Clubs jeder Couleur zu einem Besuchermagnet geworden. Der Geist der goldenen 1920er Jahre scheint wiedererwacht. Wer diesem speziellen Berliner Rhythmus aus Kultur und Nachtleben folgen will, braucht Durchhaltevermögen. Glücklicherweise ist Berlin trotz seiner Größe ungewöhnlich grün. Viel Platz zum Entspannen und Erholen, aber auch für Fitness und Sport bieten **Tiergarten** und **Volkspark Friedrichshain**.

Ob Sie nun für ein Wochenende oder eine ganze Woche kommen – der TOP10 *Berlin* führt Sie zielgenau zu den wichtigsten Highlights und Orten der Stadt. Entdecken Sie die schicken Cafés und Restaurants vom **Prenzlauer Berg**, touren Sie durch die düster-szenigen Clubs von **Kreuzberg**, und bestaunen Sie die noblen Adelsresidenzen in **Charlottenburg**. Das Buch hält jede Menge Tipps bereit, von kostenlosen Angeboten bis zu wenig bekannten Locations. 14 übersichtliche Routen bringen Sie mit wenig Zeitaufwand zu möglichst vielen Sehenswürdigkeiten. Mit seinen prägnanten Fotos und detailreichen Karten ist dieser Reiseführer Ihr idealer Begleiter. **Genießen Sie Berlin!**

Im Uhrzeigersinn von oben: **Berliner Dom, Sony Center am Potsdamer Platz, Hackescher Markt, Schloss Charlottenburg, Marx-Engels-Forum, Philharmonie**

Berlin entdecken

Trotz seiner Größe findet man sich in Berlin überraschend leicht zurecht. Das öffentliche Verkehrssystem ist ausgezeichnet. Zu entdecken gibt es außerordentlich viel, für jeden Geschmack und jedes Budget ist etwas dabei. Die folgenden Touren führen Sie zu den wichtigsten Highlights der Stadt – bei möglichst geringem Zeitaufwand.

Die Kaiser-Wilhelm-Gedächtnis-Kirche gemahnt an die Schrecken des Kriegs.

Legende
— Zwei-Tages-Tour
— Vier-Tages-Tour

Zwei Tage in Berlin

Tag ❶
Vormittags
Starten Sie am **Alexanderplatz** *(siehe S. 102–109)* mit einer Fahrt hinauf auf den **Fernsehturm** *(siehe S. 104)*. Bestaunen Sie die Kunstschätze im **Pergamonmuseum** *(siehe S. 24–26)*.
Nachmittags
Spazieren Sie über die Prachtstraße **Unter den Linden** *(siehe S. 16–19)* zum **Brandenburger Tor** *(siehe S. 12f)*. Auch eine Führung durch das **Reichstagsgebäude** *(siehe S. 14f)* lohnt. Genießen Sie abends klassische Musik in der **Philharmonie** *(siehe S. 38)*.

Tag ❷
Vormittags
Von den Ruinen der **Kaiser-Wilhelm-Gedächtnis-Kirche** *(siehe S. 32f)* geht es über den **Kurfürstendamm** *(siehe S. 30f)* und mittags zurück ins **Kaufhaus des Westens** *(siehe S. 76)*.

Nachmittags
Mit der U-Bahn fahren Sie zum **Schloss Charlottenburg** *(siehe S. 34–37)*. Der **Savignyplatz** lockt abends mit Bars und Restaurants *(siehe S. 120f)*.

Vier Tage in Berlin

Tag ❶
Vormittags
Erkunden Sie das **Reichstagsgebäude** und das **Regierungsviertel** *(siehe S. 14f)*, z.B. bei einer **Bootstour** führt. Eine Anlegestelle gibt es im Tiergarten *(siehe S. 113)* beim Haus der Kulturen der Welt.
Nachmittags
Speisen Sie im **Aigner** *(siehe S. 93)*, direkt am reizenden **Gendarmenmarkt** *(siehe S. 86)*. Über **Unter den Linden** *(siehe S. 16f)* geht es zum **Brandenburger Tor** *(siehe S. 12f)*. Abends ist *showtime* im **Friedrichstadt-Palast** *(siehe S. 67)*.

Das Reichstags-gebäude ist eines der geschichtsträchtigsten Gebäude der Stadt, seine Kuppel ein beliebter Aussichtspunkt.

Das Neue Museum beherbergt einmalige Kunstschätze, darunter die Büste der Nofretete.

Friedrichstadt-Palast
Pergamon-museum
Neues Museum
Alexander-platz
Fernsehturm
Klosterstraße
Unter den Linden
Aigner
Gendarmenmarkt
Mitte
Potsdamer Platz
U-Bahn
U-Bahn
Kreuzberg
Gneisenaustraße
Schöneberg
0 Kilometer 1

Der Potsdamer Platz war 50 Jahre eine Brache, bevor hier moderne Bauten wie das Sony Center entstanden.

Tag ❷
Vormittags
Genießen Sie die Aussicht vom **Fernsehturm** *(siehe S. 104)*. Erkunden Sie die wunderbaren Kunstsammlungen der Museumsinsel *(siehe S. 24 – 27)*. Das **Neue Museum** beherbergt die sagenhafte Büste der Nofretete.
Nachmittags
Den **Potsdamer Platz** *(siehe S. 20 – 23)* mit moderner Architektur und der Deutschen Kinemathek *(siehe S. 22)* erreichen Sie per U-Bahn. Danach geht es in den **Tiergarten** *(siehe S. 113)*.

Tag ❸
Vormittags
Die **Kaiser-Wilhelm-Gedächtnis-Kirche** *(siehe S. 32f)* liegt zwischen dem **Zoo Berlin** *(siehe S. 119)* und dem **Kurfürstendamm** *(siehe S. 30f)*.
Nachmittags
Das **Schloss Charlottenburg** mit seinem schönen Park *(siehe S. 34 – 37)* ist eine Oase der Erholung. In der

nahen **Gipsformerei** finden Sie Souvenirs *(siehe S. 77)*. Im **Museum Berggruen** *(siehe S. 35)* sind Werke der klassischen Moderne zu sehen. In der Kantstraße können Sie in einem der vielen asiatischen Restaurants zu Abend essen.

Tag ❹
Vormittags
Beginnen Sie den Tag am **Kulturforum** *(siehe S. 38 – 41)* mit seinem reichen Kulturangebot, z. B. in der Gemäldegalerie *(siehe S. 40)*. Zum Lunch bietet sich eines der Restaurants am Potsdamer Platz an.
Nachmittags
Die alte Residenzstadt **Potsdam** mit ihren einzigartigen Parklandschaften und dem berühmten Schloss **Sanssouci** *(siehe S. 156 – 161)* ist von Berlin per Zug in nur 25 Minuten zu erreichen. Auch die Stadt selbst lohnt einen Besuch. Bleiben Sie auch zum Abendessen!

Highlights

Der prächtige Hauptsaal der
Staatsoper Unter den Linden

TOP 10 Highlights

Berlin zählt zweifellos zu den faszinierendsten Kapitalen der Welt. Für die internationale Kunst- und Musikszene ist die Stadt mit ihrem legendären Nachtleben sowie Museen und Theatern ersten Ranges derzeit einer *der* Hotspots. Als Hauptstadt des wiedervereinten Deutschlands legte Berlin eine atemberaubende Entwicklung zur kosmopolitischen Metropole hin.

Brandenburger Tor & Pariser Platz

Das Brandenburger Tor bildet mit den Botschaften und dem Hotel Adlon ein elegantes Ensemble am Pariser Platz *(siehe S. 12f).*

2 Reichstagsgebäude

Kein anderes Gebäude symbolisiert deutsche Geschichte besser. Die von Norman Foster gestaltete Kuppel eröffnet eine tolle Sicht auf die Stadt *(siehe S. 14f).*

3 Unter den Linden

Der grüne Prachtboulevard versammelt einige der bedeutendsten historischen Bauten Berlins *(siehe S. 16–19).*

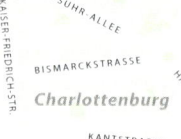

Potsdamer Platz 4

Das neue Herz der alten Metropole Berlin schlägt am Potsdamer Platz mit seinen modernen Bauten *(siehe S. 20–23).*

5 Museumsinsel

Der beeindruckende Museumskomplex birgt einen weltweit einmaligen Reichtum an Kunstschätzen von der Antike bis in die Gegenwart *(siehe S. 24–27)*.

7 Kaiser-Wilhelm-Gedächtnis-Kirche

Die Gedächtniskirche wurde im Gedenken an Kaiser Wilhelm I. erbaut. Heute mahnt sie mit ihrer Turmruine an die Schrecken des Kriegs *(siehe S. 32f)*.

6 Kurfürstendamm

Der traditionsreiche Boulevard im Herzen der westlichen City lädt zum Bummeln und Shoppen ein *(siehe S. 30f)*.

8 Schloss Charlottenburg

Das ehemalige Sommerschloss der Hohenzollern lädt zu einem Spaziergang durch die preußische Geschichte ein *(siehe S. 34–37)*.

9 Kulturforum

Dieser einzigartige Museumskomplex umfasst u. a. die Gemäldegalerie, die Philharmonie *(links)*, das Kunstgewerbemuseum und die Neue Nationalgalerie *(siehe S. 38–41)*.

10 Jüdisches Museum Berlin

Das Museum beleuchtet die wechselvolle deutsch-jüdische Geschichte durch mehrere Jahrhunderte *(siehe S. 42f)*.

TOP 10 ⭐ Brandenburger Tor & Pariser Platz

Als bekanntestes historisches Berliner Wahrzeichen behauptet sich das Brandenburger Tor am Pariser Platz heute inmitten moderner Architektur. Das Bauwerk mit der Quadriga stand seit je im Mittelpunkt internationaler Geschichte: Kein Herrscher und kein Staatsmann ließen es sich nehmen, einmal durch das Tor zu marschieren. Der Pariser Platz galt im 19. Jahrhundert als intellektuelles Zentrum Berlins.

Brandenburger Tor ①
Das 1789–91 von Carl G. Langhans nach dem Vorbild der Propyläen im antiken Athen errichtete Bauwerk *(rechts)* ist das emblematische Symbol Berlins. Schon im 19. Jahrhundert war das Tor Schauplatz vieler Ereignisse von historischer Tragweite.

② Quadriga
Die fünf Meter hohe Quadriga *(links)* von Johann Gottfried Schadow stellt den »Triumph des Friedens« dar. Die Figur der Friedensgöttin wurde 1793 nach dem Körper der Nichte Schadows gestaltet, die daraufhin in Berlin berühmt wurde.

③ Hotel Adlon Kempinski
Das heutige Luxushotel *(unten)* ist eine Rekonstruktion des legendären, im Zweiten Weltkrieg zerstörten Hotel Adlon, das einst Berühmtheiten wie Greta Garbo, Charlie Chaplin und Thomas Mann beherbergte.

④ DZ Bank
Der moderne Bau des US-Architekten Frank O. Gehry verbindet die Klarheit preußischer Architektur mit einigen kühnen Elementen – vor allem im Innenbereich *(siehe S. 53)*.

⑤ Akademie der Künste
Die Stahl-Glas-Konstruktion integriert die Ruine der alten, im Zweiten Weltkrieg zerstörten Akademie hinter einer großflächigen Fensterfront. Das Gebäude ist Sitz der Akademie der Künste Berlin-Brandenburg.

⑥ Französische Botschaft
Am Ort der 1945 zerstörten Botschaft entstand ein eleganter Neubau von Christian de Portzamparc. Die hohen Fenster und der Säulenvorbau erinnern an das alte Gebäude.

⑦ Palais am Pariser Platz

Der Komplex *(links)* von Bernhard Winking liegt etwas versteckt nördlich des Brandenburger Tors. Er ist eine gelungene Neuinterpretation klassizistischer Architektur. Besucher finden hier ein Restaurant mit schönem Innenhof.

Infobox

Karte K3 ■ Pariser Platz ■ S-Bahn, U-Bahn: Brandenburger Tor

Touristeninformation (Berlin Tourist Info), Brandenburger Tor, südliches Torhaus ■ +49 30 2500 2333 ■ www.visitberlin.de

■ Apr – Okt: tägl. 9.30 – 19 Uhr; Nov – März: tägl. 9.30 – 18 Uhr

■ Am Pariser Platz gibt es mehrere Cafés für einen Zwischenstopp; ein wenig nobler lässt es sich im Adlon To Go Coffee Shop rasten.

■ Im Zwischengeschoss des U- und S-Bahnhofs Brandenburger Tor zeigt eine kleine Ausstellung die Geschichte der Berliner Mauer, ein Informationszentrum erinnert an die Teilung der Stadt.

---

⑧ Max Liebermann Haus

Das von Josef Paul Kleihues 1996 – 98 errichtete Gebäude trägt den Namen des Malers Max Liebermann, der an gleicher Stelle wohnte und beim Anblick der 1933 durch das Tor marschierenden SA-Truppen den berühmten Ausspruch tat: »Ick kann gar nicht so viel essen, wie ick kotzen möchte.«

⑨ US-Botschaft

Der Eröffnung des Botschaftsgebäudes *(oben)* im Jahr 2008 an historischer Stelle gingen jahrelange Querelen wegen Sicherheitsfragen voraus. Über ein Abhörzentrum auf dem Dach der Botschaft wird seit Längerem spekuliert.

⑩ Eugen-Gutmann-Haus

Der 1996/97 errichtete schlichte Rundbau *(rechts)* stammt von dem Hamburger Architektenteam gmp. Das Gebäude erinnert mit seinen klaren Linien an den Stil der Neuen Sachlichkeit der 1920er Jahre.

TOP 10 ⭐ Reichstagsgebäude

Von allen Berliner Bauten besitzt dieser wohl den höchsten Symbolwert. Das gewaltige Reichstagsgebäude von Paul Wallot entstand 1884–94 als stolzer Prachtbau des Deutschen Reichs, wurde 1933 durch Brandstiftung zerstört und im Krieg zur Ruine geschossen. 1995 verhüllte Christo den Reichstag, 1997–99 verwandelte ihn der britische Architekt Sir Norman Foster in eines der modernsten Parlamentsgebäude der Welt. Heute ist er offizieller Sitz des Deutschen Bundestags.

Reichstagskuppel ①
Die Kuppel von Sir Norman Foster bietet eine atemberaubende Aussicht auf Berlin. Sie ist oben geöffnet, um verbrauchte Luft abzuleiten und – feine Ironie – die Debatten im ganzen Land zu »verbreiten«. Eine Rampe windet sich bis zur Spitze empor *(rechts)*.

② Plenarsaal
Seit dem 19. April 1999 tagt der Deutsche Bundestag wieder hier. Der Plenarsaal *(oben)* bietet Platz für rund 700 Abgeordnete von aktuell sechs politischen Fraktionen. Ein Streitpunkt war der Bundesadler: Das alte Design galt als zu »fett«, der neue Adler ist nun schlanker gestaltet.

③ Portikus »Dem deutschen Volke«
Der von Peter Behrens entworfene Schriftzug entstand 1916 gegen den Willen von Wilhelm II.

④ Restaurierte Fassade
Trotz der aufwendigen Restaurierung sieht man noch kleine Einschusslöcher aus dem Krieg.

Reichstagsbrand
Als der Reichstag am 27. Februar 1933 brannte, wurde als angeblicher Brandstifter Marinus van der Lubbe festgenommen. Bis heute ist seine Täterschaft höchst zweifelhaft, wahrscheinlicher ist die Brandstiftung durch die Nationalsozialisten. Das nach dem Brand verabschiedete »Ermächtigungsgesetz« markierte den Beginn der zwölfjährigen Terrorherrschaft.

Restaurant Käfer ⑤
Das Restaurant *(rechts)* auf dem Reichstagsdach bietet eine tolle Aussicht auf das historische Zentrum Unter den Linden *(siehe S. 117)*.

Deutsche Fahne
8 Die riesige deutsche Fahne *(links)* wurde bei den Staatsfeiern zur deutschen Wiedervereinigung am 3. Oktober 1990 erstmals gehisst.

Mahnmal für Maueropfer
9 Eine Gedenkstätte gegenüber der Südfassade des Reichstags erinnert daran, dass die Mauer nur wenige Meter hinter dem Gebäude verlief. Mehr als 100 Menschen starben bei dem Versuch, sie zu überwinden.

Denkmal für Reichstagsabgeordnete
10 Das 1992 vor dem Gebäude enthüllte Denkmal *(unten)* von Dieter Appelt erinnert an die 96 im Dritten Reich ermordeten Abgeordneten der SPD und KPD.

Platz der Republik
6 Den begrünten Platz *(unten)* vor dem Reichstagsgebäude nutzen im Frühling und Sommer Einheimische und Besucher zum Entspannen.

Kunstwerk »Der Bevölkerung«
7 Die Installation von Hans Haacke im nördlichen Innenhof des Reichstagsgebäudes ist eine Reaktion auf den Schriftzug am Portikus.

Infobox

Karte K2 ▪ Platz der Republik 1 ▪ U-Bahn: Bundestag (U55) ▪ Kuppel: +49 30 2273 2152; Restaurant Käfer: +49 30 227 9220 ▪ www.bundestag.de

▪ Kuppel: tägl. 8 – 24 Uhr (letzter Einlass 21.45 Uhr); Restaurant Käfer: tägl. 9 –17, 19 – 23 Uhr

▪ Kuppel und Dach des Reichstagsgebäudes sind nur nach vorheriger Anmeldung zu besichtigen. Ein Formular liegt unter www.bundestag.de/besucher bereit. Man kann sich auch an der Serviceaußenstelle des Besucherdienstes in der Scheidemannstraße anmelden.

▪ Südlich des Reichstagsgebäudes bieten sich eine Bratwurstbude und ein kleines Restaurant zum Rasten an.

⭐ Unter den Linden

»Solang' noch untern Linden die alten Bäume blühn, kann nichts uns überwinden, Berlin bleibt doch Berlin«, sang Marlene Dietrich über den Prachtboulevard. Im 18. Jahrhundert entwickelten sich »Die Linden« zur vornehmsten Adresse Berlins und zum repräsentativen Aushängeschild der preußischen, ab 1871 der deutschen Hauptstadt. Zahlreiche historische Gebäude säumen die Straße, moderne Architektur hie und da setzt neue Glanzlichter.

Deutsches Historisches Museum

Das größte deutsche Geschichtsmuseum im Zeughaus *(rechts)* beleuchtet die Geschichte vom ersten Jahrhundert v. Chr. bis zur Gegenwart. Das Zeughaus von 1706 ist der älteste Bau Unter den Linden *(siehe S. 18f)*.

② Staatsoper Unter den Linden

Die jüngst aufwendig sanierte Staatsoper *(oben)* ist eines der schönsten deutschen Opernhäuser. Der von Georg Wenzeslaus von Knobelsdorff entworfene klassizistische Bau entstand 1741–43 im Auftrag von Friedrich dem Großen *(siehe S. 85)*.

③ St.-Hedwigs-Kathedrale

Die Kathedrale der katholischen Erzdiözese Berlin wurde 1747–73 von Georg W. von Knobelsdorff nach dem Vorbild des Pantheon in Rom gestaltet *(unten)*. Friedrich der Große ließ sie für die Berliner bauen *(siehe S. 48)*.

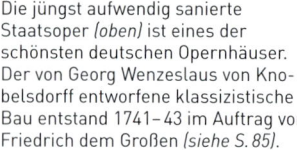

④ Humboldt-Universität

Berlins älteste und heute renommierteste Universität *(oben)* wurde 1810 auf Initiative von Wilhelm von Humboldt gegründet. Seitdem hat sie 29 Nobelpreisträger, u. a. Albert Einstein, hervorgebracht.

9 Kronprinzenpalais

Das neoklassizistische Palais wurde ursprünglich 1663 als Dienstwohnung des Berliner Gouverneurs errichtet und in den Jahren 1732/33 von Philipp Gerlach als Residenz für die Hohenzollern-Thronfolger umgestaltet. Nach dem Ersten Weltkrieg war es ein Kunstmuseum, die DDR-Regierung nutzte es als Gästehaus für Staatsbesuche. 1990 wurde hier der Einigungsvertrag zwischen der BRD und der DDR unterzeichnet.

5 Neue Wache

Die zentrale deutsche Gedenkstätte für Kriegsopfer *(oben)* entstand 1816–18 nach Plänen von Karl Friedrich Schinkel. Im Zentrum des Raums steht eine *Pietà* von Käthe Kollwitz.

10 Bebelplatz

Der weite, offene Platz hieß ursprünglich Opernplatz und wurde von Georg W. von Knobelsdorff als Mittelpunkt des Forum Fridericianum entworfen. Die elegante Anlage sollte römische Pracht in die preußische Hauptstadt bringen. Im Mai 1933 inszenierten die Nationalsozialisten hier die Bücherverbrennung – ein Denkmal erinnert daran.

Infobox

Deutsches Historisches Museum: Karte K5
■ Zeughaus, Unter den Linden 2 ■ U-Bahn: Friedrichstraße ■ +49 30 203 040 ■ tägl. 10–18 Uhr ■ Eintritt (Kinder & Jugendliche bis 18 Jahre frei) ■ www.dhm.de

Staatsoper Unter den Linden: Karte K4
■ Unter den Linden 7 ■ U-Bahn: Französische Straße, Friedrichstraße ■ +49 30 2035 4555 (Theaterkasse; tägl. 12–19 Uhr) ■ www.staatsoper-berlin.de

■ Das Café im Deutschen Historischen Museum bietet auch Plätze mit Blick auf den Berliner Dom.

6 Prinzessinnenpalais

Das Gebäude diente nach seinem Bau 1733–37 als Palais für die Prinzessinnen. Als PalaisPopulaire wird es seit 2018 als Kunst- und Kulturzentrum genutzt.

7 Russische Botschaft

Die wuchtige Russische Botschaft entstand nach dem Zweiten Weltkrieg als erstes Gebäude des Boulevards Unter den Linden im stalinistischen Baustil.

8 Standbild Friedrich der Große

Die 13,50 Meter hohe Reiterstatue des Alten Fritz in Uniform und mit Dreispitz *(oben)* gilt als schönstes Werk des Bildhauers Christian Daniel Rauch *(siehe S. 85)*.

Deutsches Historisches Museum

1 Sterbende Krieger
Die 22 Plastiken von Andreas Schlüter schmücken die Fassade im Innenhof. Die Masken zeigen auf ungewöhnlich direkte Art die Schrecken des Kriegs.

2 Europa und Asien
Die Figurengruppe aus Meißner Porzellan spiegelt die Beziehungen zwischen den beiden Kontinenten wider – und die gegenseitige Faszination.

3 Dampfmaschine
Die Dampfmaschine aus dem Jahr 1847 steht in Originalgröße am Eingang der Ausstellung zur industriellen Revolution.

4 KZ-Gefängniskleidung
Unter den zahlreichen Exponaten zur NS-Zeit ist auch eine Jacke eines KZ-Häftlings, die unmittelbar die Schrecken der NS-Herrschaft greifbar macht.

5 Martin Luther
Das eindrucksvolle Porträt des Reformators wurde von Lucas Cranach dem Älteren (ca. 1472–1553) geschaffen. Es bildet das Zentrum der Abteilung über die Reformation.

6 Viktoria
Die fast vier Meter hohe Skulptur schuf der Bildhauer Fritz Schaper (1841–1919) im Jahr 1885 für die Ruhmeshalle des Berliner Zeughauses. Sie steht heute im Foyer des Historischen Museums.

Triebwerksteil einer
V2-Rakete

7 Soldaten plündern einen Bauernhof
Das düstere Gemälde des flämischen Malers Sebastian Vrancx (1573–1647) zeigt eine Szene aus der Zeit der niederländischen Religionskriege.

8 Sattel
Der Sattel aus der Mitte des 15. Jahrhunderts ist mit plattenförmigen Elfenbeinreliefs wunderschön verziert. Er stammt aus Süddeutschland.

9 Berliner Mauer
Ein Originalstück der einst rund 160 Kilometer langen Mauer erinnert zusammen mit Transparenten der friedlichen Demonstrationen von 1989 an den Fall der Mauer am 9. November 1989.

10 V2-Rakete
Neben einer 88-mm-Flak steht ein Triebwerksteil einer V2-Rakete. Die V2 gehörte zu den »Wunderwaffen«, die gegen Ende des Zweiten Weltkriegs den »Endsieg« sichern sollten und auch mehrfach London trafen.

Martin-Luther-Porträt im Zeughaus

Zeughaus Unter den Linden

Das Zeughaus war einst die königliche Waffen-kammer. Sie entstand 1706 im Barockstil nach Plänen von Johann Arnold Nering. Als Geviert umschließen Haupt- und Nebengebäude einen mit einem modernen Glaskuppeldach geschütz-ten historischen Innenhof. An den Arkaden fal-len besonders die berühmten 22 »Masken ster-bender Krieger« des preußischen Architekten und Bildhauers Andreas Schlüter ins Auge, die den Schrecken des Kriegs in für damalige Verhältnisse ungewöhnlich offener Form zeigen. Hinter dem Museum befindet sich ein kegel-förmiger, gläserner Anbau, den der japanische Stararchitekt Ieoh Ming Pei zwischen 2001 und 2003 für Sonder- und Wechselausstellungen er-richtete. Die Dauerausstellung im historischen Hauptgebäude zeigt die Sammlung »Zeugnisse der deutschen Geschichte«. Schlaglichtartig werden hier die wichtigsten historischen Pha-sen und Ereignisse der deutschen Geschichte präsentiert. Die erstaunlich vielfältigen Expona-te stammen aus dem frühen mittelalterlichen Kaiserreich, aus der Reformationszeit und dem Dreißigjährigen Krieg sowie aus den Befreiungs-kriegen, der gescheiterten Revolution von 1848 und den beiden Weltkriegen. Die jüngsten Ausstellungsobjekte beleuchten das 20. Jahr-hundert bis zur Gegenwart.

Napoléons Einzug in Berlin, 27. Oktober 1806 (1810) von Charles Meynier zeigt den siegreichen französischen Kaiser am Brandenburger Tor.

Ereignisse

1 1573
Reitweg zwischen Stadt-schloss und Tiergarten.

2 1647
Der Große Kurfürst lässt Lindenbäume pflanzen.

3 Ab 1740
Friedrich der Große lässt Prachtbauten errichten.

4 1806
Napoléon marschiert Unter den Linden.

5 1820
Die Linden werden als Boulevard ausgebaut.

6 1928
Unter den Linden und die Friedrichstraße sind Inbe-griffe der Weltstadt.

7 1933
SA- und SS-Truppen feiern die Ernennung Hitlers zum Reichskanzler.

8 1945
Der Boulevard Unter den Linden ist völlig zerstört.

9 1948–1953
Wiederaufstieg des Boulevards.

10 Oktober 1989
Demonstrationen führen zum Ende der DDR.

TOP 10 ⭐ Potsdamer Platz

Innerhalb der neu entstandenen Metropole Berlin nimmt der Potsdamer Platz eine Sonderstellung ein. Wo heute Besucher hoch aufragende Neubauten bewundern, tobte in den 1920er Jahren das Großstadtleben. Nach der Wende wuchs in zehn Jahren auf der einstigen Brachfläche des Potsdamer Platzes ein Verkehrsknoten mit modernster Architektur. Das Shopping-Center Mall of Berlin am nahen Leipziger Platz ist eines der größten Einkaufszentren Deutschlands.

Sony Center ①

Das ehrgeizigste Gebäude *(rechts)* im neuen Berlin wurde von Helmut Jahn entworfen (2000). Der Kuppelbau ist nicht nur Sitz der deutschen Sony-Zentrale, sondern mit dem Kino Arsenal und der Deutschen Kinemathek auch kultureller Anziehungspunkt.

② Deutsche Kinemathek

Das Museum *(unten)* entführt hinter die Kulissen von Hollywood und Babelsberg. Ausgestellt sind u. a. Besitztümer von Marlene Dietrich *(siehe S. 22)*.

Weinhaus Huth ④

Das einzige Gebäude *(rechts)* am Potsdamer Platz, das den Zweiten Weltkrieg überstanden hat, beherbergt heute Restaurants sowie die sehenswerte Kunstsammlung der Mercedes-Benz Group.

③ Café Josty

Das Café Josty – bis 1930 ein legendäres Künstlercafé – wurde im Zweiten Weltkrieg zerstört. Fast 70 Jahre später eröffnete im Sony Center das neue Café Josty. Während der Berlinale war es Treffpunkt der Filmschaffenden.

⑤ Boulevard der Stars

Der »rote Teppich« aus gefärbtem Asphalt auf der Potsdamer Straße ehrt Filmstars wie Marlene Dietrich, Werner Herzog, Fritz Lang, Romy Schneider *(links)* und Christoph Waltz.

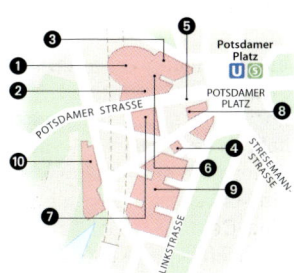

⑥ LEGOLAND® Discovery Centre

Die Erlebniswelt *(oben)* für große und kleine Kinder steht ganz im Zeichen der berühmten bunten Kunststoff-klötzchen. Ein toller Spaß für einen langen Tag *(siehe S. 65)*.

⑩ Spielbank Berlin

In der Spielbank heißt es täglich bis in die Puppen »Faites vos jeux«. Neben Roulette wird auch Black Jack gespielt.

Infobox

Deutsche Kinemathek: Karte L2 ▪ Potsdamer Str. 2 ▪ Mi–Mo 10–18 Uhr (Do bis 20 Uhr) ▪ Eintritt ▪ www.deutsche-kinemathek.de

Spielbank Berlin: Karte F4 ▪ Marlene-Dietrich-Platz 1 ▪ tägl. 11–3 Uhr ▪ Eintritt ▪ www.spielbank-berlin.de

LEGOLAND® Discovery Centre: Karte L2 ▪ Potsdamer Str. 4 ▪ Eintritt ▪ www.legoland discoverycentre.de

CinemaxX: Karte L2 ▪ Potsdamer Str. 5 ▪ www.cinemaxx.de

Kollhoff-Tower: Karte L2 ▪ Potsdamer Platz 1 ▪ tägl. 11–19 Uhr (Winter: bis 18 Uhr) ▪ Eintritt

Sony Center: Karte L2 ▪ Potsdamer Platz ▪ www.sonycenter.de

▪ U-Bahn, S-Bahn: Potsdamer Platz (alle)

▪ Das Café The Barn im Weinhaus Huth empfiehlt sich für eine Pause.

---

⑦ CinemaxX

Mit 19 Leinwänden ist das CinemaxX am Potsdamer Platz *(unten)* eines der größten Berliner Kinos. In den Sälen des Multiplexkinos laufen vorwiegend die aktuellen Blockbuster der großen US-Studios.

⑧ Kollhoff-Tower

Das von Hans Kollhoff entworfene Hochhaus wurde 1999 fertiggestellt. Es verfügt über den schnellsten Aufzug Europas, der die Passagiere in nur 20 Sekunden zur Aussichtsplattform im 25. Stockwerk bringt.

⑨ Potsdamer Platz Arkaden

Nach dem Umbau der Arkaden findet man hier seit Sommer 2022 unter dem Namen »The Playce« rund 90 Shops sowie ein großes Gastronomie-Angebot und drei schicke Bars.

Ausstellungen in der Kinemathek

Kostüme von Marlene Dietrich

1 Marlene Dietrich
Der Nachlass des Weltstars umfasst Fotos, Kostüme, Reisegepäck, Briefe und Notizen, alte Plakate und Filmausschnitte.

2 *Metropolis*
Der von Fritz Lang inszenierte Film (1927) zeigt eine bedrohliche Welt der Zukunft. Im Museum sind Modelle und Requisiten ausgestellt. *Metropolis* zählt zum Weltdokumentenerbe der UNESCO.

3 *Caligari*
Einer der berühmtesten deutschen Filme der 1920er Jahre, *Das Cabinet des Dr. Caligari* (1919) von Robert Wiene, gilt als Meisterwerk expressionistischer Filmkunst.

4 Leni Riefenstahl
Die Ausstellung enthüllt die technischen Geheimnisse des Propagandafilms *Olympia* von 1936–38.

5 Film im Nationalsozialismus
Gezeigt werden Dokumente zur Propaganda, zum Kinoalltag und zu den Opfern in der Filmbranche: Manche Stars ließen sich benutzen, andere verweigerten sich dem System. Anhand von Dokumenten ist dafür beispielhaft die Verfolgung und Ermordung des Schauspielers Kurt Gerron dargestellt.

6 Filmexil
Dokumente zeigen den schwierigen Neuanfang deutscher Filmkünstler in den USA in den Jahren 1933 bis 1945.

7 Nachkriegszeit
Die Entwicklung des Films in beiden deutschen Staaten wird mit Requisiten und Kostümen deutscher Nachkriegsstars wie Romy Schneider, Heinz Rühmann und Hanna Schygulla dokumentiert.

8 …zur Gegenwart
Die Abteilung behandelt die Zeit von 1980 bis heute. Sie beleuchtet Tendenzen im deutschen Kino vor und nach der Wende.

9 Transatlantik
Die Karrieren deutscher Filmstars in Hollywood werden anhand von Briefen und Erinnerungsstücken nachgezeichnet.

Ausstellung »Transatlantik«

10 Pioniere & Diven
Als die Filme laufen lernten, war die Kamera dabei – und Stummfilmstars wie Henny Porten und Asta Nielsen. Die ersten kinematografischen Vorführungen überhaupt fanden 1895 in Paris und in Berlin statt. Die Ausstellung beleuchtet diese aufregende Pionierzeit des Kinos mit zahlreichen Exponaten und einzigartigen Filmdokumenten.

Berlins neues Zentrum

Der Potsdamer Platz entstand bereits in der Mitte des 19. Jahrhunderts, in den 1920er Jahren galt er als Europas verkehrsreichster Platz. Hier nahm die erste automatische Verkehrsampel Deutschlands ihren Betrieb auf. Die Bomben im Zweiten Weltkrieg machten das Vergnügungsviertel dem Erdboden gleich. Fast 50 Jahre lang blieb der riesige leere Platz – ein Dreiländereck zwischen den drei Sektoren der Siegermächte – unberührt, bevor das Areal durch den Mauerfall in das Zentrum Berlins rückte. In den 1990er Jahren war der Potsdamer Platz Europas größte Baustelle. Seit Herbst 2014 steht gleich östlich vom Potsdamer Platz in der Leipziger Straße die Mall of Berlin, das zweitgrößte Einkaufsquartier Berlins.

Architekten am Potsdamer Platz

1 Helmut Jahn
Sony Center

2 Renzo Piano und Christian Kohlbecker
debis-Hauptverwaltung, Stage Theater am Potsdamer Platz, Spielbank Berlin, Weinhaus Huth

3 José Rafael Moneo
Hotel Grand Hyatt, Mercedes-Benz-Zentrale

4 Hans Kollhoff
Kollhoff-Tower

5 Giorgio Grassi
Park-Kolonnaden

6 Ulrike Lauber und Wolfram Wöhr
Grimm-Haus, CinemaxX

7 Sir Richard Rogers
Bürohaus Linkstraße

8 Steffen Lehmann und Arata Isozaki
Büro- und Geschäftshaus Linkstraße

9 Heidenreich & Michel
Weinhaus Huth

10 Bruno Doedens und Maike van Stiphout
Tilla-Durieux-Park

Historischer Kaisersaal im Sony Center

Hochhaus-Panorama am Potsdamer Platz

TOP10 ⭐ Museumsinsel

Im nördlichen Teil der Spreeinsel in Berlin-Mitte erstreckt sich einer der weltweit bedeutendsten Museumskomplexe. Die zwischen 1830 und 1930 entstandenen Häuser fügen sich zu einem einzigartigen baulichen Ensemble mit erlesenen Sammlungen zu Archäologie und Kunst. In den letzten zwei Dekaden wurden die Häuser umfassend saniert. 1999 wurde das Ensemble zum UNESCO-Welterbe erklärt. Mit der James-Simon-Galerie erhielt die Museumsinsel ein zentrales Entree.

Bode-Museum ①
Den imposanten Bau an der nördlichen Spitze der Museumsinsel krönt eine markante Kuppel *(rechts)*. Das 1904 eröffnete Museum zeigt die Skulpturensammlung, das Museum für Byzantinische Kunst und das Münzkabinett. Insgesamt besitzt das Haus annähernd 500 000 Exponate.

② Pergamonmuseum
Das Pergamonmuseum (1930) ist eines der weltweit bedeutendsten Museen antiker Kunst und Architektur. Es birgt einzigartige Exponate *(siehe S. 26)*. Das Ischtar-Tor *(oben)* stammt aus dem 6. Jahrhundert v. Chr.

⑤ Neues Museum
Das von David Chipperfield umgestaltete Gebäude ist so aufregend wie seine Sammlungen. Hier sind das Ägyptische Museum, die Papyrussammlung und das Museum für Vor- und Frühgeschichte untergebracht.

Verlorene Schätze

Während des Zweiten Weltkriegs wurden viele Schätze der Museumsinsel in Bunkern versteckt. Nach der Eroberung Berlins verbrachte die Rote Armee einige Stücke aus dem »Schatz des Priamos« nach Moskau. Im Neuen Museum hat man die Lücken in der Sammlung entsprechend markiert.

③ Ägyptisches Museum
Die im Neuen Museum untergebrachte Sammlung zeigt einzigartige archäologische Schätze wie die Büste der Nofretete *(siehe S. 54)*.

④ Alte Nationalgalerie
Die 1876 eröffnete Alte Nationalgalerie *(rechts)* wurde in den 1990er Jahren restauriert. Sie zeigt bedeutende Kunst des 19. Jahrhunderts, darunter Arbeiten von Max Liebermann und Schadow *(siehe S. 56)*.

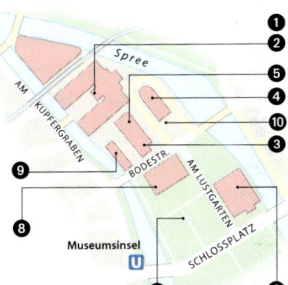

❽ Altes Museum

Das 1830 eröffnete klassizistische Alte Museum ist das älteste Haus der Museumsinsel und erinnert an einen griechischen Tempel *(siehe S. 51)*. Seit 1998 zeigt hier die Antikensammlung ihre Schätze *(rechts)*.

❾ James-Simon-Galerie

Das nach dem Kunstmäzen James Simon (1851–1932) benannte Gebäude von David Chipperfield wurde 2019 eröffnet und dient als zentraler Zugang zu den Museen.

❿ Kolonnaden

Die Kolonnaden verbinden Alte Nationalgalerie und Neues Museum. Sie umrahmen den wunderschönen, von Karl Friedrich Schinkel entworfenen Innenhof, wo man sitzen und entspannen kann.

❼ Lustgarten

Die Grünanlage vor dem Alten Museum war ursprünglich kurfürstlicher Küchengarten. Heute erholen sich hier Museumsbesucher *(siehe S. 51)*.

❻ Berliner Dom

Für ein protestantisches Gotteshaus ist dieser mächtige Barockbau *(oben)* ungewöhnlich üppig ausgeschmückt. In der 1905 eingeweihten, größten Kirche Berlins finden regelmäßig Orgelkonzerte statt *(siehe S. 48)*.

Infobox

Karte J5 ▪ U-Bahn: Friedrichstraße; S-Bahn: Friedrichstraße, Hackescher Markt ▪ +49 30 266 424 242 ▪ www.smb.museum

▪ Di – So 10 –18 Uhr (Neues Museum & Pergamonmuseum: Do bis 20 Uhr); Teile des Pergamonmuseums bis 2025 geschlossen

▪ Eintritt: 10 bzw. 14 Euro pro Museum; Tageskarte Museumsinsel 19 €; 3-Tages-Karte Museumspass Berlin 29 €; Extra-Gebühr für Sonderausstellungen; Jugendliche unter 18 Jahren frei

▪ In mehreren Museen der Museumsinsel gibt es ein Café, z. B. im Alten Museum.

▪ Für die Besichtigung aller Häuser der Museumsinsel sollte man mindestens einen Tag einplanen. Sonntags ist in der Regel mit dem größten Besucherandrang zu rechnen. Gepflegte Grünanlagen rund um die Museen bieten reichlich Platz für Erholung.

Pergamonmuseum

Fries des Dareios-Palastes (Detail)

5 Bogenschützenfries des Dareios-Palastes

Das um 510 v. Chr. entstandene Fries *(links)* aus dem Königspalast von Susa (Iran) besteht aus wunderbar kolorierten Fliesen und zeigt mit Lanze, Pfeil und Bogen bewaffnete persische Soldaten.

6 Skorpion-Vogelmann

Die fast drei Meter hohe Skulptur wurde bei Grabungen in Tell Halaf (heutiges Syrien), der Hauptstadt des damaligen aramäischen Reichs, entdeckt.

1 Pergamonaltar

Der zwischen 175 und 159 v. Chr. errichtete Altar ist der größte und bedeutendste Schatz der Berliner Museen.

2 Ischtar-Tor

Das gewaltige Tor und die 180 Meter lange Prozessionsstraße aus dem antiken Babylon sind vollständig erhalten. Die ursprünglichen Fayencen stellen die heiligen Löwen dar. Das Tor stammt aus dem 6. Jahrhundert v. Chr. und wurde unter Nebukadnezar II. erbaut.

3 Markttor von Milet

Das Markttor von Milet (120 n. Chr.) ist über 16 Meter hoch. Rechts vom Eingang ist die Werbung eines Friseurs in den Stein geritzt.

4 Assyrischer Palast

Der komplett restaurierte Innenraum aus einem Palast zur Zeit der assyrischen Könige (12. Jh. v. Chr.) beeindruckt durch seine Löwenstatuen.

7 Aleppo-Zimmer

Das kleine Zimmer mit der prächtigen Wandverkleidung aus dem Haus einer syrisch-christlichen Kaufmannsfamilie in Aleppo stammt aus dem Jahr 1603 und ist ein exzellentes Beispiel für die Architektur des Osmanischen Reichs.

8 Orpheusmosaik

Das Bodenmosaik stammt aus einem römischen Privathaus in Milet (200 n. Chr.) und zeigt Orpheus mit seiner Lyra und umringt von Tieren.

9 Palast von Mschatta

Der Wüstenpalast entstand 744 v. Chr. in Jordanien. Die aufwendig verzierte Südfassade war ein Geschenk von Sultan Hamid II. an Wilhelm II.

10 Stele des Asarhaddon

Die wuchtige Siegesstele wurde 1888 im heutigen Zincirli in der südöstlichen Türkei entdeckt. Sie feiert Asarhaddons Sieg über den ägyptischen König Taharqa (671 v. Chr.).

Markttor von Milet

Die Rettung der Museumsinsel

Neu gestaltete Treppenhalle des Neuen Museums

Die Museumsinsel ist eine Schatzkammer antiker Architektur – und ist dabei lange Zeit selbst zerfallen. Seit 1992 wird die Museumsinsel renoviert und modernisiert. Der »Masterplan«, den Architekten wie David Chipperfield und O. M. Ungers umsetzen, soll die Museumsinsel wieder in eine einzigartige Museumslandschaft verwandeln – wie im 19. Jahrhundert von Friedrich Wilhelm IV. vorgesehen als »Freistätte für Kunst und Wissenschaften«. Künftig wird eine »archäologische Promenade« vier der fünf Museen miteinander verbinden. Kernstück der Umbauten am Kupfergraben ist ein zentraler Eingangsbau, die im Jahr 2019 eröffnete James-Simon-Galerie. Das Bode-Museum ist seit 2006 wieder zugänglich. 2009 wurde das Neue Museum wieder eröffnet. Die abschnittsweise Sanierung des Pergamonmuseums soll bis 2025 vollendet sein. Die Museumsinsel zählt seit 1999 zum UNESCO-Welterbe.

Geschichte der Museumsinsel

1 1810 Planung einer öffentlichen Kunstsammlung unter König Friedrich Wilhelm III.

2 1830 Eröffnung des Alten Museums

3 1859 Fertigstellung des Neuen Museums

4 1876 Einweihung der Alten Nationalgalerie

5 1904 Bode-Museum als Kaiser-Friedrich-Museum eröffnet

6 1930 Eröffnung des Pergamonmuseums

7 1943 Massive Bombenschäden in fast allen Häusern der Museumsinsel

8 1958 Wiedereröffnung einiger Museen

9 1999 Museumsinsel wird UNESCO-Welterbe

10 2009 Wiedereröffnung des Neuen Museums

Altes Museum (rechts), im Vordergrund der Lustgarten mit Brunnen

TOP 10 ★ Kurfürstendamm

Am Ku'damm steppt der Berliner Bär: Nach jahrelangem Niedergang ist der im späten 19. Jahrhundert ausgebaute Boulevard wieder zur ersten Adresse aufgestiegen. Atemberaubende Architektur, elegante Boutiquen und renommierte Speiselokale machen den Kurfürstendamm zur schönsten und mit 3,5 Kilometern auch längsten Flaniermeile Berlins.

① Breitscheidplatz
Zentrum des quirligen Platzes ist der Weltkugelbrunnen (J. Schmettau). Im Dezember 2016 war der Weihnachtsmarkt auf dem Platz Ziel eines Terroranschlags.

② Kaiser-Wilhelm-Gedächtnis-Kirche
Am Breitscheidplatz erhebt sich die Turmruine als eines der beeindruckendsten Berliner Wahrzeichen *(links)*. Die Kirche ist bis heute ein Mahnmal an die Schrecken des Kriegs *(siehe S. 32f)*.

③ Europa-Center
Das 1965 eröffnete Shopping-Paradies *(unten)* ist noch immer einen Besuch wert. Hier findet man zahlreiche Läden und Restaurants sowie das Kabarett »Die Stachelschweine«.

⑤ Bikini Berlin
Das 1957 errichtete Bikini-Haus *(oben)* ist heute eine hippe Concept Mall. In kuratierten Flagship Stores und Pop Up Boxes präsentieren junge Labels Mode und Design.

④ Neues Kranzler Eck
Das Glas- und Stahlhochhaus mit seinen vielen Läden und Cafés sowie einem Volierengarten erschuf der Architekt Helmut Jahn von 1998–2000. An das legendäre Café Kranzler erinnert nur der Name.

Als der Ku'damm noch Knüppeldamm hieß

Der heutige Prachtboulevard war anfangs lediglich ein schlecht befestigter »Knüppeldamm«, der den Kurfürsten seit 1542 als Reitweg zwischen Stadtschloss und Jagdschloss diente. Erst ab 1873 entwickelte sich die Gegend rund um den Kurfürstendamm zum schicken »neuen Westen«. Otto von Bismarck ließ den Boulevard nach Vorbild der Champs-Élysées anlegen. Ein Denkmal auf der Straße wurde dem Eisernen Kanzler aber verwehrt.

Vorherige Doppelseite Reichstagsgebäude *(siehe S. 14f)* und Paul-Löbe-Haus

7 Lehniner Platz
Erich Mendelsohn errichtete hier 1928 das Universum-Kino, in dem seit 1978 die berühmte Schaubühne *(links)* residiert.

8 Fasanenstraße
Die kleine Seitenstraße zählt mit ihren Galerien, Edelboutiquen und Restaurants zu den elegantesten Gegenden in Charlottenburg *(siehe S. 120f).*

9 Verkehrskanzel
An der Kreuzung Kurfürstendamm und Joachimsthaler Straße steht Berlins einziges erhaltenes Bauwerk (1955) zur manuellen Verkehrsregelung. Mittels Schaltvorrichtungen bediente damals ein Verkehrspolizist von der erhöhten Kanzel aus die Ampeln an der Kreuzung.

6 Iduna-Haus
Das markante, turmbewehrte Eckhaus ist eines der wenigen erhaltenen großbürgerlichen Häuser aus der Zeit um 1900. Die reich verzierte, strahlend weiße Jugendstil-Fassade wurde aufwendig restauriert *(unten).* Heute sind hier mehrere Bankhäuser ansässig.

10 Galerie Burster
Das 1897 errichtete Wohnhaus (Kurfürstendamm 213) ist seit Jahrzehnten Galeriestandort und als solcher Zeugnis der Kunstmetropole.

Infobox
Europa-Center: Karte P5
▪ Tauentzienstr. 9
▪ U-Bahn, S-Bahn: Zoologischer Garten
▪ 24 Stunden (Läden: Mo–Sa 10–20 Uhr)
▪ www.24ec.de

Bikini Berlin: Karte N4
▪ Budapester Str. 38–50
▪ U-Bahn, S-Bahn: Zoologischer Garten
▪ Läden, Boxen, Kantini: Mo–Sa 10–20 Uhr;

▪ Dachterrasse: Mo–So 10–20 Uhr)
▪ www.bikiniberlin.de

▪ Das schönste Café der Gegend ist das Café Wintergarten im Literaturhaus *(siehe S. 126)* in der Fasanenstraße.

▪ Am besten meiden Sie den Ku'damm am Samstagvormittag, wenn Besucher und Berliner in Shopping-Laune den Boulevard verstopfen.

TOP10 ★ Kaiser-Wilhelm-Gedächtnis-Kirche

Eines der bewegendsten Berliner Wahrzeichen wird von den Berlinern »hohler Zahn« genannt. Zur Ehrung Wilhelms I. erhielt die neoromanische Kirche 1895 den Namen »Kaiser-Wilhelm-Gedächtnis-Kirche«. Nach Bombenangriffen 1943 ließ man die Ruine als Mahnmal stehen. Daneben errichtete Egon Eiermann 1957 – 63 einen Neubau.

Turmruine ①
Die Bombenangriffe 1943 überstand lediglich der heute nur noch 71 Meter hohe Turm *(rechts)* der Gedächtniskirche – einst war er 113 Meter hoch. Wegen des scharf gezackten Lochs im Spitzturmdach tauften die Berliner die Kirche »hohler Zahn«.

Neuer Glockenturm ②
Der sechseckige Glockenturm *(rechts)* erhebt sich neben der Turmruine, wo sich früher das Hauptschiff befand.

③ Turmuhr
Die klassisch gestaltete Turmuhr mit römischen Ziffern *(links)* erstrahlt nachts im blauen Licht moderner Leuchtdioden.

④ Orthodoxes Kreuz
Das Kreuz war ein Geschenk des russisch-orthodoxen Bischofs von Wolokolamsk und Jurjewsk zum Gedenken an die NS-Opfer.

⑤ Kaisermosaik
Eines der erhaltenen Mosaike zeigt Kaiser Heinrich I. mit Reichsapfel und Zepter auf seinem Thron *(rechts)*. Das Innere der Kirche war einst überall mit aufwendig gestalteten Motiven aus der deutschen Kaisergeschichte geschmückt.

Die Kirche mit den zwei Leben

Dass die Gedächtniskirche erhalten blieb, verdankt sie den Berliner Bürgern: Der Senat wollte die Turmruine aus Sicherheitsgründen 1947 abreißen lassen. Doch in einer Volksbefragung knapp zehn Jahre später sprach sich die Mehrheit der Berliner für ihren Erhalt aus. So wurde die Idee realisiert, neben der Ruine einen Neubau zu errichten und das alte Vestibül als Gedenkhalle an die Schrecken des Kriegs zu erhalten. In den letzten Jahren wurde die Turmruine saniert.

6 Hauptaltar

Die frei hängende Christusfigur über dem modernen Hauptaltar *(oben)* im Neubau wurde von Karl Hemmeter geschaffen. Im Sonnenlicht erglühen die Fenster hinter dem Altar in überwältigendem Dunkelblau.

Infobox

Karte N4 ▪ Breitscheidplatz
▪ U-Bahn, S-Bahn: Zoologischer Garten
▪ +49 30 218 5023
▪ www.gedaechtniskirche-berlin.de

▪ Kirche: tägl. 10–18 Uhr; Gedenkhalle: tägl. 12–18 Uhr; Gottesdienst: Sa 18, So 10, 18 Uhr

Kostenlose Führungen: tägl. 12.15, 13.15, 14.15, 15.15 Uhr; Spende erbeten

▪ für Rollstühle geeignet

▪ Den Neubau sollte man wenn möglich an einem sonnigen Tag zur Mittagszeit besichtigen: Dann leuchtet das blaue Fensterglas im Innenraum am schönsten.

▪ Den besten Blick auf das Kirchenensemble hat man von der Dachterrasse des Bikini-Hauses.

7 Mosaik der Hohenzollern

Im Vestibül der Kirchenruine glänzt das Mosaik der Hohenzollern noch heute in strahlenden Farben *(oben)*. Auf dem Bild ist Kaiser Wilhelm I. mit Königin Luise von Preußen und Gefolge dargestellt.

10 Coventry-Kreuz

Das Kreuz wurde aus Nägeln geschmiedet, die man in der Ruine der Kathedrale im englischen Coventry fand. Es erinnert an die Zerstörung der Stadt durch die deutsche Luftwaffe.

Originalmosaike 8

Rund um das Treppenhaus sind Mosaike mit den preußischen Herzögen an Wänden und Decken erhalten geblieben *(rechts)*.

9 Christusfigur

Die hoch aufragende und doch schlicht gestaltete Christusfigur überstand die Bombardierung der Kirche wie durch ein Wunder.

TOP 10 ⭐ Schloss Charlottenburg

Das Schloss war als Residenz für Sophie Charlotte, die Gemahlin des Kurfürsten Friedrich III., geplant. Die Bauarbeiten begannen 1695. Zwischen 1701 und 1713 erweiterte Eosander von Göthe das Schloss mit dem Ausbau der Orangerie. Unter Friedrich dem Großen entstand 1740 bis 1746 der Neue Flügel mit seinen prachtvollen Festsälen.

① Altes Schloss

Der barocke Turm des ältesten Schlossteils (1695) stammt von Johann Arnold Nering. Er wird von Richard Scheibes goldener Fortuna-Statue gekrönt *(oben)*.

② Porzellankabinett

Das reizvolle kleine Spiegelkabinett *(unten)* aus dem Jahr 1706 ist originalgetreu restauriert worden. Hier ist kostbares chinesisches und japanisches Porzellan ausgestellt.

③ Schlosskapelle

Der verschwenderische Glanz der Schlosskapelle erinnert an die einst prächtige Innengestaltung des Schlosses vor der Zerstörung im Zweiten Weltkrieg. Allerdings: Bis auf die original erhaltene Kanzel ist die gesamte Kapelle eine Rekonstruktion.

④ Denkmal des Großen Kurfürsten

Das Reiterdenkmal von Friedrich Wilhelm I. *(rechts)* gilt als die erhabendste Darstellung des Regenten. Das 1696–1703 von Andreas Schlüter gestaltete Denkmal stand auf der Rathausbrücke beim zerstörten Stadtschloss.

⑤ Neuer Flügel
Der Knobelsdorff-Bau (1740–47) beherbergt die Wohnräume Friedrichs des Großen, die mit erlesenen Möbeln und Meisterwerken der französischen Malerei ausgestattet sind.

⑦ Schlossgarten
Der barocke Schlossgarten wurde zwischen 1818 und 1828 von Peter Joseph Lenné in einen englischen Landschaftsgarten mit künstlichem See umgestaltet.

⑧ Belvedere
Das romantische Belvedere (unten) ist ein 1788 von Carl Gotthard Langhans erbautes Sommerhaus, in das sich Friedrich Wilhelm II. gerne zu Teegesellschaften zurückzog. Heute ist hier eine Porzellansammlung zu sehen.

⑨ Neuer Pavillon
Die wunderschöne Villa wurde 1825 von Schinkel für Friedrich Wilhelm III. nach der Villa Reale del Chiatamone in Neapel entworfen. Sie belegt die Vorliebe der Hohenzollern für die Renaissance.

⑩ Mausoleum
Der klassizistische Schinkelbau ist die letzte Ruhestätte von Königin Luise und anderer Hohenzollern (unten).

⑥ Museum Berggruen
Die einzigartige Sammlung im westlichen Stülerbau und im 2012 eröffneten Erweiterungsbau gegenüber dem Schloss Charlottenburg zeigt mehr als 100 Arbeiten von Picasso sowie Werke seiner Zeitgenossen, darunter so bedeutende Namen wie Braque, Matisse, Klee und Giacometti (siehe S. 56).

Infobox

Karte B3 ▪ Spandauer Damm ▪ S-Bahn: Westend; U-Bahn: Richard-Wagner-Platz (U7) ▪ +49 30 320 910 ▪ www.spsg.de

Altes Schloss & Neuer Flügel: Di–So 10–17.30 Uhr (Nov–März: bis 16.30 Uhr)

Belvedere: Di–So 10–17.30 Uhr (nur Apr–Okt)

Neuer Pavillon: Di–So 10–17.30 Uhr (Nov, Dez: 10–16, Jan–März: 12–16 Uhr)

Mausoleum: Di–So 10–17.30 Uhr (nur Apr–Okt)

Museum Berggruen: Schloßstr. 1 ▪ +49 30 266 424 242 ▪ Di–Fr 10–18 Uhr, Sa, So 11–18 Uhr ▪ Eintritt ▪ www.smb.museum

▪ Das Café der Orangerie empfiehlt sich für eine Pause.

▪ Der ganzjährig von 8 Uhr bis Abenddämmerung kostenlos zugängliche Schlossgarten ist am frühen Abend besonders romantisch.

Schlossräume

Goldene Galerie im Neuen Flügel

1 Goldene Galerie
Der 42 Meter lange Festsaal im Neuen Flügel wurde von dem Architekten Georg Wenzeslaus von Knobelsdorff im Stil des Rokoko für Friedrich den Großen gestaltet. Der reich verzierte Raum strahlt eine heitere Stimmung aus.

2 Eichengalerie
Die sogenannte Eichengalerie mit ihren kostbaren vergoldeten Schnitzereien auf der Holzvertäfelung zeigt Ahnengemälde der Hohenzollern.

3 Gris-de-Lin-Kammer
Das kleine Zimmer in Friedrichs zweiter Wohnung ist mit Gemälden geschmückt, die u. a. vom Lieblingsmaler des Königs, Antoine Watteau, stammen. Der Raum erhielt seinen Namen wegen der violetten Damasttapeten.

4 Schlafzimmer Königin Luises
Der 1810 von Karl Friedrich Schinkel gestaltete Raum weist mit seiner Einrichtung die für den Klassizismus typischen schlichten Linien auf. Die Wände sind mit Voile und Tapete bedeckt.

5 Winterkammern
Die frühklassizistischen Zimmer Friedrich Wilhelms II. sind mit Gemälden, Gobelins und Möbeln der Zeit ausgestattet.

6 Bibliothek
Die schmale Bibliothek Friedrichs des Großen besticht vor allem durch edle Buchkabinette und hellgrüne Farbtöne.

7 Konzertkammer
Der kleine Konzertsaal ist wie zu Zeiten Friedrichs des Großen möbliert und weiß-golden getäfelt. Hier hängt das Watteau-Gemälde *Das Firmenschild des Kunsthändlers Gersaint*, das der König direkt beim Künstler gekauft hatte.

8 Grünes Zimmer
In den Wohnräumen von Königin Elisabeth gibt das Grüne Zimmer Einblick in den königlichen Biedermeier-Salon des 19. Jahrhunderts.

Grünes Zimmer von Königin Elisabeth

9 Rote Kammer
Der elegante Raum ist ganz in Rot- und Goldtönen gestaltet und mit Porträts von Friedrich I. und Sophie Charlotte dekoriert.

10 Audienzkammer Friedrichs I.
Die Deckengemälde und die belgischen Wandgobelins zeigen u. a. allegorische Figuren der Künste und der Wissenschaften. Auffallend sind die Lackkabinette nach asiatischen Vorbildern.

Die Hohenzollern und Berlin

**Friedrich Wilhelm,
der Große Kurfürst**

Im Jahr 1412 bat Sigismund von Luxemburg den Nürnberger Burggrafen Friedrich von Hohenzollern um dessen Unterstützung bei der Wahl zum römisch-deutschen König. Als Dank erhielt Friedrich 1415 die Mark Brandenburg. Bei der Bekämpfung des Raubrittertums in der Mark Brandenburg war Friedrich so erfolgreich, dass Sigismund ihn zum Kurfürsten erhob. Damit begann die 500-jährige Verbindung zwischen den Hohenzollern und Berlin. Von Anfang an versuchte die Familie, die Rechte der Stadt einzuschränken. Gleichzeitig bescherten Herrscher wie der Große Kurfürst der Stadt eine kulturelle Blüte: Er brachte u. a. 20 000 hugenottische Flüchtlinge nach Berlin, gründete eine Gemäldegalerie und Schulen. Friedrich Wilhelm I., der Vater Friedrichs des Großen, verwandelte Berlin in ein Militärlager mit Exerzierplätzen und Garnisonen. Er ließ überall in der Stadt nach »langen Kerls« für seine Leibgarde suchen. 1871 wurde Berlin Hauptstadt des bis 1918 bestehenden Deutschen Kaiserreichs unter Wilhelm I., Friedrich III. und Wilhelm II.

Herrscher der Hohenzollern

1 Friedrich Wilhelm (der Große Kurfürst) (1620 – 1688)

2 Friedrich I. (1657 – 1713)

3 Friedrich Wilhelm I. (1688 – 1740)

4 Friedrich II. (der Große) (1712 – 1786)

5 Friedrich Wilhelm II. (1744 – 1797)

6 Friedrich Wilhelm III. (1770 – 1840)

7 Friedrich Wilhelm IV. (1795 – 1861)

8 Wilhelm I. (1797 – 1888)

9 Friedrich III. (1831 – 1888)

10 Wilhelm II. (1859 – 1941)

Der Große Kurfürst empfängt die Glaubensflüchtlinge von Daniel Chodowiecki (1726 – 1801)

★ Kulturforum

Das Kulturforum unweit des Potsdamer Platzes ist ein einzigartiges Ensemble von Museen, Konzertsälen und Bibliotheken. Einige der herausragendsten europäischen Kunstmuseen sowie der berühmte Konzertsaal der Berliner Philharmoniker ziehen jährlich Millionen von kultur- und musikbegeisterten Besuchern an. Ab 1956 wuchs das im ehemaligen Westberlin gelegene Kulturforum in der geteilten Stadt als Gegengewicht zur Museumsinsel in Ostberlin. Es versammelt einige der wichtigsten Beispiele moderner Architektur in der Stadt.

Gemäldegalerie ①

Das Museum *(rechts)* vereint einige der besten Meisterwerke europäischer Gemäldekunst in einem Bau (1998) der Architekten Hilmer & Sattler. Die Sammlungen beinhalten u. a. Werke von Holbein, Dürer, Gossaert, Bosch, Brueghel d. Ä., Vermeer, Tizian, Caravaggio, Rubens und Rembrandt.

② Neue Nationalgalerie

In dem von Mies van der Rohe gestalteten Flachbau *(oben)* sind neben Kunst des 20. Jahrhunderts mit Schwerpunkt Expressionismus vor allem exquisite Sonderausstellungen zu sehen *(siehe S. 52)*.

Philharmonie ③

Das Gebäude *(rechts)* von Hans Scharoun wurde 1960–63 als erster Neubau im Kulturforum errichtet. Der große Konzertsaal gilt als einer der weltweit besten. Die Philharmonie ist Sitz der gefeierten Berliner Philharmoniker unter Leitung von Kirill Petrenko.

④ Kunstgewerbemuseum

Das Museum *(links)* versammelt wunderbares Kunsthandwerk vom Mittelalter bis zur Gegenwart aus ganz Europa, darunter Preziosen wie der Welfenschatz und das Lüneburger Ratssilber *(siehe S. 55)*.

5 Musikinstrumenten-Museum

Die Sammlung befasst sich mit europäischer Kunstmusik (16.–21. Jh.) und besitzt ca. 3500 meist spielbare Instrumente *(rechts)*. Gut 800 Objekte können betrachtet werden, z. B. die Orgel »Mighty Wurlitzer« *(siehe S. 55)*.

Infobox

Karte L1/2 ■ westl. des Potsdamer Platzes U-Bahn, S-Bahn: Potsdamer Platz ■ +49 30 266 424 242 ■ www.smb.museum

Gemäldegalerie: Matthäikirchplatz 4/6 ■ Di – Fr 10–18 Uhr, Sa, So 11–18 Uhr

Kupferstichkabinett: Matthäikirchplatz 8 ■ Di – Fr 10–18 Uhr, Sa, So 11–18 Uhr

Kunstbibliothek: Matthäikirchplatz 6 ■ Di – Fr 10–18 Uhr, Sa, So 11–18 Uhr

St.-Matthäus-Kirche: Matthäikirchplatz 1 ■ +49 30 262 1202 ■ Di – So 11–18 Uhr; Orgelandacht Di – So 12.30 Uhr; Gottesdienst So 18 Uhr

Neue Nationalgalerie: Potsdamer Straße 50 ■ Di – So 10–18 Uhr (Do bis 20 Uhr)

■ Eintritt (alle Museen)

....

■ Das Café-Restaurant im Kulturforum empfiehlt sich für einen Imbiss.

■ Hinter der Neuen Nationalgalerie kann man bei gutem Wetter auf den Grünflächen ausspannen.

6 Kammermusiksaal

Der kleine Bruder der großen Philharmonie gilt als einer der Top-Säle für Kammermusik in Deutschland *(siehe S. 53)*.

7 Kupferstichkabinett

Das Kunstmuseum umfasst über 550 000 druckgrafische Werke und ca. 110 000 Zeichnungen, Aquarelle, Pastelle und Ölskizzen aus allen Epochen und Ländern.

8 St.-Matthäus-Kirche

Die Kirche *(rechts)* ist der einzige erhaltene historische Bau im Kulturforum. Das Stüler-Gebäude (1844–46) wird auch für Ausstellungen und Konzerte genutzt.

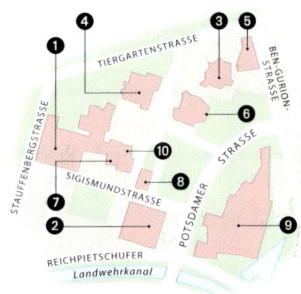

9 Staatsbibliothek

Die 1978 nach Plänen von Hans Scharoun erbaute Bibliothek gehört mit einem Bestand von fünf Millionen Print-Medien zu den größten deutschsprachigen Bibliotheken.

10 Kunstbibliothek

Das Haus enthält auch eine riesige Plakat-Sammlung. Sie zeigt zudem Architektur- und Kunstausstellungen sowie Designshows.

Gemäldegalerie

1 Bildnis des Hieronymus Holzschuher

Dürer porträtierte 1526 den Nürnberger Bürgermeister.

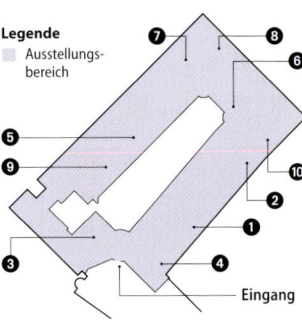

Legende
☐ Ausstellungsbereich

Eingang

Holbeins meisterhaftes Porträt

2 Bildnis des Kaufmanns Georg Gisze

Das Bild (1532) von Hans Holbein zeigt den Kaufmann beim Geldzählen. Es spiegelt das aufstrebende Bürgertum der Renaissance wider.

3 Madonna mit dem Kind und singenden Engeln

Das um 1477 von Sandro Botticelli gemalte Bild stellt die Muttergottes mit dem Kind im Kreis von Lilien tragenden Engeln dar.

Botticellis *Madonna mit dem Kind und singenden Engeln* (Detail)

4 Geburt Christi

 Das Altarbild (um 1480) des aus Colmar stammenden Künstlers Martin Schongauer ist eines seiner wenigen erhaltenen Kirchenbilder.

5 Amor als Sieger

 Caravaggio malte 1602 nach dem Vorbild Vergils einen Liebes-

gott, der die Symbole von Kultur, Ruhm, Wissen und Macht mit Füßen tritt.

6 Bildnis der Hendrickje Stoffels

Hier konzentrierte sich Rembrandt ganz auf seine Geliebte (1656/57).

7 Die französische Komödie

Das wunderbare Watteau-Bild stammt aus der Sammlung Friedrichs des Großen.

8 Das Glas Wein

Ein Paar, das Wein trinkt – geschickt komponiert von Jan Vermeer (1661/62).

9 Venus mit dem Orgelspieler

Das Tizian-Gemälde (um 1550) zeigt die verspielte Sinnlichkeit der italienischen Renaissance.

10 Niederländische Sprichwörter

Mehr als 100 Sprichwörter sind auf diesem fantastischen Werk Pieter Brueghels aus dem Jahr 1559 dargestellt.

Architektur im Kulturforum

Das zeltartige Dach der Philharmonie

Das Kulturforum sollte das im Krieg zerstörte Areal zwischen Potsdamer Straße und Leipziger Platz füllen. Die ursprüngliche Idee für eine abwechslungsreiche Stadtlandschaft aus Museen und Parks geht auf Planungen von Hans Scharoun aus den Jahren 1946 und 1957 zurück. Scharoun war es auch, der 1963 mit dem Bau der Philharmonie dem Kulturforum seine architektonische Prägung gab: Die zeltähnlichen, goldenen Dächer der Philharmonie, des Kammermusiksaals und der Staatsbibliothek, die Scharoun und – nach dessen Tod – sein Schüler Edgar Wisniewski entwickelten, gehören heute zu den Berliner Wahrzeichen. Alle diese Bauten weisen eine großzügige, offene Raumgestaltung auf. Die Scharoun-Bauten waren in ihrer Zeit sehr umstritten. Heute gelten sie dagegen als Klassiker der modernen Architektur.

Architekten

1 Hans Scharoun
Philharmonie

2 Mies van der Rohe
Neue Nationalgalerie

3 James Stirling
Wissenschaftszentrum

4 Heinz Hilmer
Gemäldegalerie

5 Christoph Sattler
Gemäldegalerie

6 Friedrich August Stüler
St.-Matthäus-Kirche

7 Edgar Wisniewski
Kammermusiksaal

8 Rolf Gutbrod
Kunstgewerbemuseum

9 August Busse
altes Wissenschaftszentrum

10 Bruno Doedens
Henriette-Herz-Park

Die von Hans Scharoun gestaltete Philharmonie – berühmt für ihre exzellente Akustik

⭐ Jüdisches Museum Berlin

Das Jüdische Museum ist eine der wichtigsten Gedenkstätten zur Geschichte und Kultur der jüdischen Gemeinden in Deutschland. Die 2020 nach umfassender Modernisierung wiedereröffnete Dauerausstellung ist im spektakulären Libeskind-Bau untergebracht. In dessen Untergeschoss kreuzen sich drei Achsen, die das jüdische Leben in Deutschland symbolisieren: die Achse des Exils, die Achse des Holocaust und die Achse der Kontinuität. Die symbolträchtige Gestaltung des Gebäudes und die bedeutenden Exponate des Museums hinterlassen einen unvergesslichen Eindruck.

1 Libeskind-Bau
Das von Daniel Libeskind entworfene Gebäude spiegelt die komplexe deutsch-jüdische Geschichte wider. Sein zickzackförmiger Grundriss, die schrägen Wände und die in die Fassade geschnittenen Fenster sind Symbole für die jüdische Erfahrung.

2 Altbau
Der Barockbau von 1735 *(unten)* war einst preußischer Gerichtshof und dient als Eingangsbereich zum Museum. Mit dem Libeskind-Bau ist er durch eine unterirdische Passage verbunden. Hier befinden sich der Ticketschalter, die Besucherinformation, ein Shop und das Museumscafé.

3 Dauerausstellung
Die Kernausstellung »Jüdische Geschichte und Gegenwart in Deutschland« *(oben)* präsentiert facettenreich und interaktiv die Kultur, die Traditionen, die Religion und natürlich die Geschichte der jüdischen Gemeinschaft in Deutschland, vom Mittelalter bis zur Gegenwart.

4 Leerräume
Die vertikale Achse des Libeskind-Baus wird von einer geraden Linie aus fünf Betonräumen durchschnitten. Diese Leerräume sollen die permanente physische Leere darstellen, die der Holocaust hinterlassen hat.

6 Schalechet

Eine der ergreifendsten Installationen des Museums ist *Schalechet* (Gefallenes Laub) *(links)* des israelischen Bildhauers Menashe Kadishman. Sie besteht aus über 10 000 Eisenplatten mit offenen Mündern, über die die Besucher gehen müssen, um die »Gedächtnislücke« im Erdgeschoss zu durchqueren.

9 Holocaust-Turm

Der unbeheizte Betonturm am Ende der Achse des Holocaust, in den nur durch einen Schlitz Tageslicht dringt, vermittelt den Besuchern ein Gefühl der Bedrückung und Angst.

10 Garten des Exils

Der unebene Garten des Exils *(oben)* stellt die Orientierungslosigkeit und Instabilität des Lebens im Exil dar. Er besteht aus 49 Betonsäulen, wobei die zentrale Säule mit Erde aus Jerusalem gefüllt ist.

7 Exponate

Ein Höhepunkt der Dauerausstellung des Museums sind die Objekte und persönlichen Gegenstände *(links)*, die die Geschichte deutscher Juden erzählen. Die Sammlung umfasst Kunst, Fotografien und religiöse Artefakte.

5 Klangraum

Dieser Raum feiert die jüdische Musik und ihre herausragende Rolle im religiösen und alltäglichen jüdischen Leben. Tauchen Sie ein in weltliche und religiöse Klangwelten.

8 Glashof

Der atemberaubende quadratische, glasüberdachte Innenhof ist Teil von Libeskinds Entwurf im Altbau. Der angrenzende Garten ist ein zauberhafter Ort der Besinnung.

Infobox

Karte G5 ▪ Lindenstr. 9–14 ▪ +49 30 2599 3300 ▪ www.jmberlin.de

tägl. 10–19 Uhr (letzter Einlass 18 Uhr)

Eintritt 8 € (Kinder und Jugendliche unter 18 Jahren frei); Dauerausstellung frei

▪ Das Museumscafé im Altbau bietet täglich wechselnde Mittagsgerichte an, die oft traditionelle jüdische und israelische Speisen umfassen.

▪ Die gesamte Dauerausstellung ist für Besucher mit besonderen Bedürfnissen zugänglich.

Themen

Gendarmenmarkt mit Nordportal des Deutschen Doms,
im Vordergrund der Haupteingang des Konzerthauses

TOP 10 Historische Ereignisse

Neues Palais in Potsdam

 1685: Edikt von Potsdam

Mit dem Edikt von Potsdam begann 1685 Berlins Geschichte als Kulturmetropole: Es ermöglichte die Aufnahme von rund 20 000 Hugenotten, die aus dem katholischen Frankreich fliehen mussten. Die hervorragenden Handwerker und Wissenschaftler bescherten der Residenzstadt eine neue Blüte.

 1744: Friedrich der Große

Zwar zog der »Alte Fritz« die Abgeschiedenheit in Sanssouci dem umtriebigen Berlin vor, trotzdem baute er ab 1740 die Stadt zu einer Residenzmetropole aus. Vor allem das »Forum Fridericianum« Unter den Linden verlieh der Stadt Glanz.

 Goldene Zwanziger
Zwischen 1919 und 1933 erlebte Berlin eine einzigartige kulturelle Blüte: Film, Theater, Varietéshows und Tausende von Restaurants und Bars machten die Stadt zur Vergnügungsmetropole. In Sachen Kunst und Architektur setzte Berlin damals neue Maßstäbe.

 1945: Kapitulation
Mit der bedingungslosen Kapitulation am 8. Mai 1945 endete in Europa nicht nur der Zweite Weltkrieg: Berlins Rolle als Reichshauptstadt war ausgespielt, die Berliner nannten ihre Stadt zu Recht »Reichstrümmerfeld«.

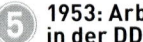 **1953: Arbeiteraufstand in der DDR**

Am 17. Juni 1953 demonstrierten Bau- und Straßenarbeiter gegen die Erhöhung der Arbeitsnormen. Sowjetische Panzer schlugen den Aufstand nieder, Westberlin interpretierte die Unruhen als Demonstration für die deutsche Einheit.

6 1961: Bau der Mauer
Der Baubeginn der Mauer in der Nacht vom 12. auf den 13. August 1961 war nach der Kapitulation 1945 das traumatischste Erlebnis für viele Berliner. Über 200 Menschen sollten in den folgenden 30 Jahren allein an der innerstädtischen Grenze zwischen Ost und West den Tod finden, viele Familien wurden durch den Beton getrennt.

1953: sowjetische Panzer in Berlin

7 1963: »Ich bin ein Berliner«

Kein anderer Politiker hat die Berliner so begeistert wie der US-Präsident John F. Kennedy: Am 26. Juni 1963 rief er der jubelnden Menge zu: »Ich bin ein Berliner!« Wie bei der Blockade 1948/49, als Amerikaner und Briten Westberlin per Luftbrücke mit Lebensmitteln versorgten, stand fest, dass die Westalliierten weiter zur Stadt halten würden.

8 1968: Studentenbewegung

In den späten 1960er Jahren veränderten Studenten von Westberlin aus ganz Deutschland: Rudi Dutschke und andere propagierten den politischen Aufbruch, freie Liebe und die Aufarbeitung der NS-Vergangenheit. Mit dem Attentat auf Dutschke im April 1968 fand die Bewegung ein frühes Ende.

1989: Die Mauer ist gefallen

9 1989: Fall der Mauer

Mit dem Fall der Berliner Mauer am 9. November 1989 begann in Berlin eine neue Zeitrechnung: Zum ersten Mal seit über 30 Jahren konnten sich Berliner aus beiden Stadthälften wieder besuchen. Die Stadt feierte am Ku´damm und am Brandenburger Tor.

10 1991: Berlin wird Hauptstadt

Berlin wurde 1991 offiziell Hauptstadt des vereinigten Deutschland. 1994 verließen die Alliierten die Stadt. Aber erst im April 1999, mit dem Umzug des Bundestags in das Reichstagsgebäude, wurde Berlin zur »richtigen« Hauptstadt.

Made in Berlin

1 Erste Elektrolokomotive
Siemens präsentierte 1879 auf der Gewerbeausstellung das erste Modell.

2 Berliner Secession
65 Künstler unter der Leitung von Max Liebermann lösten sich 1898 aus der konservativen Berliner Akademie.

3 Hauptmann von Köpenick
Als Hauptmann verkleidet, plünderte der Schuhmacher Friedrich Wilhelm Voigt 1906 die Stadtkasse Köpenicks.

4 Bauhaus
Die 1919 von Walter Gropius gegründete Kunstschule prägte die klassische Moderne wesentlich.

5 Verkehrsampeln
1924 wurde am Potsdamer Platz die erste Verkehrsampel Deutschlands installiert *(siehe S. 23)*.

6 Bücherverbrennung
Am 10. Mai 1933 wurden Werke verfemter »undeutscher« Autoren von Nationalsozialisten symbolisch verbrannt.

7 Attentat auf Hitler
Die von Armeeoffizieren geplante Tötung Hitlers *(siehe S. 115)* am 20. Juli 1944 scheiterte.

8 Berliner Luftbrücke
Während der Landblockade Westberlins ab Juni 1948 durch Sowjet-Truppen versorgten die Westalliierten den Sektor über den Luftweg.

9 Agentenbrücke
Die Glienicker Brücke war erstmals am 10. Februar 1962 Schauplatz eines Austauschs von Spionen während des Kalten Krieges.

10 Großsiedlung Berlin-Marzahn
Die ersten Wohnhäuser des von der SED beschlossenen Neubaugebiets wurden im September 1977 eingeweiht.

Skizze eines Elektrozugs

Kirchen & Synagogen

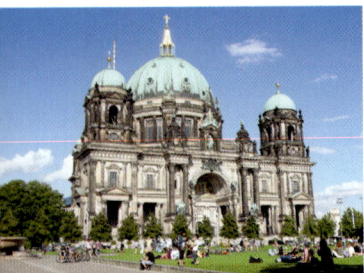

Barocke Fassade des Berliner Doms

Familienangehörige des Herrscherhauses beigesetzt. Beeindruckend ist das Hauptschiff unter der 85 Meter hohen Kuppel. Die neobarocke Kanzel (20. Jh.) und die riesige Sauer-Orgel dominieren den Raum.

1 Berliner Dom
Karte K5 ▪ Am Lustgarten ▪ Mo – Fr 10 –18, Sa 10 –17, So 12 –17 Uhr ▪ +49 30 2026 9164 (Führungen) ▪ Eintritt ▪ www.berlinerdom.de

Die größte Kirche Berlins, die evangelische Oberpfarr- und Domkirche, wurde 1993 nach fast 40-jähriger Restaurierung wieder eröffnet. Der 1894 –1905 von Julius Raschdorff entworfene Bau spiegelt den Herrschaftsanspruch des Kaiserreichs wider. Vor allem im Treppenhaus mit schwarzem Marmor macht sich die Nähe zum Stadtschloss bemerkbar. In der Hohenzollerngruft sind

2 St.-Hedwigs-Kathedrale
Karte K4 ▪ Bebelplatz ▪ wg. Umbau bis vsl. 2024 geschl. ▪ +49 30 203 4810 ▪ www.hedwigs-kathedrale.de

Die größte katholische Kirche der Stadt und einzige Rundkirche in Deutschland ließ Friedrich der Große 1747 – 73 erbauen (siehe S. 16).

3 Marienkirche
Die Marienkirche duckt sich unter dem Fernsehturm. Der Kirchenbau entstand ab 1270, trägt heute aber klassizistische und barocke Züge. Das Taufbecken (1437) und das Fresko *Totentanz* (1485) gehören zu den ältesten Schätzen der Kirche. Die reich verzierte Barockkanzel fertigte 1703 Andreas Schlüter an. Außen beeindruckt der neogotische Turm, den Carl Gotthard Langhans 1790 anfügte (siehe S. 104).

4 Nikolaikirche
Karte K6 ▪ Nikolaikirchplatz ▪ tägl. 10 – 18 Uhr ▪ +49 30 2400 2162 ▪ Eintritt ▪ www.stadtmuseum.de/nikolaikirche

Berlins älteste Kirche wurde im Jahr 1230 im Nikolaiviertel erbaut. Der heutige Bau mit seinen roten Backstein-Zwillingstürmen entstand um 1300. Berühmt ist Andreas Schlüters Portal mit vergoldetem Relief, das einen Goldschmied und seine Frau abbildet (Westwand des Hauptschiffs). Die 1944 zerstörte Kirche wurde 1987 wiederaufgebaut. Seither dient sie als

0 Meter 750

INVALIDENSTRASSE
FEHRBELLINER STRASSE
KASTANIENALLEE
SCHÖNHAUSER ALLEE
KOLLWITZSTRASSE
Prenzlauer Berg
PRENZLAUER ALLEE
TORSTRASSE
TORSTRASSE
ROSENTHALER STRASSE
MÜNZSTR.
MOLLSTRASSE
ORANIENBURGER STRASSE
OTTO-BRAUN-STR.
Spree
Museumsinsel
LIEBKNECHT-STRASSE
ALEXANDER-PLATZ
KARL-MARX-ALLEE
DOROTHEENSTR.
BODESTR.
SPANDAUER STRASSE
KARL-
GRUNERSTRASSE
ALEXANDERSTR.
UNTER DEN LINDEN
5 km
BREITE STR.
MÜHLENDAMM
STRALAUER STRASSE
Mitte
400 m

Museum mit einer Ausstellung zur Kirche und zum historisch gewachsenen Nikolaiviertel.

⑤ Synagoge Rykestraße
Berlins größte Synagoge ist eines der wenigen jüdischen Gebäude, die die Reichskristallnacht 1938 schadlos überdauerten. Das Gotteshaus ist seit seiner Errichtung 1904 praktisch unverändert *(siehe S. 139)*.

⑥ Christi-Auferstehungs-Kathedrale
Karte B6 ▪ Hohenzollerndamm 166 ▪ +49 30 873 1614 ▪ nur bei Gottesdiensten Sa 10 & 18, So 10 Uhr
Die größte russisch-orthodoxe Kirche Berlins ist wegen ihrer grünen Zwiebeltürme in der ganzen Stadt bekannt. Der Gottesdienst wird bis heute in russischer Sprache nach orthodoxem Ritus abgehalten.

⑦ Friedrichswerdersche Kirche
Karte K5 ▪ Werderscher Markt ▪ Di – So 10 – 18 Uhr ▪ www.smb.museum
Karl Friedrich Schinkel erbaute die Backsteinkirche 1824 – 30 für die deutsch-französische Gemeinde des Stadtviertels Friedrichswerder. Heute wird das Gotteshaus als Ausstellungsraum genutzt.

⑧ Neue Synagoge
Berlins bekannteste Synagoge fällt durch ihre Kuppel auf. Der Bau aus den Jahren 1859 – 66, mit früher

Weithin sichtbar: die goldene Kuppel der Neuen Synagoge

3000 Plätzen Deutschlands größte Synagoge, beherbergt heute das Centrum Judaicum *(siehe S. 95)*.

Kaiser-Wilhelm-Gedächtnis-Kirche

⑨ Kaiser-Wilhelm-Gedächtnis-Kirche
Die Ruine ist das Wahrzeichen Westberlins und eine gelungene Mischung aus historischem Kirchturm und moderner Architektur *(siehe S. 32f)*.

⑩ Französischer Dom
Karte L4 ▪ Gendarmenmarkt 5 ▪ Di – So 11 – 18 Uhr (Sommer: bis 19 Uhr) ▪ www.franzoesischer-dom.de
Der 66 Meter hohe, zwischen 1701 und 1705 nach Plänen von Carl von Gontard entstandene Barockturm ist ein Schmuckbau für die westlich des Doms gelegene Kirche der hugenottischen Gemeinde.

TOP 10 Historische Architektur

1 Brandenburger Tor
Das Bauwerk ist mehr als ein Wahrzeichen – fast schon der Inbegriff Berlins *(siehe S. 12f)*.

2 Schloss Charlottenburg
Die Barock- und Rokokopracht sowie der herrliche Park machen das Schloss zu einem der schönsten in Deutschland *(siehe S. 34 – 37)*.

Schloss Charlottenburg

3 Schloss Bellevue
Karte E3 ▪ **Spreeweg 1** ▪ **der Öffentlichkeit nicht zugänglich** ▪ **www.bundespraesident.de**
Der 1785 – 90 nach einem Entwurf von Philipp Daniel Boumann errichtete Bau war bis 1861 Residenz der Hohenzollern. Seit 1994 dient das stattliche Schloss mit seiner klassizistischen Fassade als Amtssitz des Bundespräsidenten. Neben dem alten Schloss steht das moderne, eiförmige Bundespräsidialamt.

4 Reichstagsgebäude
Der Sitz des Deutschen Bundestags mit der imposanten Kuppel von Norman Foster ist ein Besuchermagnet *(siehe S. 14f)*.

5 Rotes Rathaus
Das Berliner Rathaus, wegen des roten Backsteins aus der Mark Brandenburg »Rotes Rathaus« genannt, erinnert an den Stolz der jungen Reichshauptstadt. Beim Bau 1861–69 nach Entwürfen von Hermann Friedrich Waesemann galt das Rathaus als einer der größten Repräsentationsbauten Deutschlands und sollte die ganze Pracht Berlins weithin sichtbar machen. Der Bau orientiert sich an den Palästen der italienischen Renaissance, für den Turm stand der Glockenturm der Kathedrale im französischen Laon Pate. Das Gebäude ist außen mit dem Fries *Die steinerne Chronik* aus dem Jahr 1879 geschmückt. Er stellt Szenen aus der Berliner Stadtgeschichte dar *(siehe S. 103)*.

6 Konzerthaus
Lange Zeit war das Meisterwerk Karl Friedrich Schinkels als »Schauspielhaus« bekannt. Nach seiner Zerstörung im Zweiten Weltkrieg wurde es im Jahr 1984 in seiner heutigen Funktion als Konzerthaus wiedereröffnet. Die Fassade ist von ionischen Säulen geprägt, außen und innen sind Statuen mit allegori-

Haupteingang des Konzerthauses, im Vordergrund das Schiller-Denkmal

schen und historischen Figuren sowie Gottheiten, Musen und Bacchanten zu sehen.

7 Hackesche Höfe
Karte J5 ■ Rosenthaler Str. 40–41 & Sophienstr. 6

Der Gebäudekomplex aus alten Lagerhäusern (19. Jh.) umfasst acht miteinander verbundene Innenhöfe, die teilweise im Jugendstil dekoriert sind. Baumeister waren Kurt Berndt und August Endell, Anfang der 1990er Jahre erfolgte eine Restaurierung. Der erste Hof ist besonders attraktiv: Bis hinauf zur Traufe bilden glasierte Ziegel maurisch anmutende Ornamente in leuchtenden Farben. Im letzten Hof gruppieren sich Bäume idyllisch um einen Brunnen. Die Hackeschen Höfe sind einer der beliebtesten »In«-Plätze Berlins. Hier laden Restaurants, Cafés, ein Kino und das Varieté Chamäleon *(siehe S. 66)* zum Verweilen ein.

8 Siegessäule
Die 67 Meter hohe Siegessäule mit der Göttin Viktoria bietet einen großartigen Ausblick *(siehe S. 113)*.

Siegessäule

9 Altes Museum mit Lustgarten
Der äußerlich wohl schönste klassizistische Museumsbau Europas fällt durch seinen rot glänzenden Marmor hinter 18 ionischen Säulen auf. Der Bau entstand 1830 nach Plänen von Karl Friedrich Schinkel. Er war einer der ersten rein als Museum konzipierten Bauten. Hier sollten die königliche Gemäldesammlung sowie antike Kunstschätze untergebracht werden. Heute befindet sich hier die Antikensammlung. Vor dem Gebäude auf der Museumsinsel liegt der ursprünglich von Peter Joseph Lenné gestaltete Lustgarten, einst königlicher Kräutergarten, zu DDR-Zeiten gepflasterter Aufmarschplatz, mit einer 70 Tonnen schweren Granitschale von Gottlieb Christian Cantian und einem modernen Brunnen in seinem Zentrum *(siehe S. 25)*.

10 Zeughaus
In der ehemaligen königlich-preußischen Waffenkammer mit den Reliefs sterbender Krieger an der Fassade ist heute das von I. M. Pei umgestaltete Deutsche Historische Museum untergebracht *(siehe S. 18f)*.

TOP10 Moderne Architektur

Karte mit nummerierten Standorten im Tiergarten-Bereich (Hansaviertel, Diplomatenviertel, Mitte, Zoo Berlin)

❶ Sony Center

Eines der größten Neubauprojekte Berlins ist das spektakuläre Sony Center *(siehe S. 20)*.

Zeltdach des Sony Center

❷ Neue Nationalgalerie

■ Karte E4 ■ Potsdamer Str. 50
■ Di – So 10 – 18 Uhr (Do bis 20 Uhr)
■ Eintritt ■ www.smb.museum

Der beeindruckende Flachbau mit seinen großen Fenstern entstand 1965 – 68 nach Plänen von Mies van der Rohe. Es war der erste Bau, den der Bauhaus-Vordenker nach der Emigration in Berlin ausführte. Im Entwurf konnte er Ideen für die Firmenzentrale von Bacardi in Havanna umsetzen, die er wegen der kubanischen Revolution nie realisieren durfte *(siehe S. 38)*.

❸ Bundeskanzleramt

■ Karte K2 ■ Willy-Brandt-Str. 1
■ der Öffentlichkeit nicht zugänglich

Die Berliner lieben das Bundeskanzleramt nicht – auch wenn es der einzige Neubau der Bundesregierung ist, den ein Berliner Architekt entworfen hat: Axel Schultes entwickelte einen gewaltigen, lang gestreckten Bürokomplex, der sich im Spreebogen nördlich des Reichstagsgebäudes über den Fluss ausdehnt. Im Zentrum des ultramodernen Baus steht ein strahlend weißer Kubus mit Rundfenstern, der die Berliner schnell auf den Spitznamen »Waschmaschine« brachte. Kritiker bemängeln die pompöse Gestaltung, die Beamten klagen über zu kleine Räume. Im Inneren ist das Gebäude mit kostbarer moderner Kunst geschmückt. Das Kanzlerbüro befindet sich im siebten Stock mit Blick auf das Reichstagsgebäude.

Bundeskanzleramt

Ludwig-Erhard-Haus

4 Ludwig-Erhard-Haus
Karte N4 ▪ Fasanenstr. 85
▪ **Mo – Fr 8 – 18 Uhr**

Der britische Architekt Nicholas Grimshaw gestaltete den Sitz der Berliner Börse (1994 – 98). Von den Berlinern bekam das Gebäude den Spitznamen »Gürteltier«. Die 15 riesigen Metallbogen des gewölbten Baus wirken wie ein gigantischer Rückenpanzer.

5 Philharmonie & Kammermusiksaal

Zwei Bauten moderner Konzertkultur im Kulturforum gestaltete Hans Scharoun 1961 bzw. 1987 – der Kammermusiksaal wurde nach seinen Entwürfen von seinem Schüler Edgar Wisniewski realisiert. Beide Gebäude besitzen eine ausgezeichnete Akustik sowie zeltähnliche Dächer (siehe S. 38f & S. 41).

6 Hauptbahnhof
Hauptbahnhof ▪ Karte EF3

Europas größter Turmbahnhof steht an der Stelle des historischen Lehrter Bahnhofs. Hinter der gewaltigen Stahl-Glas-Konstruktion verbergen sich auch viele Läden, Cafés und Restaurants. Nördlich des Bahnhofs entsteht derzeit ein völlig neues Stadtviertel.

7 Quartiere 205 – 207 Friedrichstraße

Die drei Geschäftshäuser der Architekten Nouvel, Pei und Ungers umfassen die Galeries Lafayette und die Friedrichstadtpassagen (siehe S. 87).

8 Nordische Botschaften
Karte N6 ▪ Rauchstr. 1
▪ **Mo – Fr 10 – 19, Sa, So 11 – 16 Uhr (Ausstellungen)**

Kein Botschaftsneubau hat in Berlin so viel Aufsehen erregt wie die fünf Botschaften der nordischen Länder. Tipp: Die ausgezeichnete Kantine im dritten Stock ist allen zugänglich.

9 DZ Bank am Pariser Platz
Karte K3 ▪ Pariser Platz 3 ▪ Mo – Fr 10 – 18 Uhr (Lobby)

Der schicke und elegante Bau (früher DG Bank) von Frank O. Gehry mischt preußische und moderne Architekturelemente. Im Inneren fällt besonders die gewaltige Eingangskuppel auf (siehe S. 12).

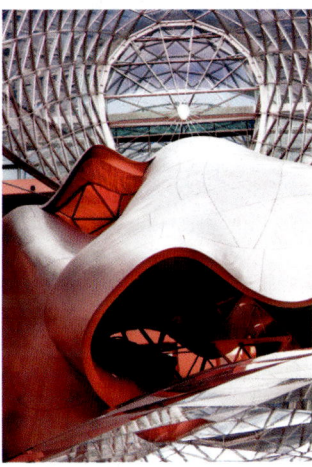

Konferenzsaal in der DZ Bank

10 Kant-Dreieck
Kantstr. 155 ▪ Karte N4
▪ **Mo – Fr 9 – 18 Uhr**

Das Aluminiumsegel auf dem Gebäude der KapHag-Gruppe von Josef Paul Kleihues (1992 – 95) ist ein Berliner Symbol geworden. Ursprünglich sollte der Bau um ein Drittel höher werden, der Berliner Senat sprach sich jedoch dagegen aus. Das Segel kam damals hinzu, um den gedrungenen Eindruck des gestutzten Turms auszugleichen.

🔟 Museen

Exponat im Pergamonmuseum

① Pergamonmuseum

Das zweifellos beeindruckendste Museum Berlins ist Teil der Museumsinsel und gleicht einer antiken Schatzkammer *(siehe S. 26)*.

② Ägyptisches Museum

Karte K5 ■ Bodestr. 1 (Neues Museum) ■ +49 30 266 424 242 ■ Di – So 10 – 18 Uhr (Do bis 20 Uhr) ■ Eintritt ■ www.smb.museum

Star des Museums ist die Büste der Nofretete, der Gemahlin von Echnaton. Die Kalksteinbüste diente wahrscheinlich als Modell. Außerdem zeigt das Museum Mumien, Sarkophage, Wandgemälde und Skulpturen. Die Sammlung ist zusammen mit dem Museum für Vor- und Frühgeschichte im Neuen Museum untergebracht *(siehe S. 24f)*.

③ Deutsches Historisches Museum

Das größte historische Museum Deutschlands zeigt detailreich deutsche Geschichte vom Mittelalter bis zur Gegenwart mit einzigartigen Exponaten, Dokumenten und Filmen. Sonderausstellungen beleuchten spezielle Themen *(siehe S. 16 – 19)*.

④ Museum Europäischer Kulturen

Während die Sammlungen des Museums für Asiatische Kunst und des Ethnologischen Museums seit 2021 im neuen Humboldt Forum *(siehe S. 88f)* zu sehen sind, widmet sich das am Standort Dahlem verbliebene Museum Europäischer Kulturen weiterhin der europäischen Alltagskultur seit dem 18. Jahrhundert. Es gilt als eine der größten Sammlungen seiner Art in Europa. Herausragend sind die Zeugnisse ethnischer Minderheiten auf dem Kontinent *(siehe S. 151)*.

⑤ Jüdisches Museum

Das von Daniel Libeskind entworfene Museum zeichnet das Verhältnis zwischen Deutschen und Juden im Lauf der Jahrhunderte nach. Ein Teil der Ausstellung widmet sich dem Einfluss Berliner Juden auf die Stadtkultur sowie dem Philosophen der Aufklärung, Moses Mendelssohn. Ein leerer Raum erinnert an den Verlust jüdischer Kultur. Sonderveranstaltungen ergänzen das Programm *(siehe S. 129)*.

Eine Junker Ju 52 im Deutschen Technikmuseum

6 Deutsches Technikmuseum

Das faszinierende Museum auf dem Gelände eines früheren Bahnbetriebswerks ist eine Reise durch die Geschichte der Technik für Jung und Alt *(siehe S. 129).*

7 Kunstgewerbemuseum

Karte L1 ▪ Matthäikirchplatz ▪ +49 30 266 424 242 ▪ Di – Fr 10 –18, Sa, So 11 –18 Uhr ▪ Eintritt ▪ www.smb.museum

Das Museum präsentiert europäisches Kunsthandwerk und Design aus fünf Jahrhunderten, darunter den Welfenschatz. Die Renaissance ist mit italienischen Majoliken und wertvollen Fayencen vertreten. Die neue Modegalerie zeigt Entwürfe aus zwei Jahrhunderten. Werke aus der Zeit des Jugendstils und Tiffany-Vasen bezaubern alle Besucher. Das 20. Jahrhundert wird mit Art-déco-Arbeiten und modernem Design präsentiert.

8 Haus am Checkpoint Charlie

Das Museum am ehemaligen Kontrollpunkt der Alliierten dokumentiert mit vielen Exponaten und Fotodokumenten die Geschehnisse rund um die Mauer *(siehe S. 129).*

Jagdhorn aus dem 18. Jahrhundert

9 Museum für Naturkunde

Karte F2 ▪ Invalidenstr. 43 ▪ +49 30 2093 8591 ▪ Di – Fr 9.30 –18 Uhr, Sa, So, Feiertage 10 –18 Uhr ▪ Eintritt ▪ www.museumfuernaturkunde.berlin

Mit über 30 Millionen Exponaten gehört das Museum international zu den bedeutendsten seiner Art. Glanzstück ist das weltweit größte Dinosaurierskelett, ein Brachiosaurus, der 1909 in Tansania gefunden wurde. Fünf weitere Saurierskelette entführen Besucher in die Urzeit. Der Tyrannosaurus Rex »Tristan« ist gerade erst dazugestoßen. Die toll ausgeleuchteten Nasssammlungen zeigen in über 250 000 Gläsern Fische, Spinnen, Amphibien und Säugetiere.

10 Musikinstrumenten-Museum

Karte L2 ▪ Ben-Gurion-Str. 1 ▪ Di – Fr 9 –17 (Do bis 20 Uhr), Sa, So 10 –17 Uhr ▪ +49 30 2548 1178 ▪ Eintritt ▪ www.sim.spk-berlin.de

Hier erklingen rund 800 Instrumente, darunter das Cembalo Friedrichs des Großen. Hörenswert ist die Vorführung der »Mighty Wurlitzer«, einer Stummfilmorgel (Sa 12 Uhr).

TOP 10 Kunstsammlungen

Das Glas Wein von Jan Vermeer, Gemäldegalerie

③ Alte Nationalgalerie

Karte J5 ▪ Bodestr. 1–3 ▪ Di–So 10–18 Uhr ▪ +49 30 266 424 242 ▪ Eintritt
▪ www.smb.museum

Das Museum (1866–76 nach Plänen von Friedrich August Stüler errichtet) beherbergt hauptsächlich deutsche Gemälde aus dem 19. Jahrhundert. Dazu gehören Arbeiten von Adolf von Menzel, Wilhelm Leibl, Max Liebermann und Arnold Böcklin.

① Gemäldegalerie

Berlins bestes Kunstmuseum widmet sich herausragender europäischer Kunst des 13. bis 19. Jahrhunderts mit großen Meistern wie Rembrandt, Rubens, Vermeer und Dürer *(siehe S. 40)*. Unbedingt einen Besuch wert!

② Brücke-Museum

Bussardsteig 9 ▪ +49 30 8390 0860 ▪ Mi – Mo 11–17 Uhr ▪ Eintritt
▪ www.bruecke-museum.de

Wer sich für die Kunst des deutschen Expressionismus, insbesondere der »Brücke«-Maler interessiert, kommt um dieses Museum nicht herum. Große Namen wie Karl Schmidt-Rottluff, Ernst Ludwig Kirchner, Erich Heckel und Max Pechstein sprechen für sich.

Museum Berggruen

④ Museum Berggruen

Im westlichen Stülerbau zeigt das Museum die Privatsammlung von Heinz Berggruen (1914–2007), u. a. mit Werken aus Picassos »Blauer Periode« sowie Arbeiten von Paul Cézanne, Georges Braque und Paul Klee *(siehe S. 35)*.

Mao von Warhol im Hamburger Bahnhof

5 Hamburger Bahnhof

Als Museum der Gegenwart beherbergt der historische Bahnhof heute einen Querschnitt durch zeitgenössische Malerei sowie Installations- und Multimediakunst. Neben Werken von Joseph Beuys, Andy Warhol, Jeff Koons und Robert Rauschenberg sind Gemälde von Anselm Kiefer und Sandro Chia zu sehen. In den angrenzenden Rieckhallen wurde die Friedrich Christian Flick Collection untergebracht *(siehe S. 114)*.

6 Kunsthaus Dahlem

Käuzchensteig 8
■ Mi – Mo 11–17 Uhr ■ Eintritt
■ www.kunsthaus-dahlem.de
Im ehemaligen Staatsatelier des Bildhauers Arno Breker wurde 2015 das Ausstellungshaus für die Kunst der deutschen Nachkriegsmoderne in Ost- und Westdeutschland eingerichtet. Die Wechselausstellungen sind stets erstklassig kuratiert.

7 C/O Berlin

Karte N4 ■ Hardenbergstraße
22 – 24 ■ tägl. 11–18 Uhr ■ +49 30 284
441 662 ■ www.co-berlin.org
Das international renommierte Ausstellungshaus für Fotografie residiert im eleganten Amerika Haus aus den 1950er Jahren.

8 Berlinische Galerie

Karte G5 ■ Alte Jakobstr.
124–128 ■ Mi – Mo 10–18 Uhr
■ +49 30 7890 2600 ■ Eintritt
■ www.berlinischegalerie.de
Sammlung mit Werken deutscher, osteuropäischer und russischer Maler, Fotografen, Grafiker und Architekten des 20. Jahrhunderts.

9 Sammlung Scharf-Gerstenberg

Karte B3 ■ Schloßstr. 70 ■ Di – Fr 10–18,
Sa, So 11–18 Uhr ■ +49 30 266 424 242
■ Eintritt ■ www.smb.museum
Diese Sammlung widmet sich der fantastischen Kunst der Surrealisten und ihrer Vorgänger, mit Werken u. a. von Goya, Klee, Dalí, Max Ernst und Man Ray.

10 Bröhan-Museum

Karte B3 ■ Schloßstr. 1a ■ Di – So
10–18 Uhr ■ +49 30 3269 0600 ■ Eintritt ■ www.broehan-museum.de
Das Museum besitzt eine einzigartige Sammlung europäischer Jugendstil-Objekte. Präsentiert werden auch Bilder von Berliner Künstlern.

Das Bröhan-Museum in einem klassizistischen Kasernengebäude

TOP 10 Berühmte Berliner

Marlene Dietrich

Deutschland gründete er 1949 in Ostberlin das Berliner Ensemble. Brecht lebte bis zu seinem Tod mit seiner Frau Helene Weigel in der Chausseestraße in Berlin-Mitte. Seine Wohnung ist seit 1978 als Museum zugänglich.

① Marlene Dietrich

Die in Schöneberg geborene Filmdiva (1901–1992) begann ihre Karriere in den 1920er Jahren in Berlin und hatte hier mit dem Film *Der blaue Engel* (1930) ihren Durchbruch. Ihr Grab findet man auf dem Friedhof Schöneberg III. Gegenstände des Stars sind in der Deutschen Kinemathek *(siehe S. 22)* ausgestellt.

② Albert Einstein

Der Physiker Albert Einstein (1879–1955) wurde im Jahr 1917 zum Direktor des Kaiser-Wilhelm-Instituts für Physik ernannt. Für die Entdeckung des Gesetzes des fotoelektrischen Effekts erhielt er 1921 den Nobelpreis für Physik. Einstein lebte und arbeitete meist in Potsdam, war aber Berlin durch Vorträge und Lehrtätigkeit eng verbunden. 1933 musste er aufgrund seiner jüdischen Abstammung Deutschland verlassen.

③ Bertolt Brecht

Große Werke wie seine *Dreigroschenoper* schrieb der in Augsburg geborene Bertolt Brecht (1898–1956) in seiner kleinen Wohnung in Charlottenburg. Der Dramatiker emigrierte im Dritten Reich in die USA, nach seiner Rückkehr nach

④ Robert Koch

Mit bahnbrechenden Entdeckungen hat Robert Koch (1843–1910) die moderne Medizin begründet und geprägt. Koch lehrte und forschte als Direktor des Instituts für Infektionskrankheiten auch an der Charité. 1905 erhielt er für seine Forschungsarbeit über die Tuberkulose den Nobelpreis für Medizin.

⑤ Herbert von Karajan

Der berühmte österreichische Dirigent (1908–1989) begann seine Karriere im NS-Staat und war auch NSDAP-Mitglied. Er leitete die Berliner Philharmoniker von 1954 bis 1989 und schuf mit den Musikern den bis heute legendären, einzigartigen Klang des Orchesters.

Herbert von Karajan

⑥ Käthe Kollwitz

Die Bildhauerin und Malerin Käthe Kollwitz (1867–1945) war das künstlerische soziale Gewissen ihrer Zeit. Sie verbrachte einen großen Teil ihres Lebens in einer bescheidenen Wohnung an dem heute nach ihr benannten Platz in Prenzlauer Berg. In ihren Arbeiten hielt sie das Leben der armen, kinderreichen oder ausgestoßenen Berliner fest. Ihre bewegende *Pietà* schmückt die Neue Wache *(siehe S. 17)*.

⑦ Theodor Fontane

Theodor Fontane (1819 – 1898) gilt als einer der bedeutendsten deutschen Romanciers des 19. Jahrhunderts. Über 20 Jahre lang war er auch journalistisch tätig. Berühmt geworden ist Fontane durch den Roman *Effi Briest* und seine *Wanderungen durch die Mark Brandenburg*, worin er Mentalität der Menschen, historische Stätten und Landschaften beschreibt.

Theodor Fontane

⑧ Jacob & Wilhelm Grimm

Die Brüder Jacob (1785 –1863) und Wilhelm Grimm (1786 –1859) sind durch ihre Märchensammlung mit Klassikern wie *Rotkäppchen* oder *Hänsel und Gretel* international berühmt geworden. Ebenso wichtig jedoch waren ihre linguistischen Standardwerke, die Deutsche Grammatik und das Deutsche Wörterbuch.

⑨ Georg Wilhelm Friedrich Hegel

Der Philosoph (1770 –1831) lehrte von 1818 bis zu seinem Tod an der Humboldt-Universität. Hegel gilt als wichtigster Vertreter des deutschen Idealismus.

⑩ Felix Mendelssohn Bartholdy

Der Komponist (1809 – 1847), ein Enkel des jüdischen Philosophen Moses Mendelssohn, war auch Dirigent der Staatskapelle an der Oper »Unter den Linden«.

Berühmte Erfinder

1 Johann Gottfried Moritz (1777–1840) und Wilhelm Wieprecht (1802–1872)
Wieprecht und Moritz entwickelten die 1835 patentierte Basstuba.

2 Käthe Paulus (1868 –1935)
Die erste deutsche Berufsluftschifferin erfand 1921 auch den zusammenlegbaren Fallschirm.

3 Otto Lilienthal (1848 –1896)
Der deutsche Luftfahrtpionier absolvierte 2000 Gleitflüge und begann die erste Serienfertigung eines Flugzeugs.

4 Ernst Litfaß (1816 –1874)
Der Verleger erfand die frei stehende zylindrische Litfaßsäule, auf der (Werbe-)Plakate geklebt werden.

5 Friedrich von Hefner-Alteneck (1845 –1904)
Bei Siemens entwickelte der Konstrukteur einen für elektrische Straßenbahnen wichtigen Trommelanker.

6 Reinhold Burger (1866 –1954)
Auf der Grundlage von Arbeiten des Briten James Dewar (1842 –1923) entwickelte der Erfinder die Thermoskanne.

7 Oskar Picht (1871–1945)
Als Direktor einer Blindenanstalt konstruierte Picht die erste Punktschriftmaschine für blinde Menschen.

8 Maximilian Negwer (1872 –1943)
Der Unternehmer erfand einen Gehörschutz aus Wachs, Vaseline und Watte – später als Ohropax bekannt.

9 Konrad Zuse (1910 –1995)
Der Ingenieur entwickelte den ersten funktionsfähigen Computer der Welt.

10 Herta Heuwer (1913 –1999)
Heuwer entwickelte 1949 in ihrer Imbissbude das Rezept für die Currywurst.

Otto Lilienthal

Parks & Gärten

① Großer Tiergarten
Karte E4 ▪ Tiergarten

Die grüne Lunge der Metropole ist zugleich der beliebteste Berliner Stadtpark. Im Herzen der Innenstadt nimmt der von P. J. Lenné 1833–40 gestaltete Tiergarten 203 Hektar ein. Der ursprünglich als kurfürstliches Jagdgebiet eingerichtete Park ist seit dem 19. Jahrhundert zum Naherholungsgebiet der Berliner geworden. Heute tummeln sich hier Radfahrer, Jogger, Familien wie Singles sowie Sonnenanbeter in schöner Harmonie *(siehe S. 113)*.

② Schlosspark Charlottenburg
Karte B3 ▪ Schloss Charlottenburg, Spandauer Damm ▪ tägl. ab 8 Uhr bis zum Einbruch der Dunkelheit ▪ www.spsg.de

Der Schlossgarten ist eine der reizvollsten Parkanlagen Deutschlands: Hinter dem Schloss Charlottenburg liegt ein prunkvoller Barockgarten, dahinter erstreckt sich ein weitläufiger englischer Landschaftsgarten des frühen 19. Jahrhunderts mit künstlichen See- und Flusslandschaften, Lusthäuschen und idyllischen schattigen Hainen an Teichen und Bächen. Der Schlossgarten ist ein idealer Ort zum Spazierengehen. Man kann hier aber auch herrlich sonnenbaden *(siehe S. 34–37)*.

Schlosspark Charlottenburg im Herbst

③ Grunewald mit Teufelsberg
Grunewald

Der »grüne Wald«, wie der Berliner Staatsforst im Südwesten der Stadt ursprünglich hieß, ist das unberührteste Waldgebiet Berlins. Der Grunewald ist in Teilen sehr einsam, die Wildschweine des Waldes sind eine alljährliche Plage für Zehlendorfer Vorgartenbesitzer. Das Gelände eignet sich auch ausgezeichnet zum Reiten. Zum Gebiet gehört eine Kette von größeren und kleineren Seen.

Schloss auf der Pfaueninsel

④ Pfaueninsel
Das romantischste Fleckchen Erde in ganz Berlin diente Friedrich Wilhelm II. im 19. Jahrhundert als Liebesversteck. Die bezaubernde (aber künstliche) Schlossruine entsprach dem Geschmack der damaligen Zeit. Heute leben rund um den Bau Dutzende stolzer Pfauen. Die Havelinsel nahe am Wannsee ist nur per (kostenpflichtiger) Fähre erreichbar *(siehe S. 151)*.

⑤ Botanischer Garten
Königin-Luise-Str. 6–8 ▪ +49 30 8385 0100 ▪ tägl. 9 Uhr bis Sonnenuntergang; Museum: Details siehe Website ▪ Eintritt ▪ www.bgbm.org

Der Botanische Garten aus dem 19. Jahrhundert ist ein Blumen- und Pflanzenparadies im Südwesten der Stadt. Das weitläufige Gelände mit 15 Gewächshäusern wurde auf Hügeln und um malerische Teiche angelegt. Besonders sehenswert sind die riesigen Seerosen und Orchideen im Großen Tropenhaus. Die Viktoria-Wasserpflanzen haben einen Durchmesser von mehr als zwei Metern. Das Große Tropenhaus zählt zu den weltweit größten seiner Art.

⑥ Viktoriapark & Kreuzberg

Der 1888–94 für das Kreuzberger Proletariat angelegte Stadtpark ist heute eine der beliebtesten Grünflächen in der Stadt. Rund um den 66 Meter hohen Kreuzberg kann man sich auf Wiesen herrlich sonnen. Ein Denkmal auf dem Kreuzberg erinnert an die preußischen Befreiungskriege *(siehe S. 131)*.

⑦ Volkspark Friedrichshain

Berlins ältester Park (1840) ist eine große künstlich angelegte Seen- und Wiesenlandschaft mit dem Märchenbrunnen und zwei künstlichen Trümmerbergen *(siehe S. 146f)*.

Figur des Märchenbrunnens

⑧ Tierpark Berlin

Der zweite, flächenmäßig größere Zoo Berlins liegt idyllisch im Schlosspark Friedrichsfelde. Rund 660 Tierarten leben hier *(siehe S. 147)*.

⑨ Treptower Park

Der beliebte Landschaftsgarten (19. Jh.) erstreckt sich am Ufer der Spree. Bekannt ist er wegen des Sowjetischen Ehrenmals, das sich an den Gräbern von 7000 gefallenen Rotarmisten erhebt *(siehe S. 146)*.

⑩ Schloss Britz & Gutspark

Alt-Britz 73 ▪ +49 30 6097 9230 ▪ Di – So 12 – 18 Uhr (Schloss); tägl. 8.30 Uhr bis Sonnenuntergang (Park) ▪ Eintritt ▪ www.schlossbritz.de

Das spätbarocke Schloss aus dem Jahr 1706 ist mit historischen Gründerzeitmöbeln eingerichtet und befindet sich am Rande einer schönen weitläufigen Parkanlage, die zum Ausspannen einlädt.

Seen, Flüsse & Kanäle

Ausflugsschiff auf der Spree

1 Großer Wannsee
Europas größtes Binnenseebad mit Sandstrand *(siehe S. 152)*.

2 Teufelssee, Grunewald
An einem der saubersten und idyllischsten Seen Berlins tummeln sich Nudisten und entspannte Großstädter.

3 Großer Müggelsee
Im Sommer wird Berlins größter See von Tausenden Badegästen und Sonnenanbetern belagert *(siehe S. 146)*.

4 Schlachtensee
Ein weiterer beliebter See in Berlins Südwesten. An den Sommerwochenenden strömt Berlins Jugend hierher.

5 Spree
Karte K 1–6 ▪ Mitte, Tiergarten
Auf dem Fluss kreuzen Boote und Ausflugsschiffe, die schattigen Ufer laden zum Spaziergang ein.

6 Lietzensee
Karte A4 ▪ Am Kaiserdamm
Kein Badesee, aber mit seinem angrenzenden Park ein wunderbarer Ort.

7 Krumme Lanke, Fischerhüttenweg
In den fischreichen See mit seinem 2,5 Kilometer langen Uferweg springen die Berliner gerne im Sommer.

8 Landwehrkanal
Karte MN5 ▪ Lützowplatz
Bei Bootstouren passiert man einige der schönsten Brücken Berlins.

9 Tegeler See, Alt-Tegel
Die Greenwichpromenade am Tegeler Hafen ist mit ihrer Anlegestelle ein beliebtes Ausflugsziel der Berliner.

10 Neuer See
Karte M5 ▪ Großer Tiergarten
Auf dem idyllischen See im Tiergarten kann man rudern. Das Café am Neuen See hat einen Biergarten *(siehe S. 117)*.

TOP 10 Unbekanntes Berlin

① Bearpit Karaoke
Karte G1 ■ Mauerparkweg
■ Mai – Okt: So 15 – 17 Uhr
■ www.bearpitkaraoke.com

Die Karaoke-Sessions sonntagnach-mittags im Mauerpark sind seit Jahren extrem populär. Stets karrt »Gastgeber« Joe Hatchiban das »sound system« mit seinem Fahrrad heran, während sich das Amphitheater mit bis zu 2000 Zuschauern füllt – ein besseres Publikum für fünf Minuten Ruhm gibt es nicht.

② Unterwelten-Museum
Karte G1 ■ Brunnenstraße 105 (Tickets) ■ +49 30 4991 0517 ■ nur Führungen: Mi – Mo 12, 14, 16 Uhr ■ Eintritt ■ www.berliner-unterwelten.de

Eine authentisch erhaltene, weitläufige Luftschutzanlage aus der Zeit des Dritten Reichs wurde zu einem beeindruckenden Museum umgebaut. Bei Führungen durch die zum Teil sehr beengten Gänge und Räume erhält man einen genauen Einblick in die düstere, bedrückende Untergrundwelt des Krieges.

③ Sammlung Boros
Karte J3 ■ Reinhardtstraße 20 ■ nur Führungen (Buchung über Website): Do – So 10 – 19.30 Uhr ■ Eintritt ■ www.sammlung-boros.de

In einem Hochbunker, der 1943 für Reisende der Reichsbahn gebaut und in den 1990er Jahren als Club genutzt wurde, zeigt der Medienunternehmer Christian Boros seit 2007 seine Kunstsammlung mit Werken internationaler Künstler von 1990 bis

Der Hochbunker der Sammlung Boros

zur Gegenwart. Die 90-minütigen Führungen müssen vorab über die Website gebucht werden.

Das Badeschiff in der Spree

④ Badeschiff
Eichenstraße 4 ■ +49 162 545 1374 ■ Mai – Sep: tägl. 8 – 24 Uhr ■ Eintritt ■ www.arena.berlin

Flussschwimmbäder gab es in Berlin schon früher. Das Badeschiff in einem alten Schubleichter ankert mitten in der Spree und ist im Sommer ein Hotspot. Abends legt ein DJ den passenden Sound auf, später feiern die Gäste weiter auf dem nahen Clubschiff *Hoppetosse* (www.hoppetosse.berlin).

⑤ Schwerbelastungs-körper
Karte F6 ■ General-Pape-Straße 100 ■ +49 30 902 776 163 ■ Apr – Okt: Di, Mi, Do, Sa, So 13 – 18 Uhr ■ www.schwerbelastungskoerper.de

Albert Speer sollte als Architekt Hitlers Berlin zur »Welthauptstadt Germania« umgestalten. Um die Tragfähigkeit des Berliner Untergrunds für die geplanten Monumentalbauten zu testen, errichtete man 1941 diesen 12 000 Tonnen schweren, zylindrischen »Schwerbelastungskörper«. »Germania« wurde bekanntermaßen nie realisiert, das Relikt dient heute als Museum.

⑥ Monsterkabinett
Karte J5 ▪ Rosenthaler Straße 39 ▪ +49 152 1259 8687 ▪ Mi, Do 18 – 22, Fr, Sa 16 – 22 Uhr ▪ Eintritt ▪ www.monsterkabinett.de

Ein Künstlerkollektiv entführt Besucher auf eine 20-minütige interaktive Tour durch einen skurrilen Vergnügungspark voller bizarrer Automatenkreaturen. Dahinter stecken jede Menge Hightech und detailverliebter Spieltrieb.

⑦ MountMitte
Karte F2 ▪ Caroline-Michaelis-Straße 8 ▪ +49 30 555 778 922 ▪ Mo – Fr ab 14 Uhr, Sa, So ab 10 Uhr ▪ Eintritt ▪ www.beachmitte.de

Schnappen Sie sich einen Helm, klinken Sie sich in die Sicherungsleine ein, und klettern Sie durch sechs Parcours auf drei Etagen, vom leichten »Brocken« über den anspruchsvolleren »Skywalk« bis zur Königsdisziplin »Everest«.

⑧ Admiralbrücke
Karte H5 ▪ Fraenkelufer 25

Die mit schmiedeeisernen Geländern verzierte Brücke (1882) überspannt den Landwehrkanal und ist im Sommer ein Hotspot für Berliner und Besucher. Der damit verbundene Lärm bringt allerdings regelmäßig Anwohner auf die Barrikaden.

⑨ Illuseum Berlin
Karte G3 ▪ Karl-Liebknecht-Str. 9 ▪ +49 30 2578 4117 ▪ Mo – Fr 10 – 18, Sa, So 10 – 20 Uhr ▪ Eintritt ▪ www.illuseum-berlin.de

Das Museum unweit des Alexanderplatzes will die Sinne seiner Besucher täuschen und sie hinters Licht führen. In speziellen Raumkonstruktionen er-

lebt man sich riesengroß oder winzig klein. Besonders verblüffend sind die Hologramme. Wissenschaftliche Erklärungen begleiten alle Exponate. Fotografieren ist hier ausdrücklich erlaubt.

⑩ Tieranatomisches Theater
Karte J3 ▪ Philippstraße 13, Haus 3 ▪ +49 30 209 346 625 ▪ Mo – Fr 14 –18 Uhr (im Sommer Di – Sa) ▪ www.tieranatomisches-theater.de

Das 1790 nach Plänen von Carl Gotthard Langhans erbaute Tieranatomische Theater ist das älteste erhaltene Lehrgebäude Berlins. Regelmäßig beleuchten Wechselausstellungen u. a. die facettenreiche Geschichte des Instituts.

Tieranatomisches Theater

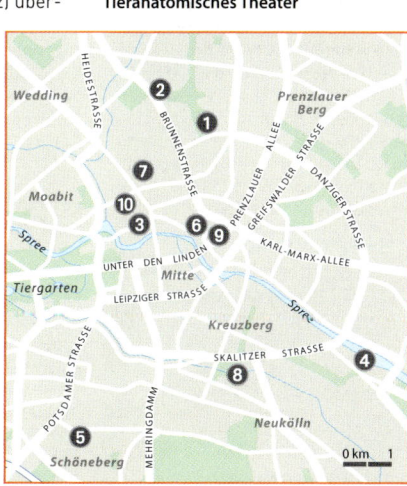

Kinder

Deutsches Technikmuseum

① Deutsches Technikmuseum

Für Kinder ist das Deutsche Technikmuseum ein riesiger Spielplatz zum aktiven Erleben, Entdecken und Verstehen. Das Science Center Spectrum mit vielen Experimentierstationen entführt Kinder und Jugendliche in die Welt der Naturwissenschaft und Technik *(siehe S. 129)*.

② Labyrinth Kindermuseum

Osloer Str. 12 ▪ +49 30 800 931 150 ▪ Fr 13–18, Sa, So 11–18 Uhr; während Schulferien Mo–Fr 9–18, Sa, So 11–18 Uhr ▪ Eintritt ▪ www.labyrinth-kindermuseum.de

Berlins Museum für Kinder wendet sich an Besucher zwischen drei und zwölf Jahren. Hier werden jährlich drei bis vier Ausstellungen zu jeweils einem Thema spannend und kindgerecht in Szene gesetzt, beispielsweise über die Kulturen unserer Welt. Jede Ausstellung lädt Kinder zum Mitmachen ein, sodass sie selbstständig und spielerisch Erfahrungen machen.

Labyrinth Kindermuseum

③ Grips-Theater

Altonaer Str. 22 ▪ Karte D3 ▪ Kasse: +49 30 3974 7477 ▪ Eintritt ▪ www.grips-theater.de

Das berühmte Berliner Kinder- und Jugendtheater spielt seit 1986 den Musicalhit *Linie 1* über das aufregende Leben in einer Großstadt, das anhand der von Ost nach West führenden U-Bahn-Linie erzählt wird. Das Stück ist eher für ältere Kinder und Jugendliche geeignet.

④ Museum für Naturkunde

Das größte deutsche Naturkundemuseum besitzt das weltweit größte aufgestellte Dinosaurierskelett. Die Bestände des Museums sind einzigartig *(siehe S. 55)*.

Museum für Naturkunde

⑤ Zoo Berlin

Kein Berlin-Besuch mit Kindern ohne einen Zoo-Ausflug. Begeistert sind Kinder u. a. vom Affenhaus (mit den kleinen Gorillas und Schimpansen) und dem Babyzoo, in dem der Tiernachwuchs auch gestreichelt werden darf *(siehe S. 42f)*.

⑥ Zeiss-Großplanetarium

Unter der silbrig glänzenden Kuppel im Stadtteil Prenzlauer Berg entführen künstliche Sterne, Planeten und Gasnebel in ferne Galaxien *(siehe S. 140)*.

Vor dem LEGOLAND® am Sony Center

7 LEGOLAND® Discovery Centre

Der Indoor-Freizeitpark bietet u. a. ein Miniland mit Berlins Wahrzeichen, Fahrbetriebe, ein 4D-Kino sowie Tausende Legosteine, mit denen Kinder spielen können (siehe S. 21).

8 Filmpark Babelsberg

Aufregende Schießereien, eine begehbare U-Boot-Filmkulisse, eine Inselstadt und eine Wildwest-Kleinstadt lassen nicht nur Kinder staunen. Die Tour über das altehrwürdige UFA-Filmgelände ermöglicht einen Blick hinter die Kulissen. Kinder können sich schminken und kostümieren und z. B. das ostdeutsche, seit 1959 ausgestrahlte »Sandmännchen« bewundern. Zwischen 1917 und 1945 zählten die Babelsberger Filmstudios zu

Seit 1959 auf Sendung: der Sandmann

den weltweit wichtigsten Produktionsstätten für Kinofilme. Überall auf dem Gelände trifft man auf Filmrequisiten und -figuren. Das 4D-Actionkino bietet auf hydraulischen Sitzbänken mit Wind- und Nebeleffekten eine atemberaubende Fahrt durch ein Bergwerk oder ein rasantes Skateboardrennen.

9 Puppentheater-Museum

Karte H6 ▪ Karl-Marx-Str. 135 ▪ +49 30 687 8132 ▪ Di – So 10 – 14 Uhr (ohne Anmeldung: 14 – 18 Uhr) ▪ Eintritt ▪ www.puppentheater-museum.de

Hier dreht sich alles um Puppen und Marionetten aus vier Jahrhunderten. Kinder dürfen selbst Aufführungen mit Puppen inszenieren, spielen und sich als Theatermacher üben.

10 AquaDom & Sea Life Berlin

Von der Spree über Flüsse und Seen bis in die Weiten der Ozeane mit farbenprächtigen Korallen und tropischen Fischen entführt das Sea Life Berlin (siehe S. 106) seine Besucher. Hauptattraktion ist hier neben den vielen Fischbecken der gläserne Aufzug mitten durch ein zylinderförmiges Aquarium.

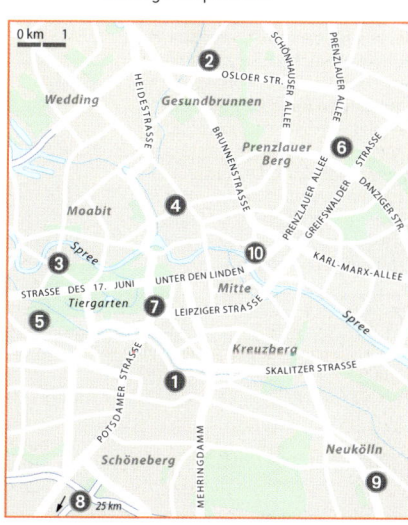

TOP 10 Unterhaltung

1 Staatsoper Unter den Linden

Karte C4 ■ www.staatsoper-berlin.de
Daniel Barenboim leitet das Opernhaus auf Weltniveau, die Inszenierungen bestätigen den Spitzenruf von Bühne und Staatskapelle *(siehe S. 16)*. Nach mehrjähriger Sanierung wird das Haus seit Herbst 2017 wieder bespielt.

2 Philharmonie

Karte L2 ■ Herbert-von-Karajan-Str. 1 ■ +49 30 2548 8999 ■ Konzertkasse: Mo – Fr 15 – 18, Sa, So 11 – 14 Uhr ■ www.berliner-philharmoniker.de
Der Hohe Tempel klassischer Musik in Deutschland präsentiert noch immer die besten Dirigenten und Orchester der Welt, die – wie das Publikum – die einzigartige Akustik des Scharoun-Saals schätzen. Die Konzerte der Berliner Philharmoniker unter Chefdirigent Kirill Petrenko sind extrem gefragt und oft weit im Voraus ausverkauft *(siehe S. 38)*.

3 Deutsche Oper

Karte B4 & M2 ■ Bismarckstr. 35 ■ +49 30 3438 4343 ■ www.deutsche operberlin.de
Berlins modernes Opernhaus mit seinem eleganten Retro-Design steht seit 1961 an der Stelle des ehemaligen Deutschen Opernhauses, das im Zweiten Weltkrieg zer-

Tanztheater in der Deutschen Oper

stört wurde. Die massive Außenwand des Neubaus von Fritz Bornemann, die die Oper zur Bismarckstraße hin abgrenzt, ist bis heute umstritten. Das Treppenhaus und das Foyer wirken dagegen filigran und leicht. Das Programm bietet neben Oper auch Ballett, Konzerte und Aufführungen für Kinder *(siehe S. 124)*.

4 Chamäleon

Karte J5 ■ Rosenthaler Str. 40/41 (Hackesche Höfe) ■ +49 30 400 0590 ■ Theaterkasse: Di – Fr 12 – 18 Uhr ■ chamaeleonberlin.com
Das kleine Varieté hat sich längst von den altbekannten Routinen des Metiers verabschiedet und gilt als eine *der* Spielstätten des »Neuen Zirkus«: Akrobatik, Musik, Tanz, Komik und Schauspiel mit Akteuren aus der internationalen Zirkusszene.

⑤ Bar jeder Vernunft

Karte C5 ■ **Schaperstr. 24** ■ +49
30 883 1582 ■ **Theaterkasse: Mo – Fr
12 –18.30, Sa, So 15 –17.30 Uhr**
■ www.bar-jeder-vernunft.de

Das beliebteste Berliner Cabaret
bietet in einem Spiegelzelt aus den
1920er Jahren ein witziges, zuweilen
auch romantisch angehauchtes Programm mit Liedern und Chansons,
Cabaret und Slapstick. Unter den
Künstlern, die hier auftreten, sind
viele Stars der internationalen
Kleinkunstszene, so z. B. Georgette
Dee, die Geschwister Pfister, Gayle
Tufts und Götz Alsmann, aber auch
Altstars wie Klaus Hoffmann. Hier
sitzt man an Tischen und kann vor
der Vorstellung auch dinieren.

⑥ Deutsches Theater

Unter Max Reinhardt (ab 1905)
wurde das Haus landesweit bekannt.
Zu Zeiten der DDR galt das Theater
als eines der besten deutschsprachigen Schauspielhäuser. Für viele
ist das »DT« mit seinem hochkaräti-
gen Ensemble das schönste der
Stadt *(siehe S. 98)*.

⑦ Theater des Westens

Das 1896 erbaute,
schön renovierte Musi-
caltheater begeistert sein
Publikum mit Produktionen
wie *Mamma Mia* oder *Ich
war nie niemals in
New York*. Das
Haus machte
deutsche Musi-
cals auch im
Ausland bekannt
(siehe S. 124).

⑧ Friedrichstadt-Palast

Karte J4 ■ **Friedrichstr. 107**
■ +49 30 2326 2326
■ **Theaterkasse: tägl.
10 –18.30 Uhr**
■ www.palast.berlin

Die Wurzeln von Europas
größtem Revuetheater
reichen fast 100 Jahre zurück. Das heutige Gebäude wurde
1984 eröffnet, der große Saal bietet

Friedrichstadt-Palast

2000 Zuschauern Platz. An den aufwendigen Shows wirken in der Regel
mehr als 100 Künstler mit. Im Sou-
terrain stehen jede Woche deutsche
Stand-up-Comedians auf der Bühne
des Quatsch Comedy Club.

⑨ Hebbel am Ufer (HAU)

Karte F5 ■ **Hallesches Ufer 32**
■ +49 30 2590 0427 ■ **Theaterkasse:
Mo – Sa ab 15 Uhr**
■ www.hebbel-am-ufer.de

Die drei Spielstätten des
HAU mit dem altehr-
würdigen Hebbel-
Theater bieten
zeitgenössisches
Performance-Theater
internationaler Trup-
pen sowie Lesungen,
Konzerte und andere
Veranstaltungen.

⑩ Volksbühne

Karte H2 ■ **Rosa-
Luxemburg-Platz** ■ +49 30
2406 5777 ■ **Theaterkasse:
tägl. 12 –18 Uhr** ■ www.
volksbuehne-berlin.de

Unter Frank Castorf
wurde das ehemalige
sozialistische Theater ab
1992 zu einer wegweisenden
Avantgarde-Bühne. Aktuell
leitet der Dramatiker und
Regisseur René Pollesch das
prestigeträchtige Haus.

Theater des
Westens

TOP 10 Berlin LGBTQ+

1 Christopher Street Day
Karte P3/4 ▪ Kurfürstendamm & Straße des 17. Juni ▪ meist letztes Wochenende im Juni

Deutschlands größter Christopher Street Day (auch als Gay Pride bekannt) versetzt Berlin alljährlich in Partylaune: Hunderttausende Schwule und Lesben aus ganz Europa ziehen bei der »Stonewall Parade« von Unter den Linden oder vom Ku'damm über die Straße des 17. Juni zur Siegessäule *(siehe S. 80)*.

Parade zum Christopher Street Day

2 Siegessäule
kostenlos in Cafés und Läden

Berlins ältestes schwul-lesbisches Stadtmagazin nennt sich stolz nach dem Berliner Wahrzeichen. Das bunte Magazin erscheint monatlich und bietet Informationen, Veranstaltungstipps, Kleinanzeigen und Interviews zur Szene in der Stadt.

3 Mann-o-Meter
**Karte E5 ▪ Bülowstr. 106
▪ +49 30 216 8008
▪ Mo – Fr 17 – 22 Uhr, Sa 16 – 20 Uhr
▪ www.mann-o-meter.de**

Berlins bekanntester schwuler Checkpoint hilft weiter: Neben psychologischer Beratung in Fragen wie Aids, Safer Sex und Coming-out unterstützen die Mitarbeiter auch bei der Wohnungssuche, bei Beziehungsproblemen oder Rechtsfragen. Außerdem ist Mann-o-Meter eine gute Anlaufstelle für Besucher, um nützliche Tipps rund um die schwule Szene Berlins zu bekommen.

4 SchwuZ
Rollbergstr. 26 ▪ +49 30 577 0227 ▪ Mi – Sa ab 23 Uhr ▪ Eintritt ▪ www.schwuz.de

Das SchwuZ in der ehemaligen Kindl-Brauerei in Neukölln ist eine der besten schwulen Partyadressen Berlins. Hier trifft sich vor allem ein jüngeres Publikum zum Tanzen, Flirten, Trinken und Amüsieren. Regelmäßig gibt es besondere Themenpartys – die Termine werden in schwulen Magazinen wie *Siegessäule* oder *blu* veröffentlicht.

5 Tom's Bar
**Karte D5 ▪ Motzstr. 19
▪ +49 30 213 4570 ▪ tägl. 22 – 6 Uhr
▪ www.tomsbar.de**

Einer der Kneipenklassiker Berlins liegt mitten im schwulen Kiez der Stadt in der Motzstraße. Tom's Bar ist nichts für ängstliche Gemüter, denn hier geht es vor allem darum, jemanden für die Nacht zu finden. Unter der (recht düsteren) Kneipe gibt es einen Darkroom.

⑥ Prinz-Eisenherz-Buchhandlung

Karte D5 ▪ Motzstr. 23
▪ +49 30 313 9936 ▪ Mo – Sa 10 – 20 Uhr
▪ www.prinz-eisenherz.com

Deutschlands älteste offen schwule Buchhandlung hat die ganze Bandbreite deutscher und internationaler LGBTQ+ Literatur im Sortiment. Die kenntnisreichen Buchhändler können auf Wunsch auch viele seltene oder vergriffene Titel besorgen. Die Buchhandlung veranstaltet regelmäßig Lesungen.

⑦ SilverFuture

Weserstr. 206 ▪ +49 30 2390 0855 ▪ tägl. 17 – 2 Uhr (Fr, Sa bis 3 Uhr) ▪ www.silverfuture.net

Die beliebte Queer-Bar ist Treffpunkt einer bunten Szene und weithin bekannt als sicherer diskriminierungsfreier Ort für alle.

⑧ Schwules Museum

Karte E4 ▪ Lützowstr. 73
▪ +49 30 6959 9050 ▪ Mo, Mi, Fr 12 – 18, Do 12 – 20, Sa 14 – 19, So 14 – 18 Uhr
▪ Eintritt ▪ www.schwulesmuseum.de

Das Museum zeigt homosexuelles Leben in all seinen Facetten und zeichnet Höhen und Tiefen schwulen Lebens seit dem 19. Jahrhundert in

wechselnden Themenausstellungen nach. Daneben gibt es ein Archiv, eine Bibliothek und immer wieder kulturelle Sonderveranstaltungen.

⑨ Barbie Deinhoff's

Karte H5 ▪ Schlesische Str. 16
▪ +49 176 9967 8822 ▪ Di – Do 18 – 3.30, Fr, Sa 18 – 5 Uhr

Die von DJs beschallte Bar zieht ein vorwiegend junges Publikum an. Das Interieur mit schäbig-flippiger Einrichtung ist pink ausgeleuchtet. Der dröhnende Techno-Sound und die erstaunlich günstige Getränkekarte sorgen für viel Andrang vor der Tür der Raucherbar. Donnerstags sind Frauen unter sich.

Flyer und Poster des SO36

⑩ SO36

Der berühmt-berüchtigte Tanzschuppen einer schwul-lesbischen Kulturszene erfreut sich seit vielen Jahren großer Beliebtheit. Legendär ist das »Café Fatal« am Sonntagabend ab 19 Uhr: Dann kann man zu alten Schlagern ausgelassen tanzen.

Ausstellungsräume des Schwulen Museums

Lounges & Clubs

① Tresor Club
Karte H4 ▪ Köpenicker Str. 70 ▪ Mo, Mi, Fr, Sa ab 24 Uhr ▪ www.tresorberlin.com

Der »Tresor« eröffnete 1991 als Berlins erster Techno-Club in den unterirdischen Tresorräumen des ehemaligen Kaufhauses Wertheim. Seit 2007 residiert der Club auf drei Etagen eines früheren Heizkraftwerks. Hier sind nach wie vor Trends der Electro-Musik zu hören, die von wechselnden Musikern und DJs vorgestellt werden.

② Kater Blau
Karte H4 ▪ Holzmarktstraße 25 ▪ Programm siehe Website ▪ www.katerblau.de

Der Club mit zwei Tanzflächen ist für seine exzessiven Partys bekannt – sie beginnen freitags und samstags jeweils um 23:59 Uhr und enden meist erst am Nachmittag des nächsten Tages. Zum Außenbereich gehört das Partyschiff *Agnes*, das am Spreeufer vor Anker liegt.

③ Weekend Club
Karte J6 ▪ +49 152 2429 3140 ▪ Alexanderstr. 7 ▪ Do – Sa ab 23 Uhr ▪ www.weekendclub.berlin

Von der Dachterrasse des Clubs blickt man auf die Hochhäuser am Alexanderplatz. Der trendige, aber überraschend bodenständige Club spielt House und Electro-Pop. Die meisten Gäste sind in ihren Zwanzigern und modeaffin.

④ SilverWings Club
Im einstigen Offiziersclub der US Air Force im Areal des Flughafens Tempelhof *(siehe S. 132)* feiert heute ein gemischtes tanzwütiges Partyvolk zu Rock 'n' Roll, Soul und New Wave längst schon legendäre samstägliche Themennächte *(siehe S. 134)*.

⑤ Spindler & Klatt
Köpenicker Str. 16 ▪ +49 30 319 881 860 ▪ Küche: Do – Sa ab 19 Uhr; Club: Sa ab 23 Uhr ▪ www.spindlerklatt.com

Der ehemalige Kornspeicher ist zugleich Restaurant mit panasiatischer Küche, Lounge und Club. Am beliebtesten sind die Dance-Nights und Party-Events.

⑥ Sage Club
Karte H4 ▪ Köpenicker Str. 76 ▪ +49 30 2789 8320 ▪ Do ab 21 Uhr www.sage-club.de KitKatClub: Mo, Mi, Fr – So ab 23 Uhr ▪ www.kitkatclub.org

Einer der ältesten und erfolgreichsten Clubs der Stadt ist nach wie vor ein Garant für aufregende Clubnäch-

Dachterrassenbar des Weekend Club

te mit Livemusik, wenn auch nur noch donnerstags. Die Einrichtung ist stylish, das Soundsystem auf dem neuesten Stand. An den übrigen Wochentagen übernimmt der nicht minder legendäre KitKatClub die Räumlichkeiten. Dann finden die weit über die Stadtgrenzen bekannten exzessiven (sprich: sexlastigen) Technopartys statt.

Berghain

Der Club in einem ehemaligen Heizkraftwerk ist nach wie vor Berlins Top-Adresse für Techno. Jenseits der »härtesten Tür der Stadt« legen jedes Wochenende Spitzen-DJs auf. Licht- und Soundsystem sind vom Feinsten. Legendär sind die tagelangen ausschweifenden Partys – wenn man denn eingelassen wird. Von der Panorama Bar blickt man bei Sonnenaufgang über die Spree. In der Kantine des Berghain finden regelmäßig Konzerte statt *(siehe S. 148)*.

Tausend

Als großartige Alternative zu den von Techno und House dominierten Clubs versteckt sich das Tausend unter der S-Bahn-Trasse hinter einer unscheinbaren Tür. Der Mix aus Cocktailbar, Live-Bühne und Tanzclub mit Soul, Jazz und Pop der 1970er und 1980er Jahre gefällt den vielen Stammgästen. Zum Club gehört eine Cantina *(siehe S. 93)*.

Mein Haus am See

Diese Location ist in vielerlei Hinsicht einzigartig: Sie ist 24 Stunden geöffnet; tagsüber betritt man ein Café mit gemütlichen Secondhand-Sofas und kostenlosem WLAN; abends verwandelt sich der Laden allmählich in einen hitzigen Club (der am Wochenende ziemlich voll werden kann); es gibt einen separaten Raucherraum.

Barbereich von Mein Haus am See

Watergate
Falckensteinstr. 49 ■ **+49 30 6128 0394** ■ **Mi, Fr, Sa ab 24 Uhr** ■ **www.water-gate.de**

Das Watergate an der Spree bietet seinen Gästen das tolle Panorama der illuminierten Warschauer Brücke. Mit seiner von LEDs beleuchteten Tanzfläche und den neuesten Dance-Sounds gehört der Club zu den Top-Adressen Berlins.

ᴛᴏᴘ10 Kneipen & Bars

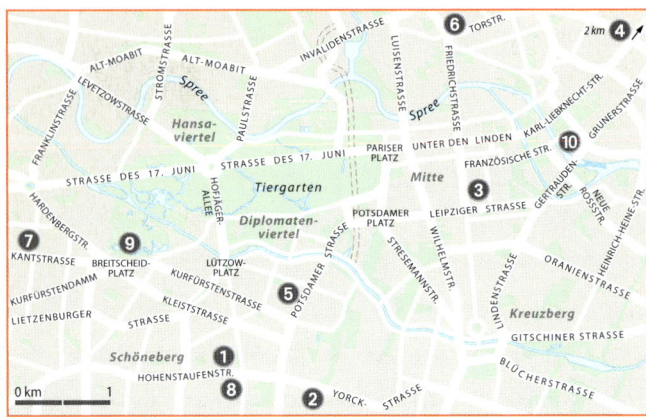

① Green Door

Das Green Door ist ein absolut zeitloser Klassiker unter den Berliner Bars. In minimalistischem Ambiente mit grünen Wänden genießen junge und ältere Großstädter erstklassige Cocktails und Drinks. Von außen wirkt die Bar wie ein unscheinbares Weinlokal. Am Wochenende platzt der Laden aus allen Nähten. Wer hineinmöchte, muss die Klingel an der Tür betätigen *(siehe S. 134)*.

② E. & M. Leydicke

Die in die Jahre gekommene Weindestillerie ist bei Urlaubern, Schülern und Studenten beliebt. Wer mag, kann die süßen Erdbeer- oder Himbeerweine aus der hauseigenen Destillerie probieren. In der Kneipe finden regelmäßig Konzerte und Partys mit Swing-, Blues-, Jazz- oder Rock-'n'-Roll-Bands statt *(siehe S. 134)*.

③ Newton Bar

»Sehen und gesehen werden« heißt es in dieser eleganten Bar am Gendarmenmarkt. Der Service zählt zu den schnellsten der Stadt. Während des Sommers wird die lange Theke bis auf den Bürgersteig ausgezogen. In der Bar stehen bequeme Ledersessel, an den Wänden hängen großformatige Arbeiten des Starfotografen Helmut Newton. Die Cocktails sind allesamt exzellent gemixt *(siehe S. 92)*.

Elegant-lässig: Becketts Kopf

④ Becketts Kopf

Karte H1 ▪ Pappelallee 64
▪ Mo–Do, So 19–2, Fr, Sa 19–4 Uhr
▪ +49 30 4403 5880
▪ www.becketts-kopf.de

Die kleine Bar mit schweren Samtvorhängen und einem Porträt des großen Schriftstellers im Ladenfenster zählt zu den besten Cocktailbars der Stadt, obwohl sie abseits des Trubels des Prenzlauer Bergs liegt. Das dunkel-schummrige Interieur unterstreicht die Atmosphäre. Die Cocktails sind meisterlich gemixt

Retro-Ambiente in der Victoria Bar

⑤ Victoria Bar

Karte E5 ▪ Potsdamer Str. 102
▪ +49 30 2575 9977 ▪ So–Do
18.30–3, Fr, Sa 18.30–4 Uhr
▪ www.victoriabar.de

In der eleganten Bar mit 1960er-
Jahre-Atmosphäre und gedämpftem
Licht kann man ganz entspannt
einen Drink nehmen. Die Victoria
Bar ist bei modebewussten Besser-
verdienenden sehr beliebt. Hier
serviert der bekannte Barkeeper
Stefan Weber seine Cocktails zu
ausgesuchter Lounge-Musik.

⑥ Weinbar Rutz

Die erstklassige Weinbar
(siehe S. 100) nimmt das Erdgeschoss des gleichnamigen, mit zwei
Michelin-Sternen ausgezeichneten
Restaurants (siehe S. 75) ein. Der
Sommelier hilft gerne bei der Wahl
des passenden Tropfens. In der Bar
werden auch deutsch-regionale
Speisen serviert.

⑦ Zwiebelfisch

Karte N3 ▪ Savignyplatz 7–8
▪ +49 30 312 7363 ▪ tägl. 12–6 Uhr
▪ www.zwiebelfisch-berlin.de

In dem Klassiker der inzwischen
ergrauten, gleichwohl vitalen Charlottenburger Szene erinnern sich die
letzten 68er an die große Zeit der
Studentenrevolution. Alle an der
Wand mit Foto verewigten Künstler
waren hier zu Gast. Im Sommer gibt
es Tische im Freien.

⑧ Café M

Karte E5 ▪ Goltzstr. 33
▪ +49 30 216 7092 ▪ tägl. ab 11 Uhr
(Fr–So ab 12 Uhr) ▪ www.cafe-m.de

Das Café M in Schöneberg ist be-
rühmt und berüchtigt für laute
Rockmusik. An den Tischen im
Freien ist es ruhiger.

⑨ Monkey Bar

Karte D4 ▪ Budapester Str. 40
▪ +49 30 120 221 210 ▪ tägl. 12–2 Uhr

Die Bar im zehnten Stock eines
Hotels mit Blick auf den Zoo und
die Stadt ist der Starter für Club-
bing-Nächte. DJs sorgen regelmäßig
für Tanzstimmung.

⑩ Zum Nußbaum

In einer der wenigen einladenden Alt-Berliner Kneipen im
Nikolaiviertel gibt es traditionsreiche Berliner Gerichte zum Fass-
bier (siehe S. 108).

Traditionslokal Zum Nußbaum

TOP 10 Restaurants

Stilprägend: Restaurant Tim Raue

① Restaurant Tim Raue

Das elegant-unprätentiöse Speiselokal *(siehe S. 135)* des ehrgeizigen Berliner Chefkochs Tim Raue im Erdgeschoss eines fünfstöckigen historischen Gebäudes unweit vom Checkpoint Charlie zählt zu den internationalen Top-Restaurants und wurde mit zwei Michelin-Sternen prämiert. Die im weitesten Sinn asiatische Fusionsküche verbindet japanische, thailändische und chinesische Kochtraditionen zu atemberaubenden Kreationen. Alle verwendeten Milchprodukte sind laktosefrei, ein veganes Menü wird ebenfalls angeboten.

② Vox

Die exquisite Küche des minimalistischen Hotelrestaurants *(siehe S. 117)* kombiniert asiatische mit internationalen Speisen, ihr Hauptaugenmerk gilt japanischen und italienischen Rezepten. Reservieren Sie im Sommer einen Tisch im Freien!

③ Hugos

Das Hugos im Hotel InterContinental *(siehe S. 172)* gehört zu Berlins lässigsten Gourmet-Restaurants *(siehe S. 117)*. Es trägt einen Michelin-Stern und bietet einen 360-Grad-Rundblick über die Stadt. Holz und Leder sorgen für vornehmes Ambiente. Eberhard Lange setzt bei seiner leichten internationalen Küche raffinierte Akzente. Die Weinauswahl ist grandios. Für exklusive, individuelle Abende gibt es drei »Private Dining Rooms«.

④ Bocca di Bacco

Berlins schickster Italiener *(siehe S. 93)* bietet frischen Fisch und exzellente Fleischgerichte wie *bresaola di cavallo* (Pferdefleisch mit

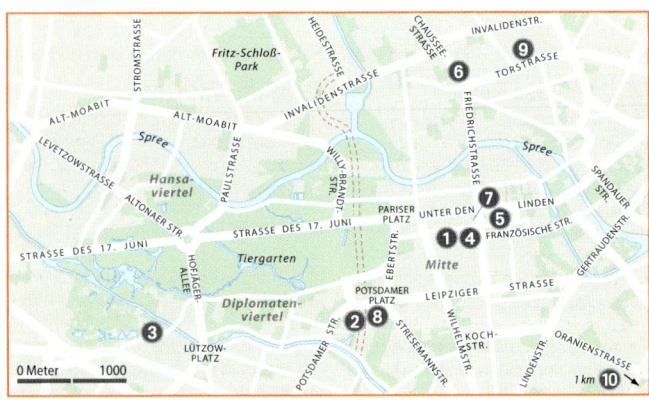

Salat und Nüssen) sowie eine erst-klassige Weinkarte. Das saisonale Menü wird täglich überarbeitet. Nicht nur während der Berlinale herrscht in dem Lokal eine hohe Promi-Dichte!

⑤ Borchardt
Alles, was in der Stadt Rang und Namen hat, genießt hier klassische französische Küche, aber auch Wiener Schnitzel. Der historische Raum im wilhelminischen Stil (mit hohen Säulen, Wandmosaik und gefliestem Boden) bietet einen angemessenen Rahmen. Ohne Reservierung ergattern selbst Spitzenpolitiker keinen guten Platz.

Luftiger Speisesaal des Facil

Wunderbares Ambiente des Borchardt

⑥ RUTZ Restaurant
Marco Müller hat sich seine zwei Michelin-Sterne wahrlich verdient. Die ausgezeichnete Küche bereitet Fisch- und herzhafte Fleischgerichte nach Rezepten aus der Region, aber mit einer eigenen kreativen Note zu. Auf der erstaunlichen Weinkarte des zwanglos-gemütlichen Lokals stehen 1001 Weine (siehe S. 101).

⑦ Cookies Cream
Das schicke, mit einem Michelin-Stern ausgezeichnete Restaurant (siehe S. 93) liegt am Ende einer Lieferantenzufahrt zwischen Komischer Oper (siehe S. 90) und dem Hotel The Westin Grand (siehe S. 173). Die wunderbaren, ausnahmslos vegetarischen Gerichte sind so delikat zubereitet, dass auch Nicht-Vegetarier ins Schwärmen geraten. An der Bar in der Nähe des Eingangs kann man vor und nach dem Dinner einen Drink genießen.

⑧ Facil
Das mit zwei Michelin-Sternen ausgezeichnete Restaurant (siehe S. 117) im fünften Stock des Mandala Hotel (siehe S. 172) besticht durch wohldosierte Eleganz. Chefkoch Michael Kempf kreiert köstliche mediterrane Gerichte mit französischer Note. Während der Sommermonate können die Gäste im Freien oder im Bambusgarten speisen.

⑨ Bandol sur mer
Das mit einem Michelin-Stern prämierte Restaurant (siehe S. 101) im Bistro-Stil bietet in seinen kleinen Räumlichkeiten für maximal 20 Gäste ein sechs- oder siebengängiges, saisonal geprägtes Menü mit moderner französischer Küche. Gäste können den Köchen bei der Arbeit zusehen.

⑩ Horváth
Sebastian Frank hat sich mit Konstanz und Ideenreichtum zwei Michelin-Sterne erarbeitet. Für die angebotenen Fünf-, Sieben- oder Neun-Gänge-Menüs auf der Basis traditioneller österreichischer Gerichte mit durchweg wunderbarer Weinbegleitung sollte man sich unbedingt ausreichend Zeit lassen. Das Interieur mit viel Kerzenlicht und Naturholzmöbeln trägt das Seinige zu einem rundum angenehmen kulinarischen Erlebnis bei.

TOP10 **Shopping**

Kaufhaus des Westens

1 **Kaufhaus des Westens (KaDeWe)**

Karte P5 ▪ Tauentzienstr. 21–24 ▪ +49 30 212 10 ▪ Mo–Do 10–20, Fr 10–21, Sa 9.30–20 Uhr ▪ www.kadewe.de

In Europas größtem Konsumtempel gibt es nichts, was es nicht gibt. Auf sieben Etagen bietet das ehrwürdige Haus mehr als drei Millionen Artikel an. Die Feinschmeckeretage war während des Kalten Kriegs Inbegriff des Westberliner »Schaufensters«. In den nächsten Jahren wird das KaDeWe sukzessive nach Plänen des Architekten Rem Koolhaas umgebaut *(siehe S. 170)*.

2 **Berliner Trödelmarkt Straße des 17. Juni**

Karte M4 ▪ Straße des 17. Juni ▪ +49 30 2655 0096 ▪ Sa, So 10–17 Uhr

Auf Berlins größtem Flohmarkt mit angeschlossenem Kunst- und Kunsthandwerkermarkt hat man sich auf alte Möbel, Besteck und Porzellan, Bücher, Gemälde, Kleidung und Schmuck spezialisiert. Die Händler sind Profis und verlangen hohe Preise. Der Markt eignet sich zum Schauen, Zuhören und Bummeln.

3 **Galeries Lafayette**

Die deutsche Dependance der berühmten Pariser Galeries Lafayette versammelt unter ihrem Dach die neueste Trend-Fashion internationaler Designer für sie und ihn sowie Accessoires und Beauty-Produkte. Die französischen Spezialitäten in der Lebensmittelabteilung lassen nicht nur frankophile Herzen höherschlagen *(siehe S. 91)*.

4 **The Corner**

Karte K4 ▪ Französische Str. 40 ▪ +49 30 2067 0940 ▪ Mo–Fr 10.30–19.30 Uhr, Sa 10–19 Uhr ▪ www.thecornerberlin.de

Neben exklusiver Fashion internationaler Top-Designer – von Marques' Almeida über Balenciaga und Dior bis Yves Saint Laurent – findet man in chic-kühlem Ambiente auch edle Accessoires und eine erlesene Auswahl wunderbarer Parfüms. Das Angebot an Männermode ist nicht minder hochkarätig: Dries Van Noten, Givenchy, Valentino, Moncler und viele andere mehr.

Quartier 206 im Stil des Art déco

⑤ stilwerk

Im stilwerk dreht sich alles um Stil. Dabei ist das stilwerk kein Kaufhaus im traditionellen Sinn, sondern ein Shopping-Center, in dem 55 Möbel-, Lampen- und Einrichtungsläden Designerwaren von weit über 500 Marken anbieten *(siehe S. 125)*.

⑥ Gipsformerei Staatliche Museen

Karte A3 ▪ Sophie-Charlotten-Str. 17–18 ▪ +49 30 3267 6911 ▪ Mo–Fr 9–16 Uhr (Mi bis 18 Uhr) ▪ www.smb. museum

Die Schinkel-Statue oder die elegante preußische Skulptur aus dem Schlossgarten – alle 7000 Objekte aus dem Bestand kann man hier in verschiedenen Größen und Formen als erstklassig verarbeitete Abdruckplastiken kaufen. Auch ein Online-Katalog ist vorhanden.

⑦ Königliche Porzellan-Manufaktur (KPM)

Karte M4 ▪ Wegelystr. 1 ▪ +49 30 390 090 ▪ Mo–Sa 10–18 Uhr (mit Anmeldung) ▪ www.kpm-berlin.de

Preußens Glanz und Gloria zum Mitnehmen bietet die traditionsreiche KPM für die heimische Speisetafel. Neben edlen Porzellanservices werden auch Figuren und Accessoires aus den Berliner Werkstätten verkauft. Außerdem findet man hier edles Besteck, Gläser, Silberwaren und Tischdecken.

Auf dem Winterfeldtmarkt

⑧ Winterfeldtmarkt

Der schickste Wochenmarkt Berlins ist ein »In«-Treff der Schöneberger Szene. Hier kauft man am Samstagvormittag nicht nur ein, man trifft sich auch *(siehe S. 133)*.

⑨ Türkenmarkt am Maybachufer

Der größte türkische Wochenmarkt Berlins mit seiner einladend-ausgelassenen Stimmung lockt mit Gemüse, Spezialitäten und Stoffen. Handeln gehört hier zum Geschäft *(siehe S. 133)*.

⑩ Antik- und Buchmarkt am Bode-Museum

Karte J4 ▪ Am Kupfergraben 1 ▪ +49 30 208 2645 ▪ Sa, So 11–17 Uhr

Am Wochenende lohnt sich ein Bummel über diesen Flohmarkt direkt vor dem Bode-Museum und der Monbijoubrücke. Vieles ist völlig überteuert, doch manchmal findet man auch ein Schnäppchen.

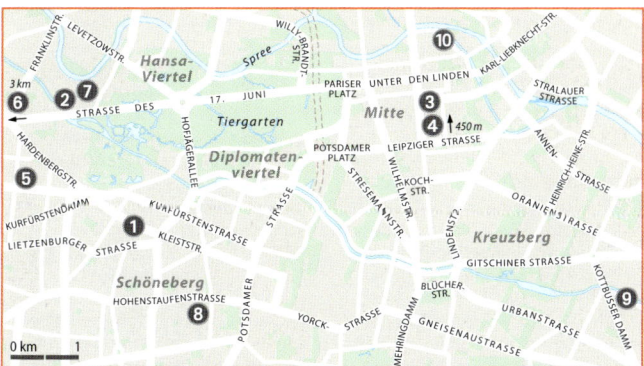

Kostenlose Attraktionen

Blick von der Reichstagskuppel

① Reichstagsgebäude

Berlins größte Gratis-Attraktion ist zugleich eine der wichtigsten Sehenswürdigkeiten der Stadt. Der Rundblick von der Glaskuppel des Architekten Norman Foster ist unschlagbar. Führungen umfassen den Plenarsaal und Graffiti, die russische Soldaten hier 1945 hinterließen. Einlass nur nach vorheriger Online-Registrierung *(siehe S. 14f)*.

② Tempelhofer Feld

Die mit 355 Hektar weltweit größte innerstädtische Freifläche entspricht dem Gelände des früheren Flughafens Tempelhof *(siehe S. 132)*. Ursprünglich war das Areal ein militärisches Übungsgelände der Berliner Garnison der preußischen Armee. Seit 2010 steht es allen umsonst offen. Das Freizeitangebot reicht von Sport über Theater bis zu Konzerten.

③ Tage der offenen Tür

Mai – Sep ▪ www.visitberlin.de

Mehrmals pro Jahr hat man in Berlin Gelegenheit, einen Blick »hinter die Kulissen« zu werfen. Am »Tag der offenen Tür der Bundesregierung« öffnen sogar Kanzleramt und Ministerien ihre Pforten für Besucher.

④ Konzerte

Karte L2 ▪ Herbert-von-Karajan-Str. 1 ▪ +49 30 2548 8999 ▪ Sep – Juni ▪ www.berliner-philharmoniker.de

Kirchen, Hochschulen und klassische Orchester veranstalten regelmäßig und kostenlos Konzerte. Die Berliner Philharmoniker laden während der Konzertsaison jeden Dienstag um 13 Uhr zum Lunchkonzert. Regelmäßig gibt es auch Konzerte für Familien mit Kindern von fünf bis zwölf Jahren *(siehe S. 38f)*.

⑤ East Side Gallery

Das längste erhaltene Teilstück der Berliner Mauer zwischen Ostbahnhof und Oberbaumbrücke wurde seit 1990 von Künstlern aus 21 Ländern in ein nicht enden wollendes Kunstwerk aus Einzelbildern verwandelt, das man rund um die Uhr bestaunen kann *(siehe S. 146)*.

Werk von S. Gimajew, East Side Gallery

⑥ Gedenkstätte Berliner Mauer

Karte F2 ▪ Bernauer Str. 119 ▪ +49 30 46 79 86 66 ▪ Besucherzentrum: Di – So 10 – 18 Uhr ▪ www.stiftung-berliner-mauer.de

Die Gedenkstätte ist der zentrale Erinnerungsort an die deutsche Teilung. Ein 1,4 Kilometer langer Abschnitt des ehemaligen Grenzstreifens erinnert mit einer Außenausstellung an die Berliner Mauer und die Versuche, sie mittels Tunneln etc. zu überwinden.

7 Führungen

Tägl. ganzjährig ■ **Zeiten und Treffpunkte: siehe Websites** ■ www.alternativeberlin.com www.brewersberlintours.com www.neweuropetours.eu

Mehrere Veranstalter *(siehe Websites oben)* bieten einige ihrer Führungen kostenlos an, wobei sich die Führer natürlich über eine freiwillige Spende freuen. Die Touren dauern zum Teil drei Stunden.

8 Museen

Einige Museen und Sammlungen gewähren kostenlosen Zutritt, z. B. das AlliiertenMuseum *(siehe S. 152)* und das Knoblauchhaus *(siehe S. 104)*. In einige der besten Museen der Stadt, u. a. in die Gemäldegalerie *(siehe S. 38–40)* und die Häuser auf der Museumsinsel, kommen Jugendliche unter 18 Jahren umsonst.

9 Holocaust-Denkmal

Das von Peter Eisenman gestaltete Denkmal für die ermordeten Juden Europas besteht aus 2711 Beton-Stelen von unterschiedlicher Höhe, die auf einer unebenen Fläche (19 000 m²) gleichmäßig verteilt sind *(siehe S. 87)*. Der unterirdische Ort der Information dokumentiert die NS-Verbrechen an den europäischen Juden.

10 Schlosspark Sanssouci

Anders als die Schlösser und Pavillons von Sanssouci ist der Zugang zum Park, in den sie eingebettet sind, für alle Besucher umsonst. Hier kann man wunderbar entspannen und die Herrlichkeit des alten Preußen genießen *(siehe S. 158)*.

Schlosspark Sanssouci

Berlin für wenig Geld

Bode-Museum, Museumsinsel

1 Mit dem Museumspass Berlin (29 €) hat man an drei aufeinanderfolgenden Tagen freien Eintritt zu mehr als 50 Museen und Sammlungen in ganz Berlin.

2 Viele der Berliner Stadtteile eignen sich hervorragend für einen gemütlichen Spaziergang, und Sie werden überrascht sein, wie schnell und einfach Sie die wichtigsten Sehenswürdigkeiten der Stadt zu Fuß erreichen können.

3 Die Abendkassen von Theatern und Opern halten oft reduzierte Tickets zu Vorstellungen am selben Abend bereit.

4 Die Galerien in Berlin, allen voran die in Mitte, etwa in der August- und in der Linienstraße, verfügen über reiche Sammlungen, die sie regelmäßig zeigen.

5 Kaufen Sie sich bei schönem Wetter ein Bier oder eine Limo in einem der vielen Berliner Spätis und suchen Sie sich ein gemütliches Plätzchen.

6 Kaufen Sie 4-Fahrten- oder Tageskarten für öffentliche Verkehrsmittel, oder, noch besser: Mieten Sie ein Fahrrad, um die Stadt zu entdecken.

7 Die Buslinien 100 und 200 fahren an zahlreichen Sehenswürdigkeiten der Stadt vorbei, und das zum Preis eines Einzelfahrscheins.

8 Nutzen Sie die günstigen Mittagsangebote in Cafés und Restaurants.

9 Bummeln Sie sonntags über den weitläufigen Flohmarkt am Mauerpark, und halten Sie nach einem Schnäppchen Ausschau *(siehe S. 140)*.

10 Wer sich einen Überblick über das Stadtgebiet verschaffen möchte, ist nicht auf kostenpflichtige Aussichtspunkte angewiesen: Fast alle Volksparks und der Teufelsberg im Grunewald haben Erhebungen, die weit blicken lassen.

⬛🔟 Festivals & Events

① Berlin Fashion Week
Verschiedene Locations
■ Frühling und Spätsommer ■ Eintritt
■ www.fashion-week-berlin.com

Designer aus Berlin und aller Welt zeigen ihre neuesten Kollektionen in zum Teil ausgefallenen Locations.

② Grüne Woche
Karte A5 ■ **Messegelände**
■ +49 30 4799 7484 ■ 2. Januarhälfte
■ Eintritt ■ www.gruenewoche.de

Das größte Schlemmerfest der Welt ist eine Landwirtschafts- und Gastronomiemesse für alle. Nur hier lässt sich an einem Tag eine kulinarische Weltreise unternehmen.

③ Berliner Filmfestspiele
Karte L2 ■ **CinemaxX am Potsdamer Platz und andere Spielstätten**
■ Anfang Feb ■ www.berlinale.de

Die Berlinale ist ein wichtiger Branchentreff. Deutsche und Hollywood-Stars zeigen sich gerne beim einzigen deutschen A-Filmfest. Tausende Kinofans und Filmschaffende strömen in die zahlreichen, über die ganze Stadt verteilten Premierespielstätten.

④ Internationale Tourismus Börse (ITB)
Karte A5 ■ **Messegelände**
■ +49 30 3038 3000 ■ März ■ Eintritt
■ www.itb-berlin.de

Die weltweit größte Tourismusbörse bietet aktuelle Infos rund ums Reisen an teilweise aufwendig gestalteten, exotischen Ständen. Beliebt sind die abendlichen Showprogramme der einzelnen Länder.

⑤ Karneval der Kulturen
Karte GH5/6 ■ **Kreuzberg**
■ Pfingsten ■ www.karneval-berlin.de

Das multikulturelle Berlin feiert sich in einem fröhlichen Straßenumzug drei Tage lang im bunten Bezirk Kreuzberg.

⑥ Christopher Street Day
Karte P3/4 ■ **Kurfürstendamm und Straße des 17. Juni** ■ +49 30 2362 8632 ■ Juni/Juli

Die LGBTQ+ Community feiert stolz alternative Lebensformen. Bis zu 500 000 Schwule und Lesben aus aller Welt tanzen, trinken und feiern ausgelassen auf den Straßen der Berliner Innenstadt *(siehe S. 68)*.

Andrang auf dem roten Teppich bei den Berliner Filmfestspielen

7 Lange Nacht der Museen

Berliner Museen ■ +49 30 2474 9888
■ Mitte/Ende Aug ■ Eintritt
■ www.lange-nacht-der-museen.de

Einmal im Jahr hat man bis spätnachts mit einem Ticket Zutritt zu allen Berliner Museen. Zahlreiche Einrichtungen lassen sich zu diesem besonderen Termin etwas Besonderes einfallen, Straßenkünstler unterhalten das wartende Publikum.

8 Pop-Kultur

Versch. Locations, Haupt-Acts in der Kulturbrauerei ■ Ende Aug/Anfang Sep ■ www.pop-kultur.berlin

An drei Tagen präsentieren sich internationale Stars und Newcomer der Musikszene. Konzerte, Performances, Talks und Lesungen bilden das Programm.

Eat Lipstick performt bei Pop-Kultur

9 Internationale Funkausstellung (IFA)

Karte A5 ■ Messegelände ■ Aug/Sep
■ Eintritt ■ www.ifa-berlin.de

Die IFA präsentiert alljährlich brandneue Entwicklungen und Produkte der Gebrauchs- und Unterhaltungselektronik. Sie steht nicht nur Fachbesuchern offen.

10 Festival of Lights

Verschiedene Locations ■ Okt
■ www.festival-of-lights.de

Zehn Abende lang werden einige der bekanntesten Wahrzeichen Berlins von Lichtkünstlern spektakulär illuminiert. Lichtinstallationen und -Shows ergänzen das Programm.

Sport-Highlights

Drachenfest, Tempelhofer Feld

1 Tempelhofer Feld
Karte F6 ■ tägl. ■ www.thf-berlin.de
Seit Einstellung des Flugbetriebs ein Paradies für Fun-Sportler *(siehe S. 78)*.

2 Berliner Neujahrslauf
Karte K3 ■ Brandenburger Tor ■ 1. Jan
■ www.berliner-neujahrslauf.de
Rennen für gut trainierte Läufer, denen Kälte und Kater nichts anhaben können.

3 Sechstagerennen
Velodrom ■ Ende Jan
Eines der traditionsreichsten Berliner Sportereignisse.

4 Berliner Motorrad Tage
Kurfürstendamm ■ Feb/März
■ www.berliner-motorrad-tage.de
Das internationale Bikertreffen ist ein lautstarkes Event.

5 DFB-Pokalfinale
Olympiastadion ■ Mai
Im Olympiastadion wird alljährlich das Endspiel um den DFB-Pokal ausgetragen.

6 Skate by Night
Straße des 17. Juni ■ Mai – Sep: So abends ■ berlin.skatebynight. de
Skater aus aller Welt treffen sich zu organisierten Touren durch Berlin.

7 Berlin Triathlon
Treptower Park ■ Anfang Juni
■ www.berlin-triathlon.de
Auch Amateure mischen hier mit.

8 Deutsches Traberderby
Trabrennbahn Mariendorf
■ 1. Augustwoche
Die Traberprofis messen sich beim Derby.

9 Internationales Stadionfest (ISTAF)
Olympiastadion ■ 1. So im Sep
Das größte deutsche Leichtathletikfest.

10 Berlin-Marathon
Str. des 17. Juni ■ 3. oder 4. So im Sep
Der legendäre Marathon zieht alljährlich Zehntausende Läufer an.

Stadtteile

Das historische Nikolaiviertel, dahinter Rotes Rathaus,
Berliner Dom *(links)* und Fernsehturm

⟪TOP 10⟫ Mitte: Unter den Linden

Für die meisten Berlin-Besucher besteht der historische Bezirk Mitte vor allem aus dem Prachtboulevard Unter den Linden. Hier und rund um den Bebelplatz befinden sich die meisten Berliner Sehenswürdigkeiten, an denen sich die preußische und auch die deutsche Geschichte vom frühen 18. Jahrhundert bis heute nachvollziehen lassen. Südlich der Linden liegt der Gendarmenmarkt, einer der schönsten Plätze Europas mit einer vielfältigen Restaurant- und Cafészene. Unweit davon locken elegante Läden in der mondänen Friedrichstraße.

Statue, Unter den Linden

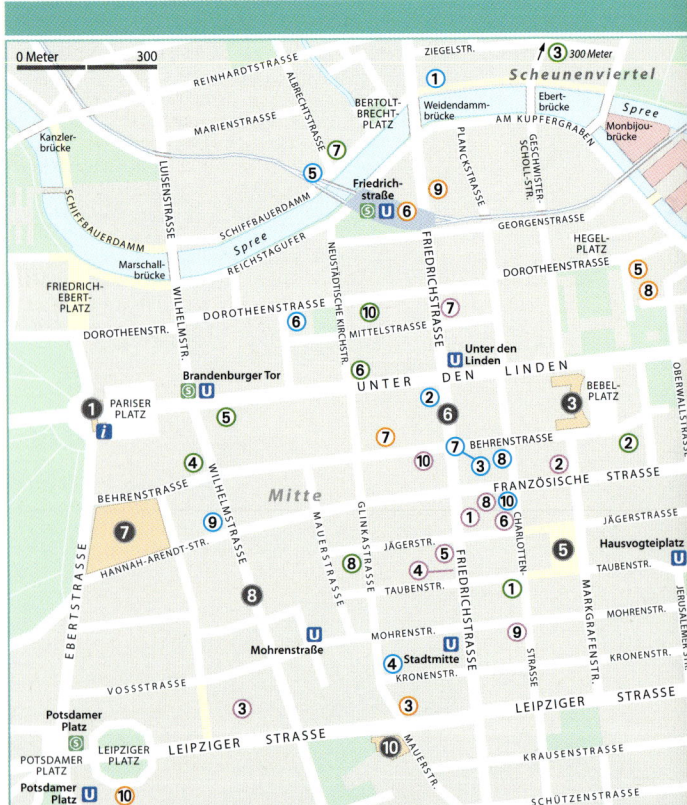

1 Brandenburger Tor
Karte K3 ▪ Pariser Platz

Das schönste Berliner Wahrzeichen am Pariser Platz führt zu Unter den Linden *(siehe S. 12f)*.

2 Humboldt Forum
Karte K5 ▪ Unter den Linden 3 ▪ www.humboldtforum.org

Seit 2021 ist das nach Plänen des italienischen Architekten Franco Stella wiederaufgebaute barocke Stadtschloss der Hohenzollern zugänglich. Neben dem Ethnologischen Museum und dem Museum für Asiatische Kunst sind hier u. a. eine Berlin-Ausstellung und das Humboldt Labor der Humboldt-Universität untergebracht.

Alte Bibliothek

3 Forum Fridericianum
Karte K4 ▪ Unter den Linden am Bebelplatz

Die historischen Bauten dieses frühklassizistischen Architektur-Ensembles gehören zu den schönsten Sehenswürdigkeiten in Berlin. Friedrich der Große beauftragte seinen Hofarchitekten Georg Wenzeslaus von Knobelsdorff mit der Errichtung repräsentativer Bauten rund um den heutigen Bebelplatz. Ab 1740 entstanden nacheinander die Deutsche Staatsoper als erstes frei stehendes Opernhaus Europas, die katholische St.-Hedwigs-Kathedrale, die Alte Bibliothek und das Prinz-Heinrich-Palais, die spätere Humboldt-Universität, wobei der König während der Planung wiederholt selbst Hand anlegte und Skizzenzeichnungen änderte. An die dunkle Vergangenheit des Bebelplatzes erinnert seit 1995 ein in der Erde versenktes Denkmal: Hier fand 1933 die Bücherverbrennung der Nationalsozialisten statt. 1840 schuf Christian Daniel Rauch das Reiterdenkmal Friedrichs des Großen. Die 13,50 Meter hohe Bronzestatue zeigt den König mit Dreispitz, Krückstock und Krönungsmantel.

Friedrich als Architekt

Mit dem Forum Fridericianum schuf sich der »Alte Fritz« nicht nur ein Denkmal, sondern legte den Grundstein für den Aufstieg der Linden zu einem der großen Boulevards Europas. Der König zeichnete u. a. Pläne für die Staatsoper selbst vor, Knobelsdorff machte sich dann an die Ausführung der Ideen.

Bode-Museum auf der Museumsinsel, im Hintergrund der Fernsehturm

④ Museumsinsel

Karte J5 ▪ **Pergamonmuseum,** Bodestr. 1–3 ▪ +49 30 266 424 242 ▪ Di – So 10 – 18 Uhr (Do bis 20 Uhr) ▪ Eintritt ▪ **Alte Nationalgalerie,** Bodestr. 1–3 ▪ +49 30 266 424 242 ▪ Di – So 10 – 18 Uhr ▪ Eintritt ▪ **www.smb.museum**

Die Museumsinsel gehört zum UNESCO-Welterbe und ist eine der weltweit bedeutendsten Museumslandschaften mit vielen kunsthistorischen Sammlungen und antiken Bauten in Originalgröße. Hier stehen das Pergamonmuseum, die Alte Nationalgalerie, das Bode-Museum sowie das Alte und das Neue Museum. Als zentrales Besucherzentrum dient die filigrane James-Simon-Galerie von David Chipperfield am Kupfergraben.

⑤ Gendarmenmarkt

Karte L4 ▪ **Mitte** ▪ **Konzerthaus:** Gendarmenmarkt 2 ▪ +49 30 203 092 101 (Tickets) ▪ **www.konzerthaus.de**

Der wohl schönste Berliner Platz erinnert in seiner klaren Anordnung an eine italienische Piazza der Renaissance: Neben dem Schauspielhaus, dem heutigen Konzerthaus, stehen links und rechts die Zwillingstürme des Deutschen und Französischen Doms aus dem späten 18. Jahrhundert. Der Gendarmenmarkt (so genannt nach einem in der Nähe stationierten Regiment) entstand ursprünglich als Marktplatz Ende des 17. Jahrhunderts. Das von Schinkel 1818 – 21 errichtete Schauspielhaus an der Stirnseite des Platzes diente bis 1945 als Theater. Das im Krieg schwer beschädigte Gebäude wurde 1984 als Konzertsaal wiedereröffnet. Der Französische Dom rechts davon ist ein spätbarocker Prachtbau, hinter dem sich die französische Friedrichstadtkirche verbirgt, die Gemeindekirche der Hugenotten Berlins. Der gegenüberliegende Deutsche Dom wurde 1708 für die reformierte protestantische Kirche errichtet und erhielt seinen Turm erst im Jahr 1785. Der Bau beherbergt eine Ausstellung zur Demokratie in Deutschland.

Die Hugenotten in Berlin

Mit dem Edikt von Potsdam 1685 bot der Große Kurfürst rund 20 000 Hugenotten, die in Frankreich wegen ihres protestantischen Glaubens verfolgt wurden, Asyl in Berlin. Die Akademiker und Handwerker prägten das gesellschaftlich-kulturelle Leben der Stadt und bescherten Berlin französische Lebensart. Noch heute trifft sich die französische Gemeinde in der Friedrichstadtkirche am Gendarmenmarkt.

6 Friedrichstraße
Karte J – L4 ▪ Mitte

Die Friedrichstraße sollte – so der Plan – heute wieder das sein, was sie vor dem Zweiten Weltkrieg war: die »Fifth Avenue« Berlins mit vornehmen Läden, Büros, Restaurants und Cafés und zugleich das Gegenstück zum Kurfürstendamm im Westen der Stadt. Sehenswert sind die Quartiere 206 und 207 der Friedrichstadtpassagen mit den von Jean Nouvel entworfenen Galeries Lafayette *(siehe S. 91)*. Das Quartier 206 gestaltete Henry N. Cobb, die Passage kämpft heute allerdings mit ausbleibenden Kunden und Leerstand. Am nördlichen Ende der Straße liegen das Kulturkaufhaus Dussmann, der S-Bahnhof Friedrichstraße sowie das alte Vergnügungsviertel der Stadt mit dem Admiralspalast und dem Friedrichstadt-Palast.

Holocaust-Denkmal

7 Holocaust-Denkmal
Karte L3 ▪ Ebertstr. ▪ +49 30 2639 4336 ▪ Ort der Information: Di – So 10 – 20 Uhr (Okt – März: bis 19 Uhr) ▪ www.stiftung-denkmal.de

Das Denkmal für die ermordeten Juden Europas wurde im Mai 2005 feierlich eröffnet. Peter Eisenman gestaltete das Denkmal auf dem Areal neben dem Brandenburger Tor. Es umfasst ein weites Feld mit 2711 bis zu 4,70 Meter hohen Stelen, die an die sechs Millionen Juden erinnern, die zwischen 1933 und 1945 in den Konzentrationslagern ermordet wurden. Unter dem Denkmal beleuchtet der »Ort der Information« Ursachen, Hergang und Folgen des Völkermords.

Spaziergang

▶ Vormittags

Reisen Sie auf der **Wilhelmstraße** *(siehe S. 88)* zurück in die Vergangenheit Berlins und in seine Machtzentrale bis 1945. Vom **Hotel Adlon** führt der Weg vorbei an der modernen britischen Botschaft. Biegen Sie an der Behrenstraße rechts ab zum **Holocaust-Denkmal**. Zurück in der Wilhelmstraße, weisen Schilder den Weg zu den alten Ministerien. Der Präsident des Preußischen Staatsrats wohnte in Hausnummer 54. An der Ecke zur **Voßstraße** stand Hitlers Neue Reichskanzlei. In dem monumentalen Gebäude des ehemaligen Reichsluftfahrtministeriums (Nr. 81) residiert heute das deutsche **Finanzministerium**. Drehen Sie hier um, und gehen Sie zurück bis zur **Mohrenstraße**, wo Sie rechts einbiegen und bis zur **Friedrichstraße** spazieren. Ein Stück nördlich bieten sich die **Galeries Lafayette** *(siehe S. 91)* mit ihrer tollen Gourmet-Abteilung für ein Mittagessen an.

Nachmittags

Nach dem Mittagessen lohnt sich ein Bummel durch die Galeries Lafayette mit toller Mode und dem Fashionstore **The Corner** etwas weiter östlich. Hier sind Sie bereits am **Gendarmenmarkt**. Nehmen Sie sich hier ein wenig Zeit für den Deutschen und Französischen Dom sowie das Konzerthaus, dessen klassische Konzerte einen exzellenten Ruf genießen (www.konzerthaus.de). Lassen Sie den Tag bei einem Essen im italienischen Restaurant **Borchardt** *(siehe S. 93)* in der Französischen Straße ausklingen.

Siehe Karte S.84f

Britische Botschaft, Wilhelmstraße

⑧ Wilhelmstraße
Karte KL3 ■ zwischen Unter den Linden und Leipziger Straße

Im kaiserlichen Berlin war die Wilhelmstraße das Regierungs- und Machtzentrum des Deutschen Reichs. Rund 100 Jahre später ist von den einst prachtvollen, historischen Bauten nichts mehr zu sehen. Wie in Downing Street Nr. 10 in London oder am Quai d'Orsay in Paris wurde in der Wilhelmstraße Weltpolitik gemacht: Hier residierten der Reichskanzler (Nr. 77) und der Reichspräsident (Nr. 73) in alten Stadtvillen. Ihre Gärten wurden später als »Ministergärten« bekannt – auf diesem Gelände erheben sich heute moderne Bürobauten. Adolf Hitler ließ die Straße systematisch

zur NS-Machtzentrale ausbauen. Die »Neue Reichskanzlei« an der Ecke Voß- und Wilhelmstraße entstand hier in den Jahren 1937–39 nach Plänen von Albert Speer. Dahinter verbarg sich der »Führerbunker« (heute liegt auf dem Gelände ein Parkplatz), in dem sich Adolf Hitler am 30. April 1945 das Leben nahm. Die Reichskanzlei wurde 1945 gesprengt; nur das ehemalige Reichsluftfahrtministerium ist stehen geblieben. Heute wird die Wilhelmstraße von neuen Bürohäusern gesäumt. An die alte internationale Bedeutung knüpft die hier im Jahr 2000 von Michael Wilford erbaute Britische Botschaft an.

⑨ Schlossplatz
Karte K5 ■ Mitte

Auf dem Schlossplatz stand einst das Stadtschloss der Hohenzollern. 1950 ließ die DDR-Regierung das im Zweiten Weltkrieg erheblich zerstörte Gebäude sprengen. Die Portalfassade, von der Karl Liebknecht 1918 die sozialistische Republik ausgerufen hatte, wurde jedoch in das ehemalige Staatsratsgebäude an der Südseite des Platzes integriert. Hier stand auch der Palast der Republik, in dem von 1976 bis 1989 die DDR-Volkskammer tagte. Sein Rückbau wurde im Frühjahr 2009 abgeschlossen. 2013 war dann Baubeginn für das rekonstruierte Stadtschloss nach Plänen des italienischen Architekten Franco Stella.

NS-Architektur

Eines der wenigen erhaltenen Beispiele faschistischer Monumentalarchitektur im Berliner Stadtgebiet ist das ehemalige Reichsluftfahrtministerium, das Hermann Göring in den Jahren 1935/36 von Ernst Sagebiel errichten ließ. Damals war der monoton wirkende Sandsteinbau einer der größten und modernsten Bürokomplexe der Welt – und wurde mit Stahlträgern gegen Luftangriffe geschützt. Nach der Wiedervereinigung residierte hier erst die Treuhandanstalt, heute das Bundesfinanzministerium (rechts).

Hierfür wurden detailgenaue Nachbildungen der ursprünglichen Elemente der Schlossfassade angefertigt. Unter dem Namen Humboldt Forum *(siehe S. 85)* entstand ein Komplex für Bibliotheken, Forschungseinrichtungen sowie die ethnologischen und kulturgeschichtlichen Sammlungen aus den Museen Dahlem *(siehe S. 151)*.

Staatsratsgebäude, Schlossplatz

⑩ Museum für Kommunikation

Karte L4 ■ **Leipziger Str. 16** ■ **+49 30 202 940** ■ **Di 9 – 20, Mi – Fr 9 – 17, Sa, So 10 – 18 Uhr** ■ **Eintritt** ■ **www.mfk-berlin.de**

Das größte Postmuseum der Welt wurde 1898 gegründet. Hier wird heute die Geschichte der Kommunikation vom Mittelalter über die erste Briefmarke bis hin zur Satellitentechnik erzählt. Besonders sehenswert unter den Exponaten sind eine blaue und eine rote Mauritius, eine der ersten Telefonanlagen aus dem Jahr 1863 sowie drei sprechende Roboter, die sich interaktiv auf die Museumsbesucher einlassen. In der Computergalerie können vor allem Kinder spielend neue Erfahrungen machen und lernen.

Historischer Briefkasten

Spaziergang

▶ **Vormittags**

Die Linden beginnen am **Pariser Platz** *(siehe S. 12f)* mit dem **Brandenburger Tor**. Die einst prächtigste königliche Promenade der Stadt ist noch immer beeindruckend. Unübersehbar ist auch der ausladende Gebäudekomplex der **Russischen Botschaft** von 1952. Das Speiselokal **Einstein** *(siehe S. 92)* bietet sich für ein üppiges Frühstück an. Anschließend folgen Sie dem Boulevard gen Osten. Bald erblicken Sie das Reiterstandbild Friedrichs des Großen am **Forum Fridericianum** *(siehe S. 85)*. Am Bebelplatz mit der Staatsoper, der St.-Hedwigs-Kathedrale und der Humboldt-Universität haben Sie das Zentrum des alten Berlin erreicht. Das **PalaisPopulaire** zeigt Ausstellungen zeitgenössischer Künstler. Für das Mittagessen empfiehlt sich das Café-Restaurant im **Zeughaus** *(siehe S. 19)*.

Nachmittags

Am Nachmittag können Sie weiter in Richtung Unter den Linden gehen und einen Abstecher zur **Museumsinsel** *(siehe S. 24 – 27)* machen. Überqueren Sie dazu die Schlossbrücke. Wenn Sie nach der Museumsinsel noch Energie haben, statten Sie dem **Berliner Dom** *(siehe S. 48)* einen Besuch ab. Gegenüber der Kirche steht auf dem **Schlossplatz** das neue Stadtschloss mit dem **Humboldt Forum**. Beschließen Sie den Tag mit einem Abendessen im **Restaurant & Café 1687** *(siehe S. 93)*. Gehen Sie hierfür die Linden gen Westen zurück. Mit einem Blick auf die abendliche Russische Botschaft endet der Spaziergang.

Siehe Karte S. 84f ➜

Dies & Das

Trabant im DDR Museum

DDR Museum
Karte K5 ▪ Karl-Liebknecht-Str. 1
▪ www.ddr-museum.de

Das Museum zum Anfassen illustriert die Geschichte der DDR anhand von Alltagsgegenständen, darunter ein Trabant, in den man sich setzen kann.

Lustgarten
Karte K5 ▪ Unter den Linden 1

Der 1573 als Küchengarten des Schlosses angelegte Platz war zu Zeiten der DDR Aufmarschfläche und ist heute ein beliebter Park auf der Museumsinsel.

WMF-Haus
Karte L3 ▪ Leipziger Straße/Ecke Mauerstraße

Das ehemalige Geschäfts- und Firmenhaus des Porzellan- und Besteckproduzenten zeichnet sich durch schöne Mosaike an der Fassade aus.

Alte Kommandantur
Karte K5 ▪ Unter den Linden 1

Der historisierende Nachbau des urspünglich klassizistischen Palais ist Sitz der Bertelsmann-Stiftung in Berlin.

Maxim Gorki Theater
Karte K4 ▪ Am Festungsgraben 2 ▪ +49 30 2022 1115 ▪ www.gorki.de

Die alte Berliner Singakademie, in der schon Liszt musizierte, beherbergt heute ein vielfach ausgezeichnetes Theater.

S-Bahnhof Friedrichstraße
Karte J4 ▪ Friedrichstr.

Der mehrfach umgestaltete Bahnhof, von jeher einer der bedeutendsten Bahnhöfe Berlins, war zwischen 1961 und 1989 zugleich der wichtigste Grenzübergang.

Komische Oper
Karte K4 ▪ Behrenstr. 55–57
▪ +49 30 4799 7400
▪ www.komische-oper-berlin.de

Hinter der modernen Fassade verbirgt sich eines der prunkvollsten Opernhäuser Deutschlands aus dem Jahr 1892.

Palais am Festungsgraben
Karte K4 ▪ Am Festungsgraben 1

Das 1753 entstandene Barockpalais begeistert durch sein elegantes Interieur.

Fassade des Admiralspalasts

Admiralspalast
Karte J4 ▪ Friedrichstr. 101
▪ www.admiralspalast.theater

Das Haus bietet ein Programm mit Veranstaltungen vom Musical über Konzerte bis zu Theater.

DIE MAUER | THE WALL am Leipziger Platz
Karte L3 ▪ Leipziger Platz 11 ▪ +49 30 6296 8599 ▪ www.diemauerthewall.de

Das kleine Museum erzählt die Geschichte der Berliner Mauer von 1961 bis 1989, von ihrem Bau bis zur Wiedervereinigung, mit zahlreichen interessanten Exponaten.

Shopping

1 Galeries Lafayette
Karte L4 ■ Friedrichstr. 76–78
■ +49 30 209 480 ■ Mo–Sa 10–20 Uhr
Berlins charmantestes Kaufhaus ist
der einzige Ableger des französischen Edelhauses in Deutschland:
viel Mode und unten eine Feinschmeckeretage *(siehe S. 76).*

2 The Corner
Karte G4 ■ Französische Str. 40
■ +49 30 2067 0950
Der schicke Laden bietet Top-Mode
und exklusive Accessoires von inter-
nationalen Designern wie Christian
Louboutin, Givenchy oder Stella
McCartney.

3 Mall of Berlin
Karte L3 ■ Leipziger Platz 12
■ Mo–Sa 10–21 Uhr
■ www.mallofberlin.de
Die riesige Einkaufspassage am
einstigen Standort des legendären
Kaufhauses Wertheim umfasst 270
Läden, Restaurants und Cafés.

4 Bucherer
Karte L4 ■ Friedrichstr. 172
■ +49 30 204 1049
Der Juwelier unterhält hier eine
Filiale mit Uhren und Schmuck.

5 Baldessarini
Karte L4 ■ Friedrichstr. 71 ■ +49
30 27579237
Das Modelabel setzt auf hochwertige
Stoffe und klassische Schnitte für
stilbewusste Herren.

6 Stiche Düssel
Karte G4 ■ Charlottenstraße
53/54 ■ +49 30 2016 5666 ■ Mo–Fr
10–19, Sa 10–18 Uhr
■ www.sticheduessel.de
Das traditionsreiche Antiquariat am
Gendarmenmarkt bietet rund 10 000
alte Grafiken vom 16. bis 19. Jahrhundert, darunter historische Stadt-
ansichten und Landkarten.

**7 Kulturkaufhaus
Dussmann**
Karte K4 ■ Friedrichstr. 90
■ +49 30 2025 1111 ■ Mo–Fr 9–24, Sa
9–23.30 Uhr ■ www.kulturkaufhaus.de
Das beste Berliner Medienkaufhaus
ist bis 24 Uhr geöffnet und bietet von
guten Büchern über eine Papeterie
bis zu einer riesigen Klassik-CD-
Abteilung alles für Kulturhungrige.

8 Bunte SchokoWelt
Karte K4 ■ Französische Str. 24
■ +49 30 2009 5080 ■ Mo–Sa 10–18,
So 10–17 Uhr ■ www.ritter-sport.de
Der Store der Schokoladenmarke
Ritter Sport ist Museum und Nasch-
tempel in einem. Für Kinder werden
Workshops angeboten.

**9 Rausch
Schokoladenhaus**
Karte L4 ■ Charlottenstr. 60 ■ Mo–Sa
11–19, So 12–19 Uhr
Im Schaufenster locken der Reichstag und das Brandenburger Tor als
Schokoladenkunstwerke, innen gibt
es die besten Schokoladen der Stadt
und ein nettes Café.

10 Jack Wolfskin
Karte K4 ■ Beh-
renstr. 23/Ecke Friedrichstr. ■ +49 30 2064 8070
■ www.jack-wolfskin.de
Von Kleidung über
Schuhwerk bis zum
Rucksack bietet die
Outdoor-Marke alles
für den abenteuerlus-
tigen Naturliebhaber.

Haute Couture bei Escada

Siehe Karte S.84f

Kneipen & Bars

(1) Newton Bar
Karte L4 ▪ Charlottenstr. 57
▪ +49 30 2029 5421 ▪ Do–Sa 10–4, So–
Mi 10–3 Uhr ▪ www.newton-bar.de
Die Bar am Gendarmenmarkt ist
eine der schicksten der Stadt. Hier
versinkt man in Ledersesseln und
lässt sich vor den Konterfeis der
newtonschen Frauenporträts Cocktails schmecken *(siehe S. 72)*.

(2) La Banca Bar
Karte K4 ▪ Behrenstr. 37
▪ +49 30 460 609 1201
▪ tägl. 12–23 Uhr
Die Bar im Hotel de Rome mixt fan-
tastische Drinks und Cocktails. Das
Interieur ist ausgesprochen elegant,
das Publikum cool und chic.

(3) Zosch
Karte J4 ▪ Tucholskystr. 30 ▪ +49
30 280 7664 ▪ tägl. ab 16 Uhr
Die Kneipe mit einer Jazzbühne im
Gewölbekeller von 1828 bewahrt
seit bald 30 Jahren den Charme der
Berliner Hausbesetzerszene.

(4) Sra Bua Bar
Karte K3 ▪ Behrenstr. 72
▪ +49 30 2261 1590 ▪ tägl. ab 19 Uhr
Die elegante Bar auf der Südseite
des Hotels Adlon serviert exzellente
Cocktails. Das gleichnamige Restaurant leitet Tim Raue.

(5) Café LebensArt
Karte K4 ▪ Unter den Linden 69a
▪ +49 30 4472 1930 ▪ Mo–Do, So 9–
22, Fr, Sa 9–23 Uhr
Eigentlich ist dies ein Café mit Früh-
stücks- und Kuchenangebot, abends
ist es jedoch eines der wenigen ge-
öffneten Lokale Unter den Linden.

(6) Einstein
Karte K4 ▪ Unter den Linden 42
▪ tägl. 8–22 Uhr ▪ +49 30 204 3632
▪ www.einstein-udl.com
In dem schicken, gleichwohl gemütlichen Caféhaus werden hervorra-
gende Weine und österreichisch-
internationale Leckereien serviert.

(7) Ständige Vertretung
Karte J3 ▪ Schiffbauerdamm 8
▪ +49 30 282 3965 ▪ tägl. 10.30–1 Uhr
In der »Ständigen Vertretung der
Rheinländer« in Berlin serviert man
Gerichte aus der gutbürgerlichen
Küche und Kölsch.

(8) Café Nö
Karte L3 ▪ Glinkastr. 23
▪ +49 30 201 0871 ▪ Mo–Fr 17–24 Uhr
Das charmante Café bietet mediterrane und süddeutsche Speisen und
eine große Auswahl an offenen und
Flaschenweinen.

(9) Brauhaus Lemke
Karte J5 ▪ Dirckstenstr.,
S-Bahn-Bogen Nr. 143 ▪ +49 30
2472 8727 ▪ tägl. 12–24 Uhr
Die urige Bierkneipe unter
der S-Bahn hat auch einen
Innenhof, wo man das Bier
aus der hauseigenen Brauerei genießen kann.

(10) Windhorst
Karte K3 ▪ Doro-
theenstr. 65 ▪ +49 30 2045
0070 ▪ Mo–Fr ab 18 Uhr,
Sa ab 21 Uhr
Die Cocktailbar ist klassisch,
elegant und gut. Im Hintergrund läuft entspannte
Jazz-Musik.

Aufwendig gestaltet: Sra Bua Bar

Restaurants

Grill Royal am Spreeufer

Preiskategorien

Preise für ein Drei-Gänge-Menü pro Person mit einer halben Flasche Wein, inklusive Steuer und Service.

€ unter 30 €   €€ 30 – 60 €   €€€ über 60 €

① Grill Royal
Karte J4 ▪ Friedrichstr. 105b ▪ +49 30 2887 9288 ▪ tägl. ab 18 Uhr ▪ €€€

Wer große Steaks liebt, ist in dem schicken Szene-Restaurant richtig.

② Crackers
Karte K4 ▪ Friedrichstr. 158 ▪ +40 30 680 730 488 ▪ tägl. 18 – 24 Uhr ▪ €€€

Chefkoch Stephan Hentschel serviert in dem schicken Lokal außergewöhnliche Gerichte. An der Bar genießt man exzellente Cocktails.

③ Bocca di Bacco
Karte K4 ▪ Friedrichstr. 167/168 ▪ +49 30 2067 2828 ▪ Di – Sa 12 – 15.30, 17.30 – 22.30 Uhr ▪ www.boccadibacco.de ▪ €€

Das elegante italienische Speiselokal Bocca di Bacco *(siehe S. 74f)* überzeugt mit frischem Fisch und wunderbaren Fleischgerichten sowie mit köstlichen Nudeln.

④ Liu Nudelhaus
Karte L4 ▪ Kronenstr. 72 ▪ Mo – Fr 11.30 – 15, Mi – Fr auch 17 – 19.30 ▪ €€

Für die Sichuan-Rindfleischnudeln stehen die Leute zum Teil in Massen an. Auch die Jiaozi sind köstlich.

⑤ Tausend Cantina
Karte J3 ▪ Schiffbauerdamm 11 ▪ +49 30 2758 2070 ▪ Di – Sa ab 19.30 Uhr ▪ €€

Hinter einer Stahltür findet man eine schicke Bar und die Cantina mit asiatisch-amerikanischer Küche.

⑥ Restaurant & Café 1687
Karte F3 ▪ Mittelstr. 30 ▪ +49 30 2063 0611 ▪ Mo – Fr 8 – 23, Sa 17 – 23 Uhr ▪ €€€

In dem eleganten Restaurant serviert man moderne europäische Küche und beste Weine.

⑦ Borchardt
Karte K4 ▪ Französische Str. 47 ▪ +49 30 8188 6262 ▪ tägl. 11.30 – 24 Uhr ▪ €€€

Das noble Lokal mit hoher Promi-Dichte serviert Wiener Schnitzel und andere tolle Speisen.

⑧ Cookies Cream
Karte K4 ▪ Behrenstr. 55 ▪ +49 30 680 730 448 ▪ Di – Sa ab 17.30 Uhr ▪ www.cookiescream.com ▪ €€

Deutschlands einziges vegetarisches Restaurant mit einem Michelin-Stern *(siehe S. 75)* lohnt den Besuch.

⑨ Rotes Kamel
Karte L3 ▪ Hannah-Arendt-Str. 4 ▪ tägl. 12 – 2 Uhr ▪ €€

Das libanesische Lokal ist auf Grillspieße, Mezze und andere orientalische Köstlichkeiten spezialisiert.

⑩ Gendarmerie
Karte K4 ▪ Behrenstr. 42 ▪ +49 30 7677 5270 ▪ tägl. 11 – 1 Uhr ▪ €€

Französische Brasserie-Küche genießt man hier in einem riesigen, trotzdem sehr gemütlichen, schicken Speisesaal.

Siehe Karte S. 84f

🔟 Mitte: Scheunenviertel

Das Scheunenviertel gehört zur Spandauer Vorstadt im Bezirk Mitte. In der Spandauer Vorstadt war das alte jüdische Viertel angesiedelt. Das angrenzende Scheunenviertel war eher als Rotlichtbezirk bekannt: Die Nationalsozialisten weiteten den Begriff »Scheunenviertel« auf die Spandauer Vorstadt aus, um die Juden zu diskriminieren. Nach dem Krieg

Detailreiche Klinkerfassade des Postfuhramts

führte der Stadtteil lange ein Schattendasein. Heute haben sich Kneipen und Restaurants, Museen und Läden in den historischen, restaurierten Gewerbehöfen und in den engen Seitenstraßen niedergelassen. Der Szenebezirk Mitte feiert sich hier jede Nacht selbst.

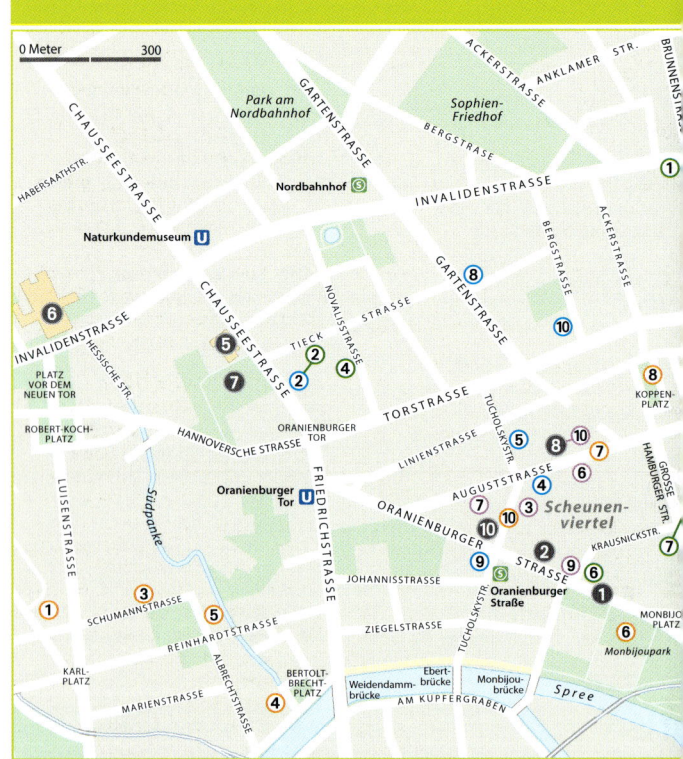

❶ Oranienburger Straße

Karte J4/5 ■ Mitte, zwischen Friedrichstr. und Rosenthaler Str.

Wie keine andere Straße symbolisiert die Oranienburger Straße Aufstieg und Zerstörung jüdischer Kultur in Berlin. Spuren dieser Vergangenheit finden sich rund um diese Straße, so z. B. an der Neuen Synagoge. Vom früheren Glanz dieser Straße zeugen Gebäude aus dem 18. und 19. Jahrhundert wie etwa das Postfuhramt *(siehe S. 97)* mit seiner prachtvollen Fassade oder das Gebäude mit der Hausnummer 71 – 72, das Christian Friedrich Becherer 1789 für die Großloge der Freimaurer Deutschlands baute. Die vielen Bars und Clubs *(siehe S. 100)* in der Straße locken nachts viele Partygänger an.

Prächtige Kuppel der Neuen Synagoge

❷ Neue Synagoge

Karte J4 ■ Oranienburger Str. 28 – 30 ■ tägl. 10 – 18 Uhr (Okt – März: Fr nur bis 15 Uhr) ■ Eintritt ■ www.cjudaicum.de

Die 1859 – 66 erbaute, einst größte Synagoge Europas überstand die »Reichskristallnacht« 1938 dank eines mutigen Wachtmeisters, wurde aber durch Bomben beschädigt. Hinter der maurischen Fassade befinden sich ein Gebetssaal und das Centrum Judaicum *(siehe S. 49)*.

❸ Hackesche Höfe

Karte J5 ■ Rosenthaler Str. 40 – 41

Die Hackeschen Höfe sind die schönsten restaurierten Gewerbehöfe Berlins. Sie erstrecken sich zwischen Oranienburger und Rosenthaler Straße bis zur Sophienstraße im Osten. Der Gebäudekomplex aus dem 19. Jahrhundert umschließt acht Innenhöfe. Er wurde um 1900 von Kurt Berndt und August Endell geplant. Vor allem im ersten Hof findet man Jugendstilmotive: Die Ziegelfassaden werden von maurisch anmutenden Ornamenten bestimmt. Nach dem Zerfall ab 1945 wurden die Höfe restauriert.

❶ **TOP 10-Attraktionen**
siehe S. 95 – 97

① **Restaurants**
siehe S. 101

① **Dies & Das**
siehe S. 98

① **Kneipen, Bars & Clubs**
siehe S. 100

① **Historische Höfe**
siehe S. 99

(4) Sophienstraße
Karte G3 ■ **Große Hamburger Str. 29**

Die schmale Sophienstraße sieht heute fast wieder so aus wie im späten 18. Jahrhundert. In den kleinen Häusern und Gewerbehöfen haben sich Läden und Ateliers eingemietet. Die Sophienkirche wurde 1712 als erste protestantische Pfarrkirche von Königin Sophie Luise gestiftet. Einige der Gräber auf dem Kirchhof stammen aus dem 18. Jahrhundert.

(5) Brecht-Weigel-Museum
Karte F2 ■ **Chausseestr. 125** ■ **+49 30 200 571 844** ■ **nur Führungen Di – So (Details zu Zeiten siehe Website)** ■ **Eintritt** ■ **www.adk.de**

Bertolt Brecht, der große Dramatiker des 20. Jahrhunderts, lebte hier von 1953 bis zu seinem Tod mit seiner Frau, der Schauspielerin Helene Weigel, in einer bescheidenen Wohnung. In den Räumen ist die Originaleinrichtung erhalten, außerdem werden Dokumente und Fotos gezeigt. In dem Anwesen ist außerdem das Bertolt-Brecht-Archiv untergebracht.

Jüdisches Berlin

Berlin war seit dem 19. Jahrhundert mit fast 200 000 Juden die größte deutschjüdische Stadt. Neben dem großbürgerlichen Judentum im Westen Berlins kamen viele arme Ostjuden aus Polen und Russland in die junge deutsche Metropole und siedelten sich in der Spandauer Vorstadt an: Ein Teil dieses Viertels, ein kriminelles Rotlichtviertel, war als Scheunenviertel bekannt. Die NS-Propaganda erweiterte diesen Begriff auf die gesamte Spandauer Vorstadt, um die Juden zu diskreditieren. Bis heute hat das jüdische Viertel die »falsche« Bezeichnung »Scheunenviertel« behalten, obgleich in diesem kaum Juden wohnten. Nur 5000 jüdische Berliner konnten sich zwischen 1933 und 1945 in Verstecken retten. Vor der Shoah gab es in Berlin 16 Synagogen.

Museum für Naturkunde

(6) Museum für Naturkunde
Das Naturkundemuseum ist eines der größten seiner Art. Es besitzt das weltweit größte Dinosaurierskelett. Außerdem zeigt es Fossilien sowie Meteoriten und Mineralien *(siehe S. 55)*.

(7) Dorotheenstädtischer Friedhof
Karte F1 ■ **Chausseestr. 126** ■ **Sommer: tägl. 8 – 20 Uhr; Winter: 8 – 17 Uhr**

Dieser Friedhof (1762) ist eine der schönsten Ruhestätten Berlins: Links vom Eingang liegen Heinrich Mann (1871–1950) und Bertolt Brecht (1898–1956) begraben, neben dem Haupteingang befinden sich die Grabsteine der Philosophen Johann Gottlieb Fichte (1762–1814) und Georg Wilhelm Friedrich Hegel (1770–1831). An der Birkenallee liegen die Baumeister Karl Friedrich Schinkel (1781–1841) und die Architekten Friedrich August Stüler (1800–1865) und Johann Gottfried Schadow (1764–1850).

(8) KW Institute for Contemporary Art
Karte G2 ■ **Augustustr. 69** ■ **+49 30 243 4590** ■ **Mi – Mo 11 – 19 Uhr** ■ **www.kw-berlin.de**

Der Ausstellungsort für zeitgenössische Kunst residiert in einer ehemaligen Margarinefabrik. Er ist zudem alle zwei Jahre Mittelpunkt der Berlin Biennale für zeitgenössische Kunst. Das Café Bravo im Innenhof ist im Sommer ein reizender Rückzugsort von der Großstadthektik.

⑨ Gedenkstätte Große Hamburger Straße
Karte J5 ■ Große Hamburger Str. 26 ■ www.jg-berlin.org

Bis 1939 war die Straße eine der wichtigsten im jüdischen Viertel, mit jüdischen Schulen, dem ältesten jüdischen Friedhof Berlins und einem jüdischen Altersheim. Das Heim gelangte in der NS-Zeit zu trauriger Berühmtheit, da die SS hier das Sammellager für die Transporte der Berliner Juden in die KZs einrichtete. Wo Tausende Juden in den Tod geschickt wurden, steht heute ein Mahnmal. Links davon befindet sich die jüdische Schule, deren Vorläufer 1778 der Aufklärer Moses Mendelssohn (1729–1786) gründete. Hinter dem Mahnmal liegt der jüdische Friedhof, auf dem zwischen 1672 und 1827 rund 12 000 Berliner Juden beerdigt wurden. 1943 zerstörten die Nationalsozialisten den Friedhof beinahe völlig. Nur wenige barocke Grabsteine (Mazewa) überstanden den Terror. Sie stehen jenseits des Eingangstors und weiter hinten im Park. Die Stelle, an der das Grab von Moses Mendelssohn vermutlich lag, ist durch einen Gedenkstein markiert.

Moses Mendelssohn

⑩ Postfuhramt
Karte J4 ■ Oranienburger Str. 35

Das prächtige Gebäude aus dem späten 19. Jahrhundert wurde einst als kaiserliches Postfuhramt genutzt. Heute dient das Anwesen als Firmenrepräsentanz eines Medizintechnikherstellers.

Spaziergang

Brecht-Weigel-Museum · Keyser Soze · KW Institute for Contemporary Art · Oranienburger Straße · Chausseestraße · Schulhof · Hackesche Höfe · Reinhardtstraße · Neue Synagoge · Gedenkstätte Große Hamburger Straße · Bertolt-Brecht-Platz · Berliner Ensemble · S-Bahnhof Friedrichstraße

▶ Vormittags

Fahren Sie zum S-Bahnhof Friedrichstraße, und gehen Sie die Friedrichstraße, das alte Vergnügungsviertel Berlins, in Richtung Norden bis zur Reinhardtstraße, wo Sie links einbiegen. Nach wenigen Metern führt eine Straße links zum Bertolt-Brecht-Platz und dem Berliner Ensemble (siehe S. 98), der Wirkungsstätte des großen deutschen Dramatikers. Von hier lohnt ein Abstecher zu seinem Wohnhaus, dem Brecht-Weigel-Museum: Sie erreichen das Haus zu Fuß über die Chausseestraße, die Verlängerung der Friedrichstraße. Zurück in der Friedrichstraße, biegen Sie vor dem Friedrichstadt-Palast links in die Oranienburger Straße (siehe S. 95) ein: Hier befinden Sie sich im Herzen des Scheunenviertels. Ein Spaziergang führt zum Neuen Synagoge mit ihrer prächtigen Kuppel (siehe S. 95).

Nachmittags

Bevor Sie das Viertel erkunden, sollten Sie sich stärken. Unweit der Synagoge lädt das legere Keyser Soze zum Essen ein. Biegen Sie nun rechts in den östlichen Teil der Augustraße ein: Hier verstecken sich einige schöne Hinterhöfe wie der Schulhof (siehe S. 99). Das KW Institute for Contemporary Art zeigt interessante Kunst. Die Augustraße bringt Sie zur Gedenkstätte Große Hamburger Straße und zu den Hackeschen Höfen (siehe S. 95), wo Sie einkaufen und im Restaurant Hackescher Hof essen können.

Siehe Karte S. 94f →

Dies & Das

Im Medizinhistorischen Museum, Charité

① Charité
Karte J3 ▪ Charitéplatz 1
▪ Medizinhistorisches Museum: bis
Mitte 2023 geschlossen; Details siehe
Website ▪ www.bmm-charite.de
An der weltberühmten, 1710 ge-
gründeten Klinik wirkten viele
bedeutende Mediziner. Im Me-
dizinhistorischen Museum wer-
den u. a. 750 pathologische
Präparate gezeigt.

② Alte und Neue Schönhauser Straße
Karte J5 ▪ Hackescher Markt
Die Alte Schönhauser Stra-
ße ist eine der ältesten in
der Spandauer Vorstadt.
Sie ist durch eine bunte
Mischung aus alter
Kiezatmosphäre und
Läden internationaler
Fashion-Labels
geprägt.

③ Deutsches Theater
Karte J3 ▪ Schu-
mannstr. 13 ▪ +49 30
2844 1225 ▪ Theaterkasse: Mo – Sa 11–
18.30, So 15 –18.30 Uhr
▪ www.deutschestheater.de
Das renommierte Theater zeigt
Klassiker sowie Stücke zeitgenössischer Autoren mit Top-Schauspie-
lern (siehe S. 67).

④ Berliner Ensemble
Karte J3 ▪ Bertolt-Brecht-Platz 1
▪ +49 30 2840 8155 ▪ www.berliner-
ensemble.de
Das Theater am Schiffbauerdamm
wurde durch Aufführungen seines
Gründers Bertolt Brecht berühmt.

⑤ Hochbunker
Karte J3 ▪ Albrechtstr./
Ecke Reinhardtstr.
In einem noch erhaltenen Hochbunker aus dem Zweiten Weltkrieg ist
heute eine private Kunstsammlung
eingerichtet (siehe S. 62).

⑥ Monbijoupark
Karte J5 ▪ Oranienburger Str./
Spree
In dem Park stand einst das Schlöss-
chen Monbijou. Heute lädt hier eine
Grünfläche zum Verweilen ein.

⑦ Augustraße
Karte G2 ▪ zwischen Oranienburger und Rosenthaler Straße
Eine der ursprünglichsten Gegenden im alten Scheunenviertel,
mit alten Innenhöfen, vielen
Cafés und Restaurants sowie
zahlreichen Galerien.

⑧ Koppenplatz
Karte G2
▪ nahe Augustr.
Auf dem kleinen Platz er-
innert ein Denkmal an
die Vertreibung der
Juden.

⑨ Sophien-kirche
Karte G3 ▪ Große
Hamburger Str. 29
Die 1712 erbaute evan-
gelische Pfarrkirche
hat einen barocken Turm.

Die Sophienkirche in der
Spandauer Vorstadt

⑩ Tucholskystraße
Karte J4
Schicke Läden, viele Cafés, Kondito-
reien und Restaurants sowie eines der
letzten besetzten Häuser der Stadt.

Historische Höfe

① Sophie-Gips-Höfe
Karte G3 ▪ Sophienstr. 21–22
Die frühere Nähmaschinenfabrik ist bekannt wegen der Kunstsammlung Hoffmann und Barcomi's Deli.

② Handwerkervereinshaus
Karte G3 ▪ Sophienstr. 17–18
Die rot geklinkerten Höfe der Handwerker aus dem 19. Jahrhundert dienen heute als Theater, Galerien und Kunstateliers.

Innenhof der Heckmann-Höfe

③ Heckmann-Höfe
Karte G3 ▪ zwischen Oranienburger Str. 32 und Auguststraße 9
Die Höfe sind aufwendig restauriert und laden mit einem Restaurant und Modeläden zum Bummeln ein.

④ Sophienstr. 22 & 22a
Karte G3
Die beiden kleinen, teilweise begrünten Innenhöfe weisen die typische Klinkerfassade auf.

⑤ Rosenthaler Straße 37
Karte J5
Der kleine Innenhof mit grüner Fliesenfassade gehörte einst zum Kaufhaus Wertheim, heute sind in dem Haus eine Tapas-Bar und eine Designer-Boutique untergebracht.

⑥ Schulhof
Karte G2 ▪ Auguststr. 21
In diesem Hof, dessen Gebäude heute von einer Grundschule und anderen Einrichtungen genutzt werden, hat man den Eindruck, die Zeit sei um 1900 stehen geblieben.

⑦ Hof Auguststraße 5a
Karte G3
Der weitläufige Hof des ehemaligen Postfuhramts gibt den Blick auf die ursprüngliche Fassade des Baus frei.

⑧ Rosenthaler Straße 39
Karte J5
Wie diese unrestaurierte Hofgasse sahen früher viele Höfe der Gegend aus: Gehen Sie durch den Torbogen hinein – das Haus Schwarzenberg hat eine bewegte Vergangenheit, die hier auch dokumentiert wird.

⑨ Kunsthof
Karte J4 ▪ Oranienburger Str. 27
In diesem verwinkelten Innenhof befinden sich Ateliers, Büros und mehrere Cafés. Werfen Sie einen Blick in die reich verzierten Treppenhäuser.

⑩ KW Institute for Contemporary Art
Karte G2 ▪ Auguststr. 69
Der Ausstellungsort zeigt Installationen und andere Kunst. Hierfür stehen fünf Etagen mit 2000 Quadratmetern, sechs Künstlerateliers und einer der schönsten Innenhöfe in Berlin-Mitte zur Verfügung.

KW Institute for Contemporary Art

Siehe Karte S. 94f

Kneipen, Bars & Clubs

① Buck & Breck
Karte G2 ■ Brunnenstr. 177
■ tägl. 18–2 Uhr

Die kleine Szenebar setzt auf klassische Cocktails.

② Weinbar Rutz
Karte F2 ■ Chausseestr. 8
■ +49 30 2462 8760 ■ Di–Sa ab 16 Uhr
■ www.rutz-restaurant.de

Erstklassige Drinks und wunderbare kleine Speisen *(siehe S. 73)*.

③ B-flat
Karte J6 ■ Dircksenstr. 40
■ +49 30 283 3123 ■ Mo–So ab 20 Uhr
■ www.b-flat-berlin.de

Der Club bietet unterschiedlichsten, immer interessanten Live-Jazz.

④ Reingold
Karte F2 ■ Novalisstr. 11
■ +49 30 2838 7676 ■ Di–Sa ab 19 Uhr

Genießen Sie herrliche Drinks in der Atmosphäre der 1920er Jahre.

⑤ Hackbarth's
Karte G2 ■ Auguststr. 49A ■ +49 30 282 77 04 ■ tägl. 10–3 Uhr

Die Kneipe ist eine ironische Hommage an die frühere First Lady Betty Ford. Die Cocktails sind klasse.

⑥ Mr. Susan
Karte J4 ■ Krausnickstraße 1
■ Do, Fr ab 18, Sa ab 17 Uhr

Die kleine Bar bietet Drinks und Cocktails in einem stimmigen minimalistischen Ambiente.

⑦ Meine Bar ICI
Karte G2 ■ Auguststr. 61
■ tägl. 15–2 Uhr (Do, Sa bis 3 Uhr)

Die einladend altmodische Cafébar wirkt inmitten des Galerien-, Mode- und Szenetrubels der Auguststraße wie aus der Zeit gefallen. Hier gibt man sich enorm entspannt.

⑧ Yosoy
Karte J5 ■ Rosenthaler Str. 37
■ +49 30 2839 1213 ■ tägl. ab 11 Uhr

Noch spätnachts ist es bei diesem nett eingerichteten Spanier voll – dank leckerer Tapas, ordentlicher Weine und einfallsreicher Cocktails.

⑨ Mein Haus am See
Karte G2 ■ Brunnenstr. 197–198
■ +49 30 2759 0873 ■ www.mein-haus-am-see.club

Das rund um die Uhr geöffnete Lokal ist tagsüber ein entspanntes Café und verwandelt sich abends in einen hitzigen Club mit großem Publikumsandrang. Reservierung wird dringend empfohlen!

⑩ Oxymoron
Karte J5 ■ Rosenthaler Str. 40–41 ■ +49 30 2839 1886 ■ tägl. ab 9 Uhr

Der Restaurant-Club in den Hackeschen Höfen *(siehe S. 95)* ist im Stil der 1970er Jahre eingerichtet. Dienstags wird im »Close Up Club« ausgiebig gezaubert!

Minimalistisch: Mr. Susan

Restaurants

> **Preiskategorien**
> Preise für ein Drei-Gänge-Menü pro Person
> mit einer halben Flasche Wein, inklusive
> Steuer und Service.
> ....
> € unter 30 €   €€ 30–60 €   €€€ über 60 €

(1) Chén Chè
Karte G2 ▪ Rosenthaler Str. 13
▪ +49 30 2888 4282 ▪ tägl. 12–24 Uhr
▪ €€

Das vietnamesische Restaurant bietet wunderbare Speisen und einen stillen Bambusgarten.

(2) RUTZ Restaurant
Karte F2 ▪ Chausseestr. 8 ▪ +49
30 2462 8760 ▪ Di–Sa ab 18.30 Uhr
▪ www.rutz-restaurant.de ▪ €€€

Das Sterne-Restaurant verwöhnt mit Top-Küche *(siehe S. 75)*.

(3) Monsieur Vuong
Karte G2 ▪ Alte Schönhauser
Str. 46 ▪ +49 30 9929 6924
▪ tägl. 12–24 Uhr ▪ €

Das vietnamesische Speiselokal ist stets voll. Leider kann man nicht reservieren.

(4) Pauly Saal
Karte G2 ▪ Auguststr. 11
▪ +49 30 3300 6070 ▪ Di–Sa ab
18.30 Uhr ▪ €€€

Das mit Michelin-Stern prämierte Restaurant in einer früheren Mädchenschule bietet exzellente europäische Speisen in tollem Ambiente.

(5) Beth-Café
Karte G2 ▪ Tucholskystr. 40
▪ +49 30 281 3135 ▪ So–Do 11–20, Fr
11–17 Uhr ▪ keine Kreditkarten ▪ €

Das jüdische Café der Adass-Jisroel-Gemeinde bietet koschere Snacks.

(6) Hackescher Hof
Karte J5 ▪ Rosenthaler Str.
40–41 ▪ +49 30 283 5293 ▪ tägl.
8–3 Uhr (Sa, So ab 9 Uhr) ▪ €€

Gutes Restaurant in den Hackeschen Höfen mit internationalen Gerichten.

Fondue im Nola's am Weinberg

(7) Nola's am Weinberg
Karte G2 ▪ Veteranenstr. 9
▪ +49 30 4404 0766 ▪ tägl. 10–1 Uhr
▪ €€

Das Kleinod im Chalet-Stil der 1950er Jahre serviert das Beste der Schweizer Küche, das Fondue ist der Renner. Tolle Terrasse mit Blick über den Volkspark.

(8) Alpenstück
Karte G2 ▪ Gartenstr. 9 ▪ +49 30
2175 1646 ▪ tägl. 18–1 Uhr ▪ €€

Das stilvoll-minimalistische Restaurant hat sich auf Gerichte aus Süddeutschland und Österreich spezialisiert – von A wie Apfelstrudel bis Z wie Zwiebelkuchen.

(9) Kamala
Karte J4 ▪ Oranienburger Str. 69
▪ +49 30 283 2797 ▪ tägl. 12–24 Uhr
▪ €€

Ungeachtet seiner Lage in der touristischen Oranienburger Straße bietet das Lokal überraschend gute Thai-Gerichte und eine ausgewogene Weinkarte.

(10) Bandol sur mer
Karte G2 ▪ Torstraße 167
▪ +49 30 6730 2051 ▪ Do–Mo 18–23
Uhr ▪ €€€

Das erstaunlich kleine Lokal in Mitte wurde für seine moderne französisch inspirierte Küche zu Recht mit einem Michelin-Stern prämiert *(siehe S. 75)*.

Siehe Karte S. 94f

TOP10 Mitte: Rund um den Alexanderplatz

Rotes
Rathaus

Die Gegend rund um den Alexanderplatz gehört zu den ältesten Stadtvierteln Berlins. Hier wuchsen im 13. Jahrhundert die Doppelstädte Cölln und Berlin zusammen. Der »Alex« selbst war vor dem Zweiten Weltkrieg Inbegriff des Berliner Tempos, danach wirkte er eher öde. Heute ist der Platz quirliger Treffpunkt und Ausgangspunkt für Shopping- und Sightseeing-Touren. Das älteste zusammenhängende Viertel Berlins, das Nikolaiviertel (18. Jh.) mit der Nikolaikirche, liegt wenige Schritte entfernt.

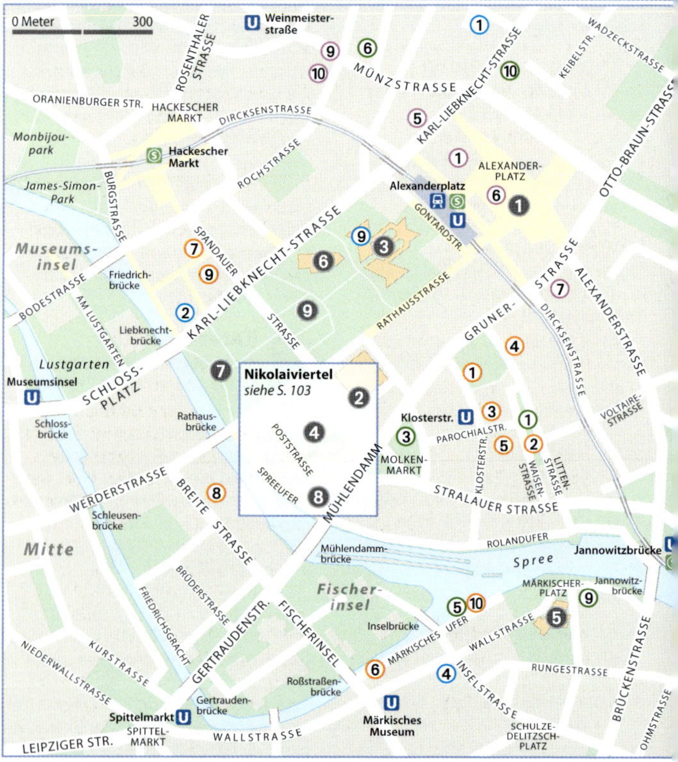

0 Meter   300

ROSENTHALER STRASSE
Weinmeister-straße
MÜNZSTRASSE
WADZECKSTRASSE
KEIBELSTR.
KARL-LIEBKNECHT-STRASSE
ORANIENBURGER STR.   HACKESCHER MARKT   DIRCKSENSTRASSE
Monbijou-park
Hackescher Markt
ROCHSTRASSE
ALEXANDER-PLATZ
OTTO-BRAUN-STRASSE
James-Simon-Park
BURGSTRASSE
Alexanderplatz
GONTARDSTR.
Museums-insel
SPANDAUER STRASSE
KARL-LIEBKNECHT-STRASSE
Friedrich-brücke
BODESTRASSE
AM LUSTGARTEN
Liebknecht-brücke
STRASSE
RATHAUSSTRASSE
GRUNER-   STRASSE
ALEXANDERSTRASSE
DIRCKSENSTRASSE
Lustgarten
SCHLOSS-PLATZ
Museumsinsel
Schloss-brücke
Rathaus-brücke
Nikolaiviertel
siehe S. 103
POSTSTRASSE
SPREEUFER
MÜHLENDAMM
Klosterstr.
PAROCHIALSTR.
KLOSTERSTR.
WAISEN-STRASSE
LITTEN-STRASSE
MOLKEN-MARKT
STRALAUER STRASSE
VOLTAIRE-STRASSE
WERDERSTRASSE
BREITE STRASSE
Schleusen-brücke
Mitte
Mühlendamm-brücke
ROLANDUFER
Spree
Jannowitzbrücke
MÄRKISCHER-PLATZ
Jannowitz-brücke
BRÜDERSTRASSE
FRIEDRICHSGRACHT
GERTRAUDENSTR.
FISCHERINSEL
Fischer-insel
Inselbrücke
MÄRKISCHES UFER
WALLSTRASSE
INSELSTRASSE
RUNGESTRASSE
BRÜCKENSTRASSE
OHMSTRASSE
NIEDERWALLSTRASSE
KURSTRASSE
Roßstraßen-brücke
Gertrauden-brücke
Spittelmarkt
SPITTEL-MARKT
Märkisches Museum
SCHULZE-DELITZSCH-PLATZ
LEIPZIGER STR.   WALLSTRASSE

Der Neptunbrunnen vor dem Roten Rathaus, im Hintergrund die Marienkirche

① Alexanderplatz
Karte J6 ■ Mitte

Der riesige Platz im Ostberliner Zentrum, von den Berlinern kurz »Alex« genannt, war vor dem Zweiten Welt-

①	**TOP10-Attraktionen** *siehe S. 103–105*
①	**Restaurants** *siehe S. 109*
①	**Dies & Das** *siehe S. 106*
①	**Kneipen, Cafés & Biergärten** *siehe S. 108*
①	**Shopping** *siehe S. 107*

Nikolaiviertel

krieg einer der pulsierendsten Orte in Berlin. Das Tempo der Großstadt fing Alfred Döblin in seinem Roman *Berlin Alexanderplatz* ein. Von der damaligen Atmosphäre ist nicht viel geblieben, obwohl heute rund um die GALERIA Kaufhof *(siehe S. 107)* geschäftiges Treiben herrscht. Von der einstigen Bebauung, die den alten Vieh- und Wollmarkt prägte, ist nichts erhalten, da der Platz im Zweiten Weltkrieg fast völlig zerstört wurde. Zwischen der Neubebauung aus den 1960er Jahren sind nur noch das Berolina- und das Alexanderhaus (1929) am Bahnhof Alexanderplatz zu sehen. In den nächsten Jahren sollen am »Alex« mehrere Hochhäuser errichtet werden, darunter eines nach Plänen von Frank Gehry.

② Rotes Rathaus
Karte K6 ■ Rathausstr. 15
■ +49 30 902 60 ■ Mo–Fr 9–18 Uhr

Das stolze Berliner Rathaus, als »Rotes Rathaus« berühmt, ist Sitz des Regierenden Bürgermeisters und politisches Machtzentrum der Großstadt Berlin. Der Backsteinbau entstand 1861 bis 1869 nach Entwürfen Hermann Friedrich Waesemanns. Die Entwürfe waren von italienischen Renaissance-Palästen inspiriert: Das Rathaus sollte die Pracht und Macht Berlins vor Augen führen. Der Name des Gebäudes rührt nicht von der sozialistischen Ära her, sondern von den roten Backsteinen aus der Mark Brandenburg *(siehe S. 50).*

③ Berliner Fernsehturm
Karte J6 ▪ Panoramastr. 1a
▪ +49 30 247 5750 ▪ tägl. 9–24 Uhr
(Nov–Feb: ab 10 Uhr) ▪ Eintritt
▪ www.tv-turm.de

Mit 368 Metern ist der weithin sichtbare Fernsehturm das höchste Gebäude Berlins. Bei gutem Wetter hat man von hier bis zu 40 Kilometer Sicht. In 203 Metern gibt es eine Aussichtsplattform. Das Restaurant Sphere darüber dreht sich in 30 Minuten einmal um die eigene Achse. Der Turm wurde 1965–69 als Triumph und Stolz der »Hauptstadt der DDR« errichtet. Bei Sonnenschein zeichnet sich – einst zum Ärger des Regimes – auf der Kugel ein Kreuz ab.

④ Nikolaiviertel

Karte K5/6 ▪ Mitte
▪ Knoblauchhaus: Poststr. 23
▪ +49 30 2400 2162
▪ Di–So 10–18 Uhr
▪ www.stadtmuseum.de

Das Nikolaiviertel rund um die mittelalterliche Nikolaikirche *(siehe S. 48f)* ist mit seinen engen Gassen, Restaurants und Souvenirläden einer der reizvollsten Stadtteile. Die Gegend zwischen Spreeufer und Mühlendamm wurde im Zweiten Weltkrieg dem Erdboden gleichgemacht und nach dem Krieg von der DDR als Nachbau wieder zum Leben

Straßenzug im Nikolaiviertel

erweckt – mit unterschiedlichem Erfolg: Manche Häuser wurden mit Plattenbauelementen verkleidet. Nur das Knoblauchhaus aus dem Jahr 1835 überstand die Zerstörungen. Es gehörte der Familie Knoblauch (Eduard Knoblauch war der Architekt der Neuen Synagoge) und beherbergt heute ein Museum zur Berliner Alltagsgeschichte.

⑤ Märkisches Museum
Karte L6 ▪ Am Köllnischen Park 5 ▪ +49 30 2400 2162
▪ Di–So 10–18 Uhr ▪ Eintritt
▪ www.stadtmuseum.de

Das Stammhaus der Stiftung Stadtmuseum Berlin zeigt Exponate zur stadt- und kulturhistorischen Entwicklung Berlins wie einen Pferdekopf der Quadriga sowie mechanische Musikinstrumente.

Märkisches Museum

⑥ Marienkirche
Karte J6 ▪ Karl-Liebknecht-Str. 8 ▪ tägl. 10–18 Uhr
(Jan–März: bis 16 Uhr)

Die Marienkirche entstand ursprünglich ab 1270, wurde jedoch im 15. Jahrhundert aufwendig umgebaut. Dank ihres barocken Kirchturms von 1790, den Carl Gotthard Langhans gestaltete, ist sie eine der schönsten Berliner Kirchen. Im Inneren sind die Kanzel aus Alabaster von Andreas Schlüter (1703) und der Hauptaltar (1762) besonders sehenswert. Zwei der ältesten Kirchenschätze sind das gotische Taufbecken aus dem 15. Jahrhundert und ein 22 Meter langes Fresko, *Der Totentanz* von 1485, das unter dem Eindruck des Pestjahrs 1484 entstand. Über 200 Jahre war es mit Kalktünche überstrichen.

⑦ Marx-Engels-Forum
Karte K5

»Beim nächsten Mal wird alles anders«, hatte nach der Wende 1989 jemand auf das Denkmal von Karl Marx und Friedrich Engels geschrieben. Die beiden 1986 aufgestellten

Bronzestatuen von Ludwig Engelhart stehen eigentlich im Zentrum des Platzes – wegen des Baus der U-Bahn-Linie 5 findet man sie derzeit 50 Meter westlich versetzt.

⑧ Ephraim-Palais
Karte K6 ■ Poststr. 16
■ +49 30 2400 2162 ■ Di, Do – So 10 –18, Mi 12 – 20 Uhr ■ Eintritt
■ www.stadtmuseum.de

Der Rundbau galt einst als schönste Berliner Ecke: Das 1766 errichtete Barockpalais des Kaufmanns Nathan Veitel Heinrich Ephraim ist ein Nachbau des abgerissenen Originals. Das Museum zeigt die grafische Sammlung des Stadtmuseums.

⑨ Neptunbrunnen
Karte K6 ■ Am Rathaus

Der grüne neobarocke Brunnen von 1891 stellt den Meeresgott Neptun inmitten von vier Frauenfiguren dar: Sie symbolisieren die deutschen Flüsse Rhein, Weichsel, Oder und Elbe.

Neptunbrunnen, Alexanderplatz

⑩ Karl-Marx-Allee & Frankfurter Allee
Karte H3 ■ Mitte/Friedrichshain

Die sozialistische Prachtstraße, früher »Stalinallee« genannt, entstand 1949 – 55 als SED-Vorzeige-Aufbauprojekt im sowjetischen Zuckerbäckerstil. Sie bot für damalige Verhältnisse hochmoderne Wohnungen.

Spaziergang

▶ **Vormittags**

Vom **Strausberger Platz** aus lassen sich die Gebäude im Stil des Sozialistischen Klassizismus in der **Karl-Marx-Allee** am besten bewundern. Mit der U-Bahn oder zu Fuß geht es zum **Alexanderplatz** *(siehe S. 103)* mit seinem großen Shopping-Angebot und von hier zur **Marienkirche**. Der prächtige **Neptunbrunnen** steht nur wenige Schritte entfernt. Bei schönem Wetter sollten Sie sich mit dem Aufzug zur Aussichtsplattform des **Berliner Fernsehturms** hochfahren. Das markante **Rote Rathaus** *(siehe S. 103)* liegt am anderen Ende des Platzes. In der Nähe stehen die Statuen von Karl Marx und Friedrich Engels am **Marx-Engels-Forum**. Von hier ist es nicht mehr weit bis ins historische Nikolaiviertel, wo man sich im **Café & Restaurant Spreeblick** ein Mittagessen mit schöner Aussicht gönnt.

Nachmittags

Im **Nikolaiviertel** selbst sollten Sie durch möglichst viele der kleinen Gassen gehen und die (allerdings nicht ganz authentische) historische Atmosphäre auf sich wirken lassen. Einen Besuch wert sind das kulturhistorische Museum im Knoblauchhaus und die Nikolaikirche, heute ebenfalls ein Museum. Über die Grunerstraße geht es auf die andere Spreeseite: Tauchen Sie ein in die Berliner Stadtgeschichte im **Märkischen Museum**. Am Abend können Sie im Restaurant **Zur Gerichtslaube** *(siehe S. 109)* berlinerisch speisen.

Siehe Karte S. 102f

Dies & Das

① Franziskaner-Klosterkirche
Karte K6 ▪ Klosterstr. 74

Die Ruine ist ein Überbleibsel eines Franziskanerklosters (13. Jh.). Die malerische Backsteinkulisse auf einer Grünfläche lädt zur Erholung mitten in der Stadt ein.

② Stadtmauer
Karte K6 ▪ Waisenstr.

Ein kleiner Rest der Stadtmauer aus dem 13./14. Jahrhundert, die die Doppelstädte Berlin und Cölln umgab, ist noch erhalten.

③ Palais Podewil
Karte K6 ▪ Klosterstr. 68 ▪ +49 3974 7477 (Tickets Grips-Theater)

Das Barockpalais entstand 1704. Ab 1954 übernahm es die Freie Deutsche Jugend (FDJ). Derzeit nutzt das Grips-Theater die Räumlichkeiten.

④ Amtsgericht Mitte
Karte K6 ▪ Littenstr. 13–15 ▪ Mo–Fr 8–13 Uhr

Im Eingangsbereich des Baus beeindrucken kunstvolle, mit geschwungenen Balustraden und eleganten Säulen gestaltete Treppen.

Detail, Parochialkirche

Treppenhaus des Amtsgerichts Mitte

⑤ Parochialkirche
Karte K6 ▪ Klosterstr. 67

Einst war sie eine der schönsten Berliner Barockkirchen von Johann Arnold Nering und Martin Grünberg. Leider wurde das Innere im Zweiten Weltkrieg zerstört.

⑥ Märkisches Ufer
Karte L6

Die Spreepromenade zeigt, wie Berlin Ende des 18. Jahrhunderts ausgesehen hat. Das barocke Haus Nr. 12 wurde um 1740 gegenüber auf der Fischerinsel errichtet und 1969 an seinem heutigen Platz wiederaufgebaut.

⑦ Heilig-Geist-Kapelle
Karte J5 ▪ Spandauer Str. 1

Die Hospitalkirche zum Heiligen Geist aus dem 13. Jahrhundert ist ein schönes Beispiel für gotische Ziegelbauweise.

⑧ Ribbeckhaus
Karte K5 ▪ Breite Str. 36

Das einzige Renaissance-Haus in Berlin-Mitte hat eine aufwendig verzierte Fassade.

⑨ AquaDom & Sea Life Berlin
Karte K5 ▪ Spandauer Str. 3 ▪ tägl. 10–19 Uhr (letzter Einlass: 18 Uhr) ▪ Eintritt ▪ www.visitsealife.com/Berlin

Hier lassen sich zahlreiche einheimische wie exotische Meeresbewohner aus der Nähe betrachten. Höhepunkt ist die Fahrt durch den zylindrischen AquaDom *(siehe S. 65)*.

⑩ Historischer Hafen
Karte L6 ▪ Märkisches Ufer ▪ Ausstellung: Mai–Sep: Sa, So 13–18 Uhr ▪ +49 30 335 6898

Im Hafen sind mehrere historische Schleppkähne und Spreeschiffe zu besichtigen. Rundfahrten werden nach Anmeldung organisiert.

Shopping

Kuppel der GALERIA Kaufhof

① GALERIA Kaufhof
Karte J6 ▪ Alexanderplatz 9
▪ +49 30 247 430 ▪ Mo–Mi 9.30–20,
Do–Sa 9.30–22 Uhr

Das größte Kaufhaus im Ostteil der Stadt bietet alles, was das Herz begehrt. Auch die Gourmet-Abteilung im Erdgeschoss mit ihrem großen Warenangebot ist einen ausgiebigen Besuch wert.

② Die Puppenstube
Karte K6 ▪ Propststr. 4a ▪ +49 30 242 3967 ▪ Mo–Sa 10–18.30, So 11–18 Uhr

Hinreißende Porzellan- und andere Puppen warten hier neben Bergen von Teddybären auf ihre Käufer.

③ Teddy's
Karte K6 ▪ Propststr. 4
▪ +49 30 247 8244 ▪ Mo–Fr 10–18, Sa, So 11–18 Uhr

Der altmodische Spielzeugladen gegenüber dem Bärenbrunnen an der Nikolaikirche hat wohl Berlins beste Auswahl an Teddybären. Hier sind mehr als 2000 Varianten erhältlich.

④ TeeGschwendner
Karte K6 ▪ Propststr. 3
▪ +49 30 242 3255 ▪ Mo–Fr 10–18.30, Sa 10–16 Uhr

In dem urigen Fachgeschäft gegenüber der Nikolaikirche duftet es nach vielen leckeren Teesorten.

⑤ Ausberlin
Karte J6 ▪ Karl-Liebknecht-Str. 17 ▪ +49 30 4199 7896 ▪ Mo–Sa 10–20 Uhr

Das Kaufhaus bietet vom T-Shirt bis zum Parfüm viele Produkte aus Berlin.

⑥ U- & S-Bahnhof Alexanderplatz
Karte J6 ▪ Alexanderplatz

Das geschäftige Bahnhofsareal bietet viele Geschäfte für den Alltagsbedarf sowie zahlreiche Fast-Food-Läden und Imbissstände.

⑦ ALEXA
Karte K6 ▪ Am Alexanderplatz, Grunerstr. 20 ▪ +49 30 269 340 121 ▪ Mo–Sa 10–21 Uhr

Der Shopping-Komplex liegt unweit des Alexanderplatzes. Er umfasst 180 Läden sowie LOXX mit seiner beeindruckenden Berliner Miniaturwelt.

⑧ Erzgebirgischer Weihnachtsmarkt
Karte K6 ▪ Propststr. 8 ▪ +49 30 241 1229 ▪ Mo–Sa 11–18 Uhr

Hier werden Weihnachtspyramiden und Weihnachtsschmuck angeboten – so weit das Auge reicht.

Traditioneller Nussknacker

⑨ Münzstraße
Karte J6

Die Straße westlich vom Alexanderplatz säumen zahlreiche Läden mit junger, kreativer Mode sowie einige international bekannte Labels – ein Muss für Fashion-Freaks.

⑩ Wood Wood
Karte J6 ▪ Rochstr. 4
▪ +49 30 9840 9808 ▪ Mo–Sa 11–19 Uhr

Die zeitgenössische Mode- und Lifestyle-Marke verkauft neben ihrer Eigenmarke auch Street Fashion verschiedenster Labels sowie schicke Lifestyle-Accessoires.

Siehe Karte S. 102f

Kneipen, Cafés & Biergärten

① Zur letzten Instanz
Karte K6 ▪ Waisenstr.
14–16 ▪ +49 30 242 5528
▪ Di–Sa 12–1 Uhr

In Berlins ältester
Kneipe von 1621
haben schon Napo-
léon, Heinrich Zille,
Michail Gorbatschow
und Angela Merkel ge-
trunken bzw. gespeist.

② Zum Nußbaum
Karte K6 ▪ Am Nuß-
baum 3 ▪ +49 30 242 3095
▪ tägl. 12–24 Uhr

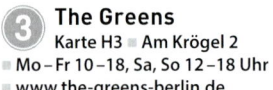

Zur letzten Instanz:
deftig-leckere Kost

Die historische Kneipe im Nikolaiviertel serviert frisch gezapftes Bier.
Im Sommer ist eine Berliner Weiße
zu empfehlen *(siehe S. 73)*.

③ The Greens
Karte H3 ▪ Am Krögel 2
▪ Mo–Fr 10–18, Sa, So 12–18 Uhr
▪ www.the-greens-berlin.de

Das reizende Tagescafé in der Alten
Münze bietet Kaffee- und Teespezia-
litäten sowie Snacks inmitten einer
üppigen Pflanzenwelt.

④ Brauhaus Georgbräu
Karte K5/6 ▪ Spreeufer 4
▪ +49 30 242 4244 ▪ tägl. ab 12 Uhr

Der Biergarten zieht nicht nur Bay-
ern im Berliner Exil und Berliner,
sondern auch viele Urlaubergruppen
an, die hier Bier und deftige Hausmannskost genießen.

Brauhaus Georgbräu

⑤ Hafenbar-Fischerinsel
Karte H4 ▪ Märkisches Ufer 28
▪ +49 30 2179 1404 ▪ Mai–
Okt: Mi–So 12–23 Uhr

Genießen Sie auf dem
Deck des historischen
Schleppers *Renate-
Angelika* ein Bier und
leckere Snacks.

⑥ Café Oliv
Karte J6 ▪ Münz-
str. 8 ▪ +49 30 8920 6540
▪ Mo–Fr 8.30–18, Sa
9.30–19, So 10–18 Uhr

Hier versorgt sich die Mitte-Szene
mit Sandwiches, Quinoa Greens mit
Hähnchenkeule, hausgebackenen
Kuchen und Kaffee.

⑦ Restaurant-Café Ephraim's
Karte K6 ▪ Spreeufer 1 ▪ +49 30 2472
5947 ▪ tägl. 12–23 Uhr ▪ keine Kreditkarten

Kaffee und Kuchen sowie deutsche
Spezialitäten mit Blick auf die
Spree – das lockt nicht nur Urlauber.

⑧ tigertörtchen
Karte K6 ▪ Spandauer Str. 25
▪ +49 30 6796 9051 ▪ Do–Di
11–18 Uhr

In dem kleinen Tagescafé genießt
man ausgefallene Cupcake-Kreatio-
nen, z. B. mit Datteln und Walnuss.

⑨ Marinehaus
Karte L6 ▪ Märkisches Ufer
48–50 ▪ +49 30 279 3246 ▪ tägl. ab
12 Uhr ▪ €

Traditionelle Kneipe mit maritimem
Dekor, deutschen Speisen und viel
Atmosphäre.

⑩ Hofbräu Wirtshaus
Karte H3 ▪ Karl-Liebknecht-
Str. 30 ▪ +49 30 679 665 520 ▪ So–Do
10–1, Fr, Sa 10–2 Uhr

Bei zünftigen Speisen, Bier aus
München und Livemusik herrscht
hier ganzjährig Oktoberfestlaune.

Restaurants

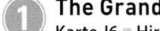
Preiskategorien
Preise für ein Drei-Gänge-Menü pro Person
mit einer halben Flasche Wein, inklusive
Steuer und Service.
....
€ unter 30 €   €€ 30 – 60 €   €€€ über 60 €

Gemütlich-rustikal: Zillestube

1 The Grand
Karte J6 ▪ Hirtenstr. 4 ▪ +49 30
278 909 9555 ▪ tägl. 19 – 23 Uhr
(Mo – Fr auch 12 – 15 Uhr) ▪ €€€
Das exklusive Restaurant mit tollem
Ambiente ist für seine erstklassigen
Steaks berühmt.

2 Balaustine
Karte K5 ▪ Karl-Liebknecht-Str. 3
▪ +49 30 233 466 ▪ Mo – Mi 18 – 23,
Do – Sa 12 – 23, So 13 – 23 Uhr ▪ €€
Das schicke Restaurant im Radisson
Collection Hotel *(siehe S. 172)* ser-
viert Speisen des Nahen Ostens.
Große Terrasse mit Spreeblick.

3 Zur Gerichtslaube
Karte K6 ▪ Poststr. 28 ▪ +49 30
241 5697 ▪ tägl. 11.30 – 1 Uhr ▪ €
Berliner Gerichte schmecken im
ehemaligen Alt-Berliner Ge-
richtsgebäude gleich besser.

**4 MAMMAM Street Food
Mitte**
Karte L6 ▪ Inselstr. 8 ▪ +49 30 2472
3655 ▪ tägl. 11 – 21 Uhr ▪ €€
Das nette Lokal kocht täglich frische
klassische vietnamesische und thailändische Gerichte.

5 Zum Paddenwirt
Karte K6 ▪ Nikolaikirchplatz 6
▪ +49 30 242 6382 ▪ tägl. 12 – 24 Uhr
▪ keine Kreditkarten ▪ €
Bratheringe oder Sülze, dazu kräfti-
ges Bier, lassen Berlin-Fans selig
werden.

6 Zillestube
Karte K6 ▪ Propststr. 9
▪ +49 30 242 5247 ▪ tägl. ab 11 Uhr ▪ €
In Alt-Berliner Ambiente werden in
diesem kleinen Lokal – benannt
nach dem legendären »Milljöh«-

Zeichner Heinrich Zille – herzhafte
Berliner Traditionsspeisen und Biere
serviert.

**7 Café & Restaurant
Spreeblick**
Karte K6 ▪ Probststr. 9 ▪ +49 30 242
5247 ▪ tägl. 11 – 24 Uhr ▪ €€
Mit herrlichem Blick auf die Spree
speist man hier solide zubereitete
deftig-deutsche Gerichte.

8 Balthazar
Karte K6 ▪ Spreeufer 2 ▪ +49 30
3088 2156 ▪ tägl. 12 – 22 Uhr ▪ €
Europäische Küche im Nikolaiviertel.
Im Sommer kann man die stets frischen Speisen auf der Sonnenterrasse mit Blick auf die Spree
schlemmen.

9 Sphere
Karte J6 ▪ Panoramastr. 1a
▪ +49 30 247 575 875 ▪ tägl. 9 – 24 Uhr
▪ €€
Die Speisekarte ist übersichtlich,
dafür ist die Aussicht in 207 Metern
Höhe vom Berliner Fernsehturm
unschlagbar.

10 Mutter Hoppe
Karte K6 ▪ Rathausstr. 21
▪ +49 30 2472 0603 ▪ tägl.
11.30 – 24 Uhr ▪ €
Zu deftiger Berliner Küche (Eisbein,
Kalbsleber etc.) gibt es freitags und
samstags Live-Musik der 1920er
und 1930er Jahre.

Siehe Karte S. 102f

TOP10 Tiergarten & Regierungsviertel

Das grüne Zentrum Berlins dient seit 1999 auch als Regierungsviertel: Rund um den Tiergarten, dem größten und beliebtesten Berliner Park, liegen das Reichstagsgebäude, das Bundeskanzleramt und das Schloss Bellevue, Sitz des Bundespräsidenten. Der Tiergarten ist mit Spazier- und Fahrradwegen, dem Neuen See, der Spree und dem Zoo Berlin ganzjährig Anziehungspunkt für Einheimische wie Besucher. Im Sommer verwandeln sich die Wiesen in Fußball- und Picknickplätze.

Sowjetisches Ehrenmal

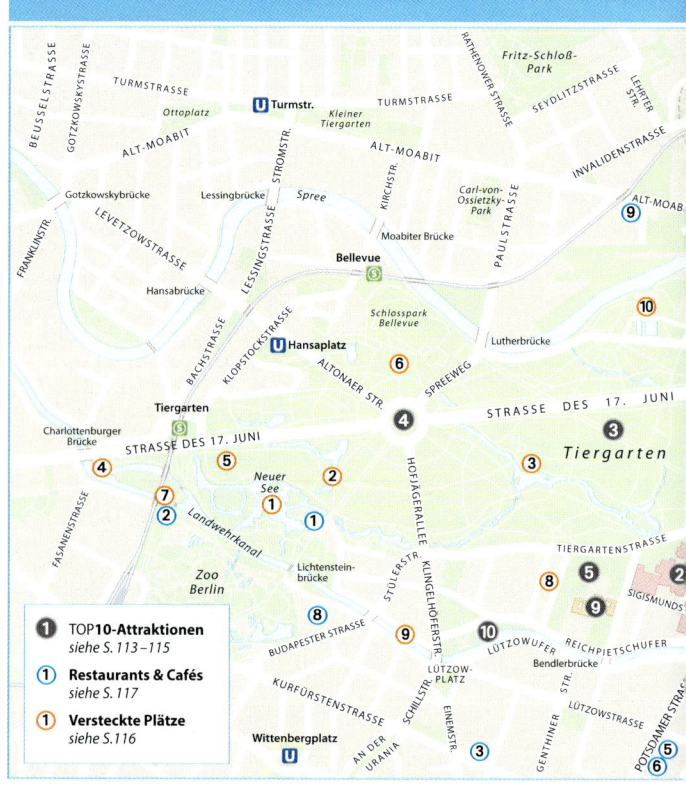

TOP10-Attraktionen
siehe S. 113–115

Restaurants & Cafés
siehe S. 117

Versteckte Plätze
siehe S.116

Vorherige Doppelseite Gepflegte Blumenrabatte und schattige Wege im Tiergarten

Reichstagsgebäude mit der Kuppel von Norman Foster

1 Reichstagsgebäude

Das Parlamentsgebäude, Sitz des Deutschen Bundestags, symbolisiert wie kein anderes Berliner Wahrzeichen deutsche Geschichte *(siehe S. 14f).*

2 Kulturforum

Das einzigartige Ensemble verfügt über einige der besten Museen und Konzertsäle Berlins *(siehe S. 38–41).*

3 Großer Tiergarten
Karte M5/6 ■ Tiergarten

Der Große Tiergarten ist nach dem Tempelhofer Feld, dem Gelände des ehemaligen Flughafens Berlin-Tempelhof, der größte Berliner Park. Er erstreckt sich auf 200 Hektar Fläche zwischen dem Ost- und Westteil der Stadt. Das ehemalige kurfürstliche Jagdrevier wurde in den 1830er Jahren von Peter Joseph Lenné als Park neu gestaltet. Die Siegesallee (Ende 19. Jh.) im Osten des Parks war von Statuen von Monarchen und Staatsmännern gesäumt. Nach dem Zweiten Weltkrieg wurden die Bäume von der hungernden und frierenden Bevölkerung fast völlig abgeholzt, die Wiesen als Acker benutzt. Dank der Wiederaufforstung seit den 1950er Jahren ist der Tiergarten heute die grüne Lunge der Stadt *(siehe S. 60).*

4 Siegessäule
Karte M6 ■ Großer Stern
■ Eintritt

Die 67 Meter hohe Siegessäule im Tiergarten wurde zum Gedenken an den Sieg im preußisch-dänischen Krieg von 1864 errichtet. Nach den Siegen Preußens über Österreich (1866) und Frankreich (1871) krönte man den Bau den 35 Tonnen schweren, vergoldeten Viktoria. Von der Aussichtsplattform hat man einen herrlichen Blick *(siehe S. 51).*

Peter Joseph Lenné

Lenné (1789–1866) gilt als der wichtigste deutsche Landschaftsarchitekt. Der Spross einer Bonner Gärtnerfamilie studierte in Paris und fing 1816 bei der königlichen Gartenverwaltung in Potsdam als Gehilfe an. Hier lernte er Schinkel kennen. Beide Männer gestalteten fortan die Berliner und Potsdamer Parklandschaften nach den Prinzipien der Harmonie.

---

(5) Diplomatenviertel

Karte E4 ▪ zwischen Stauffenbergstr. und Lichtensteinallee sowie an der Tiergartenstr.

Das Botschaftsviertel entstand Ende des 19. Jahrhunderts. Mit dem Bau zweier faschistischer Prunkgebäude (der Italienischen und der Japanischen Botschaft 1938 und 1943) erreichte es seine heutige Ausdehnung. Die meisten Gebäude wurden im Krieg zerstört. Seit 1999 wurde das Diplomatenviertel mit zum Teil architektonisch gewagten Neubauten wieder belebt. Sehenswert sind die Österreichische (Stauffenbergstraße) und die Indische Botschaft (Tiergartenstraße) sowie, in der Rauchstraße, die nordischen Botschaften (siehe S. 53).

(6) Hamburger Bahnhof

Karte F2 ▪ Invalidenstr. 50–51 ▪ +49 30 266 424 242 ▪ Di–Fr 10–18 (Do bis 20 Uhr), Sa, So 11–18 Uhr ▪ Eintritt ▪ www.smb.museum

Das »Museum für Gegenwart« im historischen Hamburger Bahnhof versammelt zeitgenössische Kunst mit Werken u. a. aus den einzigartigen Privatsammlungen Erich Marx und Friedrich Christian Flick (siehe S. 57).

Hamburger Bahnhof

Sowjetisches Ehrenmal

(7) Sowjetisches Ehrenmal

Karte K2 ▪ Straße des 17. Juni

Das Denkmal unweit des Brandenburger Tors wurde am 11. November 1945 zum Jahrestag der Oktoberrevolution eingeweiht. Es wird von zwei Panzern flankiert. Das Denkmal ehrt die 300 000 Rotarmisten, die 1945 bei der Befreiung Berlins starben. Die Säule in der Mitte wurde angeblich aus Marmorquadern der zerstörten hitlerschen Reichskanzlei errichtet. Die Säule selbst ist ein Entwurf von Nikolai Sergijewski, darauf thront eine Bronzestatue von Lew Kerbel. Hinter dem Denkmal liegen 2500 russische Soldaten begraben.

(8) Potsdamer Platz

Karte F4

Nach seiner Zerstörung im Zweiten Weltkrieg blieb der Potsdamer Platz (siehe S. 20–23) für die folgenden 40 Jahre Ödland im Grenzstreifen. In den 1990er Jahren entstand hier in fünf Jahren Bauzeit quasi ein neuer Stadtteil. Im Osten schließt der Leipziger Platz mit der riesigen Mall of Berlin an. Im Südwesten befindet sich das Kulturforum mit der Philharmonie, der Gemäldegalerie und der Neuen Nationalgalerie.

⑨ Gedenkstätte Deutscher Widerstand

Karte E4 ▪ Stauffenbergstr. 13–14
▪ +49 30 2699 5000 ▪ Mo – Mi, Fr 9 – 18,
Do 9 – 20, Sa, So 10 – 18 Uhr
▪ www.gdw-berlin.de

Der heute als Bendlerblock bekannte Komplex aus den 1930er Jahren lag hinter dem alten preußischen Kriegsministerium und diente im Zweiten Weltkrieg als Hauptquartier der Wehrmacht. Hier plante eine Gruppe von Offizieren 1944 das Attentat auf Adolf Hitler: Als der Anschlag am 20. Juli missglückt war, wurden Claus Schenk Graf von Stauffenberg und die anderen Beteiligten im Bendlerblock verhaftet und viele von ihnen im Hof des Gebäudes in der Nacht erschossen. Hier erinnert ein von Richard Scheibe 1953 geschaffenes Denkmal an diese Ereignisse. Im Obergeschoss befindet sich eine kleine Ausstellung zum deutschen Widerstand gegen das NS-Regime.

Gedenkstätte Deutscher Widerstand

⑩ Villa von der Heydt

Karte E4 ▪ Von-der-Heydt-Str. 18
▪ www.preussischer-kulturbesitz.de

Die spätklassizistische Villa ist eines der letzten Beispiele der Villenarchitektur, die einst den Tiergarten prägte. Das Gebäude entstand 1860 – 62 nach Plänen von Hermann Ende und G. A. Linke für eine der damals vornehmsten Berliner Wohngegenden. Seit 1980 ist das Gebäude Hauptsitz der Stiftung Preußischer Kulturbesitz.

Spaziergang

▶ Vormittags

Beginnen Sie Ihre Tour durch den Tiergarten am **Bundeskanzleramt**, und erkunden Sie von hier aus das Regierungsviertel mit dem **Reichstagsgebäude** *(siehe S. 14f)*. Frühstück bekommen Sie im **Restaurant Käfer** *(siehe S. 117)*. Über die John-Foster-Dulles-Allee geht es am **Carillon** *(siehe S. 116)* und dem **Haus der Kulturen der Welt** vorbei in den Großen Tiergarten *(siehe S. 113)*. Nehmen Sie den Weg in den Park Richtung Süden, bis Sie die Straße des 17. Juni erreichen. Wenn Sie sich hier nach rechts wenden, gehen Sie direkt auf die **Siegessäule** *(siehe S. 113)* zu. Von hier folgen Sie der Fasanerieallee Richtung Südwesten bis zum **Café am Neuen See** *(siehe S. 117)*, wo Sie zu Mittag essen können.

Nachmittags

Schlendern Sie durch das Diplomatenviertel: Vom Neuen See sind es auf der Lichtensteinallee und der Thomas-Dehler-Straße in Richtung Osten nur wenige Gehminuten zur Rauchstraße mit den **nordischen Botschaften**. Auf der **Tiergartenstraße** kommen Sie u. a. an den Botschaften Japans, Italiens und Indiens vorbei. Von hier aus können Sie über die Klingelhöferstraße nach Süden einen Abstecher in das **Café Einstein** *(siehe S. 117)* machen. Am **Lützowufer** entlang kommen Sie über die **Potsdamer Brücke** zum **Kulturforum** *(siehe S. 38 – 41)*. Für das Abendessen empfiehlt sich das **Vox** *(siehe S. 74)* im Hotel Grand Hyatt.

Siehe Karte S. 112f ⬅

Versteckte Plätze

(1) Neuer See
Karte M5 ■ **S-Bahn-Station Tiergarten**
Der dunkelgrün schimmernde größte See im Tiergarten lädt zu einer Runde mit dem Ruderboot ein. Anschließend kann man im Café am Neuen See entspannen.

(2) Löwenbrücke
Karte M5 ■ **Großer Weg**
Die Hängebrücke über einen kleinen Flusslauf in der Nähe des Neuen Sees wird von vier Löwenskulpturen »getragen«. Der idyllische Fleck ist einer von Berlins beliebtesten Schwulen-Treffpunkten.

(3) Lortzing-Denkmal
Karte L1 ■ **Östlicher Großer Weg**
Das Denkmal an einem Ausläufer des Neuen Sees gehört zu den schönsten der 70 Statuen von Staatsmännern, Denkern und Dichtern, die im Tiergarten stehen.

(4) Hausboote
Karte M4 ■ **Straße des 17. Juni, Tiergartenufer**
Festgetäut am Spreeufer liegen einige der letzten bewohnten Hausboote Berlins: eine hübsche Oase in der Stadt.

(5) Gaslaternen Tiergarten
Karte M5 ■ **S-Bahn-Station Tiergarten**
Der Weg mit den 80 historischen Gaslaternen aus dem In- und Ausland bietet vor allem am Abend einen schönen Anblick.

(6) Englischer Garten
Karte P3 ■ **An der Klopstockstr.**
Der gepflegte Landschaftsgarten unweit des Schlosses Bellevue lädt zum Spazierengehen

ein. Im reetgedeckten Teehaus mit seiner Sommerterrasse kann man bei Kaffee und Kuchen entspannen.

(7) Schleusenbrücken
Karte M5 ■ **unweit vom Zoo Berlin, S-Bahn-Station Tiergarten**
Die zwei Schleusenbrücken hinter dem Zoo führen über den aufgestauten Landwehrkanal. Sie sind als Rastplatz beliebt.

Am Landwehrkanal

(8) Botschaft Estlands
Karte E4 ■ **Hildebrandstr. 5**
Die Geschichte des heute restaurierten Botschaftsgebäudes der Republik Estland steht beispielhaft für das Berliner Diplomatenviertel.

Turm des Carillon

(9) Landwehrkanal
Karte MN5/6
■ **Corneliusstr.**
Am Ufer des knapp elf Kilometer langen Landwehrkanals kann man sich gut erholen.

(10) Carillon
Karte K1 ■ **John-Foster-Dulles-Allee**
■ **Mai – Sep: So ab 15 Uhr**
Das Glockenspiel (1987) ist das größte seiner Art in Europa. Im 42 Meter hohen Turm lässt der Carillonneur Jeffrey Bossin sonntags ab 15 Uhr die 68 Glocken erklingen.

Restaurants & Cafés

Preiskategorien
Preise für ein Drei-Gänge-Menü pro Person mit einer halben Flasche Wein, inklusive Steuer und Service.

€ unter 30 €   €€ 30–60 €   €€€ über 60 €

Vox

① Café am Neuen See
Karte M5 ■ Tiergarten, Neuer See, Lichtensteinallee 2 ■ +49 30 254 4930 ■ März–Okt: tägl. 9–23 Uhr; Nov–Feb: Sa, So 9–20 Uhr ■ €
Direkt am Seeufer liegt dieses Café-Restaurant mit dem beliebten Biergarten.

② Schleusenkrug
Karte M5 ■ Tiergarten-Schleuse ■ +49 30 313 9909 ■ tägl. 10–2 Uhr (Winter: 11–19 Uhr) ■ keine Kreditkarten ■ €
Bei Berlinern wie Besuchern beliebtes Café mit weitläufigem Biergarten, direkt an der Schleuse.

③ Café Einstein
Karte E5 ■ Kurfürstenstr. 58 ■ +49 30 2639 1918 ■ tägl. 8–24 Uhr ■ €€
Die alte Villa des Filmstars Henny Porten versprüht Wiener Eleganz.

④ Käfer im Reichstag
Karte K2 ■ Platz der Republik ■ +49 30 226 2990 ■ tägl. 9–16.30, 18.30–24 Uhr (Anmeldung zwingend erforderlich) ■ €€
Das Restaurant bietet eine gute Küche und eine Top-Aussicht.

⑤ Joseph-Roth-Diele
Karte E5 ■ Potsdamer Str. 75 ■ +49 30 2636 9884 ■ Mo–Fr 10–24 Uhr ■ € (nur Barzahlung)
Die authentische Berliner Kneipe serviert deutsche Hausmannskost.

⑥ Panama
Karte E5 ■ Potsdamer Str. 91 ■ +49 30 983 208 435 ■ Di–So 18–24 Uhr ■ €€€
Zwanglos-elegantes Restaurant in der neuen Szene-Straße.

⑦ Vox
Karte F4 ■ Marlene-Dietrich-Platz 2 ■ +49 30 2553 1772 ■ So–Do 18.30–22.30, Fr, Sa bis 23 Uhr ■ www.vox-restaurant.de ■ €€€
Das elegante Restaurant im Hotel Grand Hyatt serviert asiatisch inspirierte moderne Gerichte und wunderbares Sushi (siehe S. 74).

⑧ Hugos
Karte N5 ■ Budapester Str. 2 ■ +49 30 2602 1263 ■ Di–Sa 18.30–24 Uhr ■ www.hugos-restaurant.de ■ €€€
Das mit einem Michelin-Stern ausgezeichnete Restaurant überzeugt mit bodenständiger Gourmetküche.

⑨ Paris-Moskau
Karte J1 ■ Alt-Moabit 141 ■ +49 30 394 2081 ■ Mo–Sa ab 18 Uhr (Mo–Fr auch 12–15 Uhr) ■ €€€
In einem alten Fachwerkhaus neben dem Bundesinnenministerium wird seit 1987 auf Top-Niveau gekocht.

⑩ Facil
Karte L2 ■ Potsdamer Str. 3 ■ +49 30 590 051 234 ■ Mo–Fr 12–14, 19–22 Uhr ■ www.facil.de ■ €€€
Das mit zwei Michelin-Sternen prämierte Hotelrestaurant serviert inmitten eines Bambusgartens exzellente klassische Gerichte, überzeugend neu interpretiert.

Siehe Karte S. 112f

TOP 10 Charlottenburg & Spandau

In Charlottenburg spürt man noch den Glanz der alten bohemehaften und eleganten Metropole. In den Seitenstraßen rund um den Ku'damm findet man viele kleine Cafés, Restaurants, Kunstgalerien und Boutiquen in großbürgerlichen Wohnhäusern aus der Zeit um 1900. Der Bezirk war einst die reichste Stadt Preußens und gehört erst seit 1920 zu Berlin. Ländlich geht es dagegen in Spandau zu. Mit seiner spätmittelalterlichen Altstadt und der Zitadelle Spandau wirkt der Stadtteil jenseits von Spree und Havel wie eine eigenständige Kleinstadt.

Detail, Schloss Charlottenburg

1 Kurfürstendamm

Der Westberliner Boulevard ist der ganze Stolz Charlottenburgs und mit seinen vielen Stores und Boutiquen heute schicker denn je *(siehe S. 30f)*.

2 Schloss Charlottenburg

In der Sommerresidenz der Hohenzollern lädt der englische Schlossgarten zum Flanieren und Sonnen ein. Die restaurierten Räumlichkeiten fesseln jeden Besucher mit ihrer Pracht *(siehe S. 34 – 37)*.

Spandau & Berlin

Für Westberliner sind die Spandauer ein ganz besonderer Menschenschlag: Sie gelten in der Hauptstadt als Provinzler und Raubeine, gar nicht als »echte« Berliner. Doch Spandauer lachen über das rund 60 Jahre jüngere Berlin und verweisen stolz auf ihre unabhängige Geschichte. Das gegenseitige Misstrauen liegt nicht nur an der geografischen Lage Spandaus, das durch Havel und Spree vom Rest der Stadt getrennt ist, sondern auch an der späten Eingemeindung Spandaus 1920. Noch heute sagen die Spandauer, sie fahren »nach Berlin«, wenn sie nur in die U-Bahn steigen und wenige Stationen fahren.

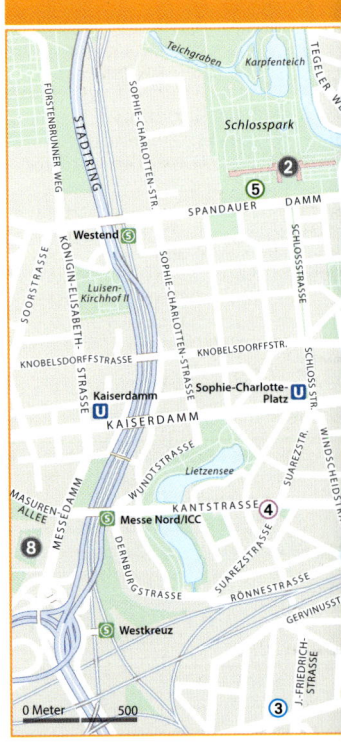

③ Zoo Berlin

Der größte und älteste deutsche Zoo ist vor allem für Familien bei jedem Berlin-Besuch ein Muss (*siehe S. 42f*).

④ Zitadelle Spandau

Am Juliusturm ▪ Fr – Mi 10–17, Do 13–20 Uhr ▪ +49 30 354 9440 ▪ Eintritt ▪ www.zitadelle-berlin.de

Die einzige erhaltene Festungsanlage in Berlin am Zusammenfluss von Havel und Spree ist strategisch hervorragend platziert. Die sternförmige Wasserfestung wurde 1560 nach dem Vorbild italienischer Bauten errichtet. Schon im 12. Jahrhundert stand hier eine Burg, von der der Juliusturm erhalten ist. Einst galt in Berlin für Kriminelle das Motto »Ab in den Julio«. Später wurde hier der »Reichskriegsschatz« aufbewahrt,

Zitadelle Spandau

die Reparationsleistung, die Frankreich nach der Niederlage im Krieg 1870/71 ans Deutsche Reich bezahlen musste. Im Arsenal befindet sich ein stadtgeschichtliches Museum.

① **TOP10-Attraktionen**
siehe S. 118–123

① **Restaurants**
siehe S. 127

① **Dies & Das**
siehe S. 124

① **Cafés**
siehe S. 126

① **Shopping**
siehe S. 125

Das Gotische Haus (15. Jh.) in Spandaus Altstadt

⑤ Spandauer Altstadt
Breite Str., Spandau

Bei einem Spaziergang durch die Altstadt von Spandau vergisst man leicht, dass man noch in Berlin ist: Die kleinen Gassen und verwinkelten Straßen rund um die Nikolaikirche aus dem 13. Jahrhundert sind von spätmittelalterlichen Häusern gesäumt und erinnern daran, dass Spandau schon 1197 gegründet wurde und damit älter ist als Berlin. In der Breiten Straße 32 steht das älteste Haus Berlins, das Gotische Haus aus dem frühen 16. Jahrhundert. Als eines der ersten Häuser seiner Zeit wurde es nicht wie damals üblich aus Holz, sondern aus Stein errichtet. Im Obergeschoss ist ein Museum eingerichtet.

Abendlicher Savignyplatz

⑥ Savignyplatz
Karte N3 ▪ an der Kantstraße

Mitten in Charlottenburg liegt einer der schönsten Berliner Plätze: der Savignyplatz, benannt nach dem deutschen Rechtsgelehrten des 19. Jahrhunderts. Hier zentriert sich Charlottenburgs Ruf als Künstler- und Intellektuellenviertel und als schicker Stadtteil zum Ausgehen und Amüsieren. Der Platz mit seinen zwei Grünflächen zu beiden Seiten der Kantstraße wurde in den 1920er Jahren angelegt. Er lädt mit Wegen, Bänken und Laubengängen zum Verweilen ein. Rund um den Savignyplatz liegen Restaurants, Cafés und Läden, vor allem in der Grolman-, der Knesebeck- und der Carmerstraße. In diesem scherzhaft auch »Savignydreieck« genannten Viertel hat sich schon so mancher nach durchzechter Nacht verlaufen. Nördlich vom Savignyplatz lohnt ein Bummel durch einige der schönsten Straßen Charlottenburgs – Knesebeck-, Schlüter- und Goethestraße. Hier ist die Welt des Charlottenburger Kiezes noch in Ordnung. Kleine Läden, Buchhandlungen, Cafés und Fachgeschäfte sind vor allem samstags gut besucht. Südlich des Platzes locken die rot geklinkerten S-Bahn-Bogen ebenfalls mit Läden, Cafés und Kneipen, insbesondere die Savignypassage zur Bleibtreustraße und die Passage zwischen Grolman- und Uhlandstraße.

⑦ Fasanenstraße
Karte NP4 ▪ Charlottenburg

Die elegante Fasanenstraße ist die schönste und schickste Seitenstraße des Ku´damms: Designer-Boutiquen,

Galerien und Restaurants verstecken sich hier, wo all jene einkaufen, die den Kurfürstendamm als einen Boulevard für die Masse betrachten. Die Kreuzung Fasanenstraße und Ku'damm ist eine der belebtesten Berliner Straßenecken. Kennzeichnend ist das Hotel Bristol am nördlichen Abschnitt der Straße. Gegenüber wurde das historische Gebäude eines früheren Bankhauses mit seinem modernen Neubau verbunden. Daneben befinden sich das Jüdische Gemeindehaus *(siehe S. 124)* und etwas weiter hinauf, an der Straßenkreuzung zur Kantstraße, das von dem Architekten Josef Paul Kleihues entworfene Kant-Dreieck *(siehe S. 53)*. Die Berliner Börse im Ludwig-Erhard-Haus *(siehe S. 53)* befindet sich oberhalb davon, an der Ecke zur Hardenbergstraße. Das südliche Ende der Straße wird von Stadtvillen beherrscht, dem Literaturhaus mit einem reizenden Garten, der Villa Grisebach, einem der traditionsreichsten Kunstauktionshäuser Berlins, und dem Käthe-Kollwitz-Museum. In diesem Gebiet haben sich Modeboutiquen und Galerien sowie einige gemütliche Restaurants angesiedelt. Die Straße mündet südlich in den idyllischen Fasanenplatz, wo bis zum Jahr 1933 viele Künstler lebten.

Antiquitätenladen in der Fasanenstraße

Spaziergang durch Charlottenburg

▶ Vormittags

Starten Sie Ihre Tour durch Charlottenburg am **Breitscheidplatz**, und schlendern Sie den **Kurfürstendamm** *(siehe S. 30f)* gen Westen hinunter. Dann biegen Sie links in die **Fasanenstraße** zum Käthe-Kollwitz-Museum und zum Literaturhaus ab. Im Literaturhaus lädt das **Café Wintergarten** *(siehe S. 126)* zu einem Frühstück ein, bevor es auf der Fasanenstraße zurück in Richtung Norden geht. Links passieren Sie das **Hotel Bristol Berlin** *(siehe S. 172)*, rechts das Jüdische Gemeindehaus und das Ludwig-Erhard-Haus, den Sitz der Berliner Börse. Schräg gegenüber, auf der anderen Straßenseite der Kantstraße, befindet sich das **Theater des Westens** *(siehe S. 67)*. Folgen Sie der Kantstraße links hinunter, bis Sie das **stilwerk** *(siehe S. 77)* mit seinen vielen Design-Stores erreichen.

Nachmittags

Wenige Schritte westlich erreichen Sie den **Savignyplatz**. Das indische Restaurant **Ashoka** in der Grolmanstraße 51 bietet sich für ein Mittagessen an. Erkunden Sie dann die Seitenstraßen **Carmer-, Knesebeck-, Grolman-** und **Mommsenstraße**. Hier kann man in kleinen Läden schön einkaufen und in einem der vielen Cafés in der nahen Umgebung bei Kaffee und Kuchen entspannen. Über die Kantstraße erreichen Sie schließlich das **Museum für Fotografie** *(siehe S. 123)*, in dem Helmut Newtons wunderbare Arbeiten manche Fantasie anregen.

Siehe Karte S. 118f

Funkturm und Kongresshaus ICC *(links)* auf dem Messegelände

⑧ Funkturm & Messegelände

Karte A4/5 ▪ Messedamm 22 ▪ +49 30 3038 1905 ▪ Di – Fr 14 – 22, Sa, So 11 – 22 Uhr (Aussichtsplattform) ▪ Eintritt ▪ www.funkturm-messeberlin.de

Der an den Pariser Eiffelturm erinnernde Funkturm gehört mit einer Höhe von 150 Metern zu den von Weitem erkennbaren Berliner Wahrzeichen. Er wurde 1924 nach einem Entwurf von Heinrich Straumer erbaut und dient als Radioantenne sowie zur Kontrolle des Luftverkehrs. Von der Aussichtsplattform in 125 Metern Höhe ist der Blick grandios, vom 52 Meter hoch gelegenen Restaurant sieht man vor allem den ältesten Teil des Komplexes, das Messegelände und die umliegenden Pavillons. Das riesige Bauwerk in nordwestlicher Richtung ist die Ehrenhalle (1937), die ihre faschistisch geprägte Architektur nicht verbergen kann. Östlich des Funkturms erhebt sich das silbern glänzende, 1975 – 79 errichtete ICC, das Internationale Congress Centrum. Das ICC gehörte lange zu den modernsten Kongresszentren der Welt, seit 2014 ist es geschlossen, seine künftige Nutzung ungewiss. Ersetzt wurde es durch die Messehalle CityCube. Das Gelände der Messe Berlin ist eines der weltweit größten. Hier finden auf 160 000 Quadratmetern Fläche u. a. die Grüne Woche, die Internationale Tourismusbörse (ITB) und die Internationale Funkausstellung (IFA) statt.

Charlottenburger Geschichte

Nicht nur am prunkvollen Charlottenburger Rathaus lässt sich ablesen, dass der Stadtteil mit seinen knapp 127 000 Einwohnern bis zur Eingemeindung in Berlin 1920 eine unabhängige Stadt war. Charlottenburg ist nach dem gleichnamigen Schloss benannt und entstand ab 1705 aus der mittelalterlichen Siedlung Lietzow. Ende des 19. Jahrhunderts nahm Charlottenburg – damals reichste Stadt Preußens – mit dem Bau der Villenkolonie Westend und dem Kurfürstendamm einen schwunghaften Aufstieg. Dank zahlreicher Theater, der Oper und der Technischen Universität entwickelte sich der Bezirk in den 1920er Jahren zur westlichen Berliner Innenstadt.

9 Museum für Fotografie

Karte N4 ■ Jebensstr. 2 ■ Di – So
11–19 Uhr (Do bis 20 Uhr) ■ Eintritt
■ www.smb.museum

Der große Fotograf Helmut Newton
(1920 – 2004) war gebürtiger Berliner. In seinem Todesjahr wurde die
Helmut-Newton-Stiftung gegründet,
die Stadt Berlin stellte das Haus als
Museums- und Stiftungssitz zur Verfügung. Zu sehen sind Werke von
Newton und anderen Fotografen.

Museum für Fotografie

10 Kaiser-Wilhelm-Gedächtnis-Kirche

Karte N4

Die im Berliner Volksmund »Hohler
Zahn« genannte Kirche (siehe S. 32f)
ist heute eines der bekanntesten
Mahnmale gegen Krieg. Der Haupt-
turm war der einzige Gebäudeteil,
der nach den Luftangriffen von 1943
noch stand. 1957 fiel die Entschei-
dung, die Ruine in ihrer heutigen
Form als Mahnmal zu erhalten.

▶ Vormittags

Der Tag beginnt mit einer U-Bahn-
Fahrt: Nehmen Sie in der Innenstadt die U2 Richtung Ruhleben,
und steigen Sie am Bahnhof Bismarckstraße in die U7 Richtung
Rathaus Spandau um. Nach zehn
Minuten befinden Sie sich in der
Spandauer Altstadt (siehe S. 120)
mit der Breiten Straße und der
Nikolaikirche. Bevor Sie nach
Charlottenburg zurückfahren, besuchen Sie die **Zitadelle Spandau**
(siehe S. 119). Hier können Sie
sich in der Zitadellenschänke
stärken. Mit der U-Bahn geht es
zurück. Sie sollten diesmal schon
an der Station Wilmersdorfer
Straße aussteigen, eine der wenigen Fußgängerzonen Berlins.
Zum Mittagessen (frischer Fisch,
dazu ein Glas Riesling) bietet sich
das **Rogacki** (siehe S. 124) an.

Nachmittags

Von der **Wilmersdorfer Straße**
führt ein 20-minütiger Spaziergang auf dem Kaiserdamm in
Richtung Westen bis zum **Funkturm** und zum **Messegelände**.
Zu Mittag essen können Sie im
Funkturm-Restaurant. Unweit
davon haben Sie die Möglichkeit,
das Haus des Rundfunks und das
Georg-Kolbe-Museum (siehe
S. 124) zu besichtigen. Wenn Sie
danach noch Zeit und Lust haben,
fahren Sie von hier aus mit dem
Bus M49 oder der S5 zum **Olympiastadion** (siehe S. 124). Kehren
Sie am Abend mit der S-Bahn-
Linie 5 zum **Savignyplatz** zurück,
und genießen Sie in einem der
vielen asiatischen Restaurants in
der Kantstraße ein Abendessen.

Siehe Karte S. 118f

Dies & Das

Olympiastadion, Heimspielstätte des Fußballklubs Hertha BSC

① Georg-Kolbe-Museum
Sensburger Allee 25 ▪ +49 30
304 2144 ▪ tägl. 10–18 Uhr ▪ Eintritt
▪ www.georg-kolbe-museum.de
Im Wohnhaus und Atelier des Bildhauers (1877–1947) sind seine
Skulpturen zu sehen.

② Le-Corbusier-Haus
Flatowallee 16
Das Apartmenthaus des französischen Architekten wurde im Rahmen
der Interbau 1957 errichtet.

**③ Jüdisches
Gemeindehaus**
Karte P4 ▪ Fasanenstr. 79–80 ▪ +49 30
8802 8206 ▪ www.jg-berlin.org
Der Sitz der Jüdischen Gemeinde
Berlin entstand am Ort der Char-
lottenburger Synagoge, die in der
Reichskristallnacht am 9. November
1938 niedergebrannt wurde.

④ Theater des Westens
Karte N4 ▪ Kantstr. 12 ▪ +49
1805 4444 ▪ Theaterkasse: Di–So
13–18.30 Uhr ▪ www.stage-
entertainment.de
Die Bühne in dem Bau von 1895/96
gilt als eines der besten Musical-
theater Deutschlands (siehe S. 67).

⑤ Technische Universität
Karte M4 ▪ Straße des 17. Juni
▪ +49 30 31 40 ▪ Mo–Fr 8–20 Uhr
Die TU Berlin wurde im Jahr 1879
gegründet.

⑥ Olympiastadion
Olympischer Platz ▪ +49 30
2500 2322 ▪ Apr–Okt: 9–19 Uhr (Aug:
bis 20 Uhr); Nov–März: 10–16 Uhr
▪ https://olympiastadion.berlin
Das für die Olympischen Spiele 1936
errichtete Stadion ist ein typisches
Beispiel faschistischer Architektur.

⑦ Deutsche Oper
Karte M2 ▪ Bismarckstr. 34–37
▪ +49 30 3438 4343 ▪ Eintritt ▪ www.
deutscheoperberlin.de
Das zweitgrößte Opernhaus
Deutschlands zeigt europäische
Klassiker (siehe S. 66).

**⑧ Denkmal Benno
Ohnesorg**
Karte B4 ▪ Bismarckstr.
Das Kunstwerk von Alfred Hrdlicka
erinnert an Benno Ohnesorg, der
hier am 2. Juni 1967 bei einer Demonstration erschossen wurde.

⑨ Universität der Künste
Karte N4 ▪ Hardenbergstr. 32–
33 ▪ +49 30 318 50 ▪ Mo–Fr 8–18 Uhr
Die Universität ist eine der besten
deutschen Hochschulen für Maler,
Architekten und Designer.

⑩ Renaissance Theater
Karte M3 ▪ Knesebeckstr. 100
▪ +49 30 312 4202
▪ www.renaissance-theater.de
Das 1902 erbaute Art-déco-Theater
wird bis heute bespielt.

Shopping

(1) stilwerk
Karte C4 ▪ Kantstr. 126
▪ +49 30 315 150 ▪ Mo – Sa 10 – 19 Uhr
▪ www.stilwerk.de
Shopping-Center für stil- und designbewusste Kunden *(siehe S. 77).*

Stilwerk in Charlottenburg

(2) Manufactum
Karte M3 ▪ Hardenbergstr. 4 – 5,
Haus Hardenberg ▪ Mo – Fr 10 – 20,
Sa 10 – 18 Uhr ▪ www.manufactum.de
Das Warenhaus versammelt hochwertige Produkte für Haus und Garten. Nebenan gibt es ein Café mit vielen Spezialitäten.

(3) Peek & Cloppenburg
Karte P5 ▪ Tauentzienstr. 19
▪ +49 30 212 900 ▪ Mo – Sa 10 – 20 Uhr
Das in Berlin beliebte Kaufhaus bietet auf fünf Etagen Bekleidung für Herren, Damen und Kinder.

(4) Suarezstraße
Karte A5 – B4
▪ www.suarezstrasse.com
Die Charlottenburger Straße entwickelte sich in den 1970er Jahren zur Fachmeile für Antiquitäten. Heute kann man hier in rund 30 Läden stundenlang stöbern.

(5) TITUS Berlin Zoopreme
Karte P4 ▪ Meinekestr. 2 ▪ +49
30 3259 3239 ▪ Mo – Sa 10 – 20 Uhr
Der Skaterladen bietet Boards und Streetwear der angesagtesten internationalen Szene-Labels.

(6) Prada
Karte P2 ▪ Kurfürstendamm 186
▪ +49 30 8871 0840
Die edle Boutique verkauft elegant-schlichte Designerstücke und Lederwaren für Damen und Herren.

(7) Bücherbogen
Karte N3 ▪ Savignyplatz
▪ +49 30 3186 9511
Der Kunst- und Fotobuchhändler residiert unter dem S-Bahn-Viadukt.

(8) Patrick Hellmann
Karte P2 ▪ Blebtreustr. 36
▪ +49 30 8848 7716 ▪ Mo – Fr 10 – 19,
Sa 10 – 18 Uhr
Der bekannte Designer für Herren- und Damenmode aus besten Stoffen hat eine eigene Kollektion.

(9) Rogacki
Karte P4 ▪ Wilmersdorfer
Str. 145/146 ▪ +49 30 343 8250
▪ Di – Do 10 – 18, Fr 9 – 18, Sa 8 – 14 Uhr
▪ www.rogacki.de
Seit 1932 räuchert der Familienbetrieb vor Ort seinen Fisch und bietet Seafood und andere Spezialitäten an. Der leckere Gastro-Bereich ist immer gut besucht.

(10) Butter Lindner
Karte N3 ▪ Knesebeckstr. 92
▪ +49 30 313 5375 ▪ Mo – Fr 8 – 18,
Sa 8 – 13.30 Uhr
Ein Traditionsgeschäft für frische Lebensmittel und Delikatessen.

Delikatessen bei Butter Lindner

Siehe Karte S. 118f

Cafés

Berliner Kaffeerösterei

① Berliner Kaffeerösterei
Karte P4 ▪ Uhlandstraße 173
▪ +49 30 8867 7920 ▪ Mo – Sa
9 – 20 Uhr, So 10 – 19 Uhr

Die gemütliche Mischung aus Espressobar und traditionellem Café serviert Kaffeesorten aus aller Welt, Frühstück und Kuchen.

② Café Wintergarten im Literaturhaus
Karte P4 ▪ Fasanenstr. 23 ▪ +49 30 882 5414 ▪ tägl. 9 – 24 Uhr

Eines der schönsten Berliner Cafés liegt im Wintergarten einer alten Stadtvilla. Im Sommer kann man auch draußen im Garten sitzen.

③ Zeit für Brot
Karte N3 ▪ Savignyplatz 9
▪ +49 30 3229 8388 ▪ tägl. 7 – 20 Uhr

Das hip-minimalistische Café stellt alle Backwaren und Brote täglich frisch selbst vor Ort her.

④ Restaurant Filmbühne
Karte N4 ▪ Hardenbergstr. 12
▪ +49 30 312 6589 ▪ tägl. 9 – 24 Uhr

Der Wintergarten und die Sommerterrasse machen das Lokal gegenüber der Kunsthochschule ganzjährig zu einer guten Wahl.

⑤ Einstein Coffeeshop
Karte P3 ▪ Kurfürstendamm 50a
▪ +49 30 9393 1365 ▪ Mo – Fr 7.30 – 20, Sa 8 – 20, So 9 – 20 Uhr

Das Café in Charlottenburg ist vielleicht die beliebteste Filiale der Berliner Kette.

⑥ Café Hardenberg
Karte N3 ▪ Hardenbergstr. 10
▪ +49 30 312 2644 ▪ tägl. 9 – 1 Uhr
▪ keine Kreditkarten

Das Studentencafé an der TU ist günstig und immer voller gut gelaunter Menschen.

⑦ Balzac Coffee
Karte M3 ▪ Knesebeckstr. 1 – 2
▪ Mo – Fr 7 – 20, Sa 8 – 20,
So 8 – 19 Uhr ▪ keine Kreditkarten

Das Café nach Starbucks-Vorbild liegt unweit der TU Berlin und ist immer gut besucht.

⑧ Der Kuchenladen
Karte N3 ▪ Kantstr. 138
▪ +49 30 3101 8424 ▪ tägl. 10 – 20 Uhr
▪ keine Kreditkarten

Hier genießt man Zitronen-Tarte, Crème-brûlée-Kuchen und andere feine Kreationen. Torten werden auch auf Bestellung gestaltet.

⑨ Café Kleine Orangerie
Karte A3 ▪ Spandauer Damm 20
▪ +49 30 322 2021 ▪ Sommer: tägl. ab 9 Uhr; Winter: Di – So 10 – 20 Uhr

Das Café mit kleinem Gartenbereich liegt direkt beim Schloss Charlottenburg.

⑩ Schwarzes Café
Karte N3 ▪ Kantstr. 148
▪ +49 30 313 8038 ▪ 24 Stunden (Di erst ab 10 Uhr)

Das traditionsreiche alternativrockige Café bietet Frühstück rund um die Uhr.

Restaurants

Preiskategorien
Preise für ein Drei-Gänge-Menü pro Person mit einer halben Flasche Wein, inklusive Steuer und Service.
....
€ unter 30 €   €€ 30 – 60 €   €€€ über 60 €

1 Francucci's
Karte B5 ■ Kurfürstendamm 90 ■ +49 30 323 3318 ■ Mo – Sa 12 – 23.30, So 17 – 22 Uhr ■ €€

Das beliebte toskanische Restaurant serviert erstklassige Pizzas, hausgemachte Pasta und einfallsreiche Fisch- und Fleischgerichte.

2 Lamazère Brasserie
Karte B4/5 ■ Stuttgarter Platz 18 ■ +49 30 3180 0712 ■ Di – So 18 – 2 Uhr ■ €€

Das charmante Restaurant bietet authentische französische Küche. Reservierung dringend empfohlen!

3 Eiffel
Karte B5 ■ Kurfürstendamm 105 ■ +49 30 891 1305 ■ tägl. 9 – 1 Uhr ■ €€

Das einladende Restaurant mit Tischen im Freien serviert moderne französisch-internationale Speisen.

4 Die Quadriga
Karte P4 ■ Eislebener Str. 14 ■ +49 30 214 050 ■ Di – Sa 18 – 22 Uhr ■ €€€

Der junge Küchenchef André Haufler, der u. a. bei Gordon Ramsay ausgebildet wurde, hat dem Restaurant des Dormero Hotels *(siehe S. 173)* eine innovative, bereits prämierte Cross-over-Küche verpasst. Auch die Weinkarte ist beachtlich.

5 Kuchi
Karte N3 ■ Kantstr. 30 ■ +49 30 3150 7816 ■ tägl. 12 – 23 Uhr ■ keine Kreditkarten ■ €€

Das japanische Restaurant ist seit Jahren eine feste Größe im Kiez rund um die Kantstraße – die vielen Stammgäste kommen nicht zuletzt wegen des fantastischen, in vielen Varianten angebotenen Sushi.

6 Lon Men's Noodle House
Karte N3 ■ Kantstr. 33 ■ +49 30 3151 9678 ■ Mi – Mo 12 – 22 Uhr ■ €€

Das Warten auf einen freien Platz lohnt sich in diesem guten taiwanesischen Streetfood-Lokal.

7 Lubitsch
Karte NP3 ■ Bleibtreustr. 47 ■ +49 30 8862 6660 ■ tägl. 12 – 24 Uhr ■ www.restaurant-lubitsch.de ■ €€

Das kleine Restaurant bietet regionale Küche mit frischesten Zutaten.

Brasserie-Küche: Lubitsch

8 MINE
Karte P4 ■ Meinekestr. 10 ■ +49 30 8892 6363 ■ tägl. 17.30 – 24 Uhr ■ €€€

In dem italienischen Restaurant genießt man gehobene Küche mit interessanter Weinbegleitung.

9 Marjellchen
Karte P3 ■ Mommsenstr. 9 ■ +49 30 883 2676 ■ tägl. ab 17 Uhr ■ €€

Das reizende Lokal serviert authentische Speisen aus Ost- und Westpreußen, Pommern und Schlesien.

10 Piccola Taormina
Karte P4 ■ Uhlandstr. 29 ■ +49 30 4673 9141 ■ tägl. 11 – 1 Uhr ■ €€

Der sympathische kleine Familienbetrieb backt seit 40 Jahren leckere Pizzen und Forcacce.

Siehe Karte S. 118f

TOP 10 Kreuzberg, Schöneberg & Neukölln

Checkpoint Charlie

Kreuzberg war bis zum Mauerfall zweifellos der berühmteste Berliner Bezirk und ist bis heute der bunteste. Hier leben Akademiker neben Alternativen, darunter viele mit Migrationshintergrund. Der Nachbarbezirk Neukölln ist in den letzten Jahren zu *dem* Trend-Viertel Berlins mit Bars und Restaurants, Galerien und Clubs geworden. Deutlich ruhiger geht es in Schöneberg zu. Der Stadtteil ist weder so alternativ wie Kreuzberg noch so chic wie Charlottenburg. Rund um den Winterfeldtplatz locken viele Kneipen, am Nollendorfplatz hat die LGBTQ+ Szene der Stadt eine Heimat gefunden.

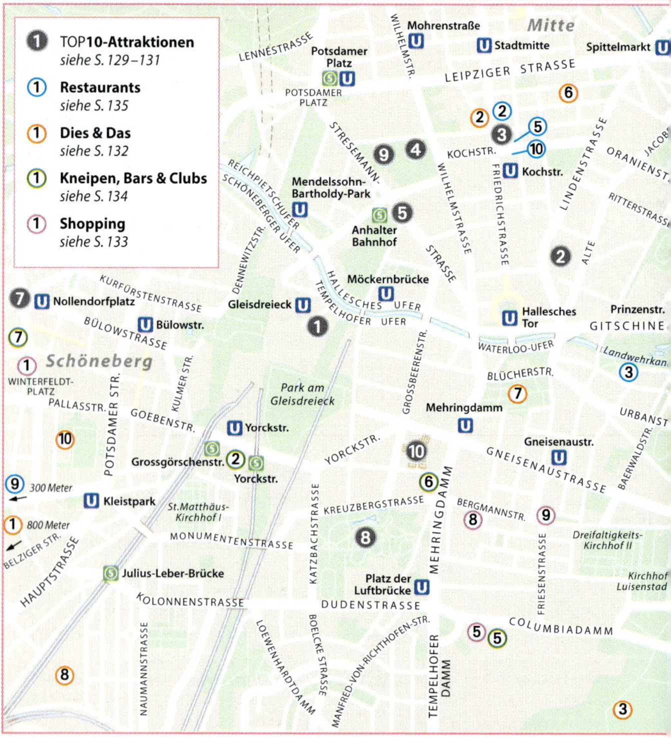

Kartenlegende

- **1** TOP10-Attraktionen
  siehe S. 129–131
- **1** Restaurants
  siehe S. 135
- **1** Dies & Das
  siehe S. 132
- **1** Kneipen, Bars & Clubs
  siehe S. 134
- **1** Shopping
  siehe S. 133

Mohrenstraße · Mitte · Stadtmitte · Spittelmarkt · LENNÉSTRASSE · Potsdamer Platz · WILHELMSTR. · LEIPZIGER STRASSE · POTSDAMER PLATZ · STRESEMANN · KOCHSTR. · Kochstr. · LINDENSTRASSE · ORANIENST. · JACOB · REICHPIETSCHUFER · Mendelssohn-Bartholdy-Park · WILHELMSTRASSE · FRIEDRICHSTRASSE · RITTERSTRASSE · SCHÖNEBERGER UFER · Anhalter Bahnhof · STRASSE · ALTE · DENNEWITZSTR. · Möckernbrücke · KURFÜRSTENSTRASSE · HALLESCHES UFER · Hallesches Tor · Prinzenstr. · Nollendorfplatz · Gleisdreieck · TEMPELHOFER UFER · GITSCHINE · BÜLOWSTRASSE · Bülowstr. · WATERLOO-UFER · Landwehrkan. · Schöneberg · BLÜCHERSTR. · WINTERFELDT-PLATZ · GROSSBEERENSTR. · Mehringdamm · PALLASSTR. · POTSDAMER STR. · KULMER STR. · Park am Gleisdreieck · URBANST · GOEBENSTR. · Yorckstr. · Gneisenaustr. · BAERWALDSTR. · Grossgörschenstr. · Yorckstr. · GNEISENAUSTRASSE · 300 Meter · YORCKSTR. · KREUZBERGSTRASSE · BERGMANNSTR. · Kleistpark · St.-Matthäus-Kirchhof I · KATZBACHSTRASSE · MEHRINGDAMM · FRIESENSTRASSE · Dreifaltigkeits-Kirchhof II · 800 Meter · MONUMENTENSTRASSE · Platz der Luftbrücke · Kirchhof Luisenstad · BELZIGER STR. · Julius-Leber-Brücke · KOLONNENSTRASSE · DUDENSTRASSE · HAUPTSTRASSE · BOELCKE STRASSE · COLUMBIADAMM · NAUMANNSTRASSE · LOEWENHARDTDAMM · MANFRED-VON-RICHTHOFEN-STR. · TEMPELHOFER DAMM

❶ Jüdisches Museum
Karte G5 ■ Lindenstr. 9–14
■ +49 30 2599 3300 ■ tägl. 10–20 Uhr
■ Eintritt ■ www.jmberlin.de

Das Jüdische Museum ist eines der
faszinierendsten Museen Berlins.
Das spektakuläre Gebäude fügt sich
in das Museumskonzept, das Un-
fassbare – den Holocaust – fassbar
zu machen. Enge Räume, schiefe
Ebenen und jähe Abzweigungen
wirken beklemmend, leere Räume
erinnern an die Auslöschung jüdischen Lebens. Die Sammlungen
zeigen einen Querschnitt durch ein-
tausend Jahre deutsch-jüdischer
Kulturgeschichte. Im aktuellen
Ausstellungsrundgang wechselt sich
historische Erzählung mit Einblicken
in jüdische Kultur und Religion ab
(siehe S. 54).

Exponate im Deutschen Technikmuseum

❷ Deutsches Technikmuseum
Karte F5 ■ Trebbiner Str. 9
■ +49 30 902 540 ■ Di – Fr 9 –17.30,
Sa, So 10 –18 Uhr ■ Eintritt
■ www.sdtb.de

Das faszinierende Museum auf dem
Gelände des ehemaligen Anhalter
Güterbahnhofs zeigt die Geschichte
der Technik und des Kunsthand-
werks in derzeit 14 Abteilungen. In
einem Gebäude wird die Entwicklung
der Luftfahrt präsentiert. Hier kann
man 40 Flugzeuge bewundern, darunter einen »Rosinenbomber«. Die
Neuerungen und Auswirkungen der
Industriellen Revolution im 18. und
19. Jahrhundert werden u. a. mit
historischen Schiffen und Dampf-
lokomotiven eindrucksvoll vor Augen
geführt. Das Jung und Alt begeis-
ternde Science Center Spectrum ermöglicht 250 Experimente zu Physik
und Technik *(siehe S. 64)*.

❸ Haus am Checkpoint Charlie
Karte G4 ■ Friedrichstr. 43 – 45
■ +49 30 253 7250 ■ tägl. 10 –18 Uhr
■ Eintritt ■ www.mauermuseum.de

Am alten alliierten Grenzübergang
zeigt das Museum eine Ausstellung
zur Geschichte der Mauer und der
verschiedenen Fluchtmittel. Vom
Grenzübergang selbst ist nur ein
Kontrollhaus übrig geblieben *(siehe
S. 55)*.

Topographie des Terrors
Karte F4 ▪ Niederkirchnerstr. 8
▪ +49 30 2545 0950 ▪ tägl. 10 – 20 Uhr
▪ www.topographie.de

Ab 1934 hatten drei der gefürchtetsten NS-Institutionen auf dem Areal ihr Hauptquartier: Die Kunstgewerbeschule an der Prinz-Albrecht-Straße 8 beanspruchte die Gestapo. Das Prinz-Albrecht-Palais an der Wilhelmstraße 102 war Sitz des Sicherheitsdienstes (SD). Heinrich Himmler residierte als Gestapochef in Nr. 9. Nach dem Krieg wurden alle Gebäude abgerissen, zurück blieben Keller, in denen ab 1933 Gefangene verhört und gefoltert worden waren. Ergänzend zum Außenbereich gibt es auf dem Gelände ein Dokumentationszentrum mit Ausstellungen.

Anhalter Bahnhof
Karte F5 ▪ Askanischer Platz 6 – 7

Nur ein kläglicher Rest erinnert heute an den einst größten europäischen Bahnhof. Das Hallengebäude von Franz Schwechten entstand 1880 als Vorzeigebahnhof: Staatsgäste des Kaiserreichs sollten schon auf dem Bahnsteig von der Pracht und Herrlichkeit der deutschen

Ruine des Anhalter Bahnhofs

Türken in Berlin

Die türkischstämmige Gemeinde Berlins zählt rund 240 000 Menschen. Die meisten türkischen Familien kamen in den 1960er Jahren als Gastarbeiter an die Spree. Heute prägen vor allem ihre Kinder das türkische Leben in der Stadt: Die meisten Berliner Türken betreiben eigene Läden und fühlen sich als Berliner. Die Einbürgerungsrate bleibt dennoch gering, außerdem bekommen viele deutsche Berliner vom türkischen Alltag nur wenig mit. Erschreckend ist allerdings die sehr hohe Arbeitslosenrate unter den jungen Türkeistämmigen Berlins.

Hauptstadt beeindruckt werden. 1945 wurde der Bahnhof von Bomben getroffen, 1960 abgerissen. Heute befindet sich hier das Tempodrom, das für Konzerte genutzt wird.

 Oranienstraße
Karte GH4/5 ▪ zwischen Moritzplatz & Skalitzer Str.

Das Herz Kreuzbergs schlägt an der Oranienstraße, der wildesten, buntesten und ungewöhnlichsten Straße im Bezirk. Alternative Läden und Kneipen reihen sich hier dicht an dicht neben Döner-Kebab-Imbissen und türkischen Gemüseläden.

Nollendorfplatz
Karte E5

Der Nollendorfplatz und der benachbarte Winterfeldtplatz sind das Zentrum von Schöneberg. Der Platz war von jeher das Herz der queeren Szene in Berlin: Zum Gedenken an die rund 5000 von den Nationalsozialisten in KZs umgebrachten Homosexuellen wurde am U-Bahnhof Nollendorfplatz eine Tafel angebracht.

Die Szene konzentriert sich heute auf die benachbarten Straßen. Der Platz war vor dem Krieg eines der Berliner Unterhaltungszentren: Das Neue Schauspielhaus von 1905 diente einst als Theater für Erwin Piscator. Nebenan lebte der Schriftsteller Christopher Isherwood, der die Vorlage für das Musical *Cabaret* schrieb.

⑧ Viktoriapark
Karte F6 ■ **Kreuzbergstr.**

Der weitläufige Park *(siehe S. 61)* mit künstlichem Wasserfall und dem Kreuzberg entstand 1888–94 nach Plänen von Hermann Mächtig. Auf dem 66 Meter hohen Berg erhebt sich ein Denkmal von Karl Friedrich Schinkel, das an die preußischen Siege in den Befreiungskriegen gegen Napoléon erinnert.

⑨ Martin-Gropius-Bau
Karte F4 ■ **Niederkirchnerstr. 7** ■ **+49 30 254 860** ■ **Mi–Mo 10–19 Uhr (Do bis 21 Uhr)** ■ **Eintritt** ■ **www.gropiusbau.de**

Das reich verzierte, ehemalige Kunstgewerbemuseum ist heute eines der schönsten Berliner Ausstellungshäuser.

Martin-Gropius-Bau (Detail)

⑩ Riehmers Hofgarten
Karte F6 ■ **Yorckstr. 83–86**

Die großbürgerliche Wohnanlage mit mehr als 20 Häusern aus der Gründerzeit diente ursprünglich als Quartier für Offiziere. Sie wurde in neuerer Zeit aufwendig restauriert. Das Hotelrestaurant ist empfehlenswert.

Spaziergang

▶ **Vormittags**

Starten Sie am **Anhalter Bahnhof**, die Ruine erreichen Sie mit der S-Bahn. Von hier gehen Sie auf der Stresemannstraße in Richtung Nordwesten zum **Martin-Gropius-Bau**. Hier kann man Stunden mit der Besichtigung von Ausstellungen verbringen. Zwischendurch ist eine Stärkung im Museumscafé möglich. Danach lohnt ein Gang über das benachbarte Gelände mit der Ausstellung **Topographie des Terrors** über die düstere NS-Vergangenheit der Gegend. Auf der Niederkirchnerstraße geht es an einem Originalabschnitt der Berliner Mauer zur Wilhelmstraße, dann in die Kochstraße zum **Checkpoint Charlie** und dem Museum *(siehe S. 129)*.

Nachmittags

Ein leckeres Mittagessen bekommen Sie bei **Sale e Tabacchi** *(siehe S. 135)* in der Rudi-Dutschke-Straße. Gehen Sie die Straße weiter in Richtung Osten – in das Herz von Kreuzberg. Auf der Lindenstraße können Sie einen Abstecher nach Süden zum **Jüdischen Museum** *(siehe S. 129)* machen oder weiter bis zur **Oranienstraße** gehen. Vom U-Bahnhof **Hallesches Tor** fahren Sie dann mit der U6 zum **Platz der Luftbrücke**: Der nahe **Viktoriapark** eignet sich zum Entspannen, die **Bergmannstraße** zum Shoppen. An ihrem Ende führt die **Baerwaldstraße** nach Norden zum Carl-Herz-Ufer, wo Sie im **Rutz-Zollhaus** *(siehe S. 135)* zu Abend essen können.

Siehe Karte S. 128f ←

Dies & Das

(1) Rathaus Schöneberg
Karte D6 ▪ John-F.-Kennedy-Platz

Der Bau stand am 26. Juni 1963 im Blickpunkt, als US-Präsident John F. Kennedy hier seine »Ich bin ein Berliner«-Rede mit dem Bekenntnis zur Freiheit Westberlins hielt.

(2) asisi Panorama Berlin
Karte F4 ▪ Friedrichstr. 205
▪ tägl. 10–19 Uhr ▪ Eintritt ▪ www.asisi.de

Yadegar Asisis 360-Grad-Panorama versetzt den Besucher in das geteilte Berlin der 1980er Jahre und bietet einen Blick über die Mauer.

Sport auf dem Tempelhofer Feld

(3) Tempelhofer Feld
Karte G6 ▪ Tempelhofer Damm 1
▪ +49 30 901 661 500 ▪ tägl. von Sonnenauf- bis Sonnenuntergang
▪ www.thf-berlin.de

Der größte erhaltene faschistische Bau Europas war einst Deutschlands größter Flughafen. Der Flugbetrieb wurde 2008 eingestellt. Das Gelände steht heute als Tempelhofer Feld allen Besuchern offen *(siehe S. 78)*.

(4) Mariannenplatz
Karte H5

Der Platz wird von dem gotisch wirkenden Künstlerhaus Bethanien, einem alten Hospital, eingenommen: Hier arbeiten freie Künstler.

(5) Oberbaumbrücke
Warschauer/Skalitzer Str.

Der rote Ziegelbau – eine der schönsten Brücken Berlins – ent-

stand 1894–96 und hat eine Länge von 150 Metern. Die wichtige Verkehrsverbindung über die Spree von Kreuzberg nach Friedrichshain war bis 1995 unterbrochen.

(6) Mosse-Haus
Karte G4 ▪ Schützenstr. 25

Das Gebäude mit der Jugendstil-Fassade war eines der wichtigsten Verlagshäuser Berlins und erinnert an dessen altes Zeitungsviertel.

(7) Friedhöfe Hallesches Tor
Karte G6 ▪ Mehringdamm

Auf den vier Friedhöfen sind die Gräber von Berühmtheiten wie Felix Mendelssohn Bartholdy und E. T. A. Hoffmann zu finden.

(8) Gasometer Schöneberg
Karte E6 ▪ Torgauer Str. 12–15

Der riesige Teleskopgasbehälter gilt als Wahrzeichen Schönebergs. Seit 1994 steht die Konstruktion unter Denkmalschutz. Heute wird der Gasometer als Veranstaltungsort genutzt.

(9) Kottbusser Tor
Karte H5

Der Kreuzberger Platz – das türkische Herz des Bezirks – ist nach einem ehemaligen Stadttor benannt.

(10) Kammergericht
Karte E6 ▪ Potsdamer Str. 186

Das prachtvolle Kammergericht diente von 1947 bis 1990 als Alliiertes Kontrollratsgebäude.

Fassade des Kammergerichts

Shopping

Stand auf dem Winterfeldtmarkt

① Winterfeldtmarkt
Karte E5 ▪ Winterfeldtplatz
▪ Mi 8–14, Sa 8–16 Uhr
Berlins schönster Wochenmarkt bietet neben frischem Gemüse, Obst und Waren aus aller Welt auch Kleidung *(siehe S. 77)*.

② Türkenmarkt am Maybachufer
Karte H5 ▪ Maybachufer
▪ Di, Fr 11–18.30 Uhr
Auf keinem anderen Markt Berlins geht es derart orientalisch zu: Nicht nur Türken kaufen hier Fladenbrot und Schafskäse *(siehe S. 77)*.

③ Wesen
Tellstraße 7 ▪ +49 30 5459 2277
▪ www.format-favourites.de
Die Boutique in Neukölln mit eigenem Label vertreibt nachhaltige Kleidung.

④ Oranienplatz & Oranienstraße
Karte H5 ▪ Oranienstr./Ecke Oranienplatz
An Kreuzbergs inoffizieller Hauptstraße gibt es alles, was alternative Herzen höherschlagen lässt.

⑤ Winterfeldt Schokoladen
Karte E5 ▪ Goltzstr. 23 ▪ +49 30 2362 3256 ▪ Mo–Fr 9–20, Sa 9–18, So 12–19 Uhr
Der reizende Laden mit Café bietet tolle Schokolade aus aller Welt.

⑥ Depot 2
Karte H5 ▪ Oranienstr. 9 ▪ +49 30 611 4655 ▪ Mo–Sa 11–20 Uhr
In der kleinen Boutique, einem ehemaligen Military-Shop, findet man aktuelle Streetwear und coole Hip-Hop-Mode des hauseigenen Labels.

⑦ Hard Wax
Karte H5 ▪ Paul-Lincke-Ufer 44a ▪ +49 30 6113 0111 ▪ Mo–Sa 12–20 Uhr
Der Plattenladen in einem alten Lagerhaus zählt zu den Top-Adressen für Electro-Musik, von Dub über House bis Techno.

⑧ Ararat
Karte G6 ▪ Bergmannstr. 9 ▪ +49 30 693 5080
Einer der bestsortierten und schicksten Schreibwaren- und Papierläden Berlins bietet auch viele Designer-Accessoires an.

⑨ Marheineke-Markthalle
Karte G6 ▪ Marheinekeplatz ▪ Mo–Fr 8–20, Sa 8–18 Uhr
Eine der letzten noch als solche genutzten Berliner Markthallen beherbergt bunte Gemüse- und Obststände sowie zahlreiche Imbissangebote.

Sneaker-Paradies: Overkill

⑩ Overkill
Karte H4 ▪ Köpenicker Straße 195a ▪ +49 30 610 7633 ▪ Mo–Sa 11–20 Uhr
Mit einem Angebot von mehr als 500 Sneakern ist der Laden ein Paradies für Streetwear-Fans.

Siehe Karte S. 128f

Kneipen, Bars & Clubs

Theke der Ankerklause

1 Ankerklause
Karte H5 ■ Kottbusser Damm 104 ■ +49 30 693 5649 ■ tägl. ab 10 Uhr
Spätnachts ein beliebter Treffpunkt für ein buntes Völkchen.

2 E. & M. Leydicke
Karte E6 ■ Mansteinstr. 4 ■ +49 30 216 2973 ■ tägl. 19–1 Uhr
Die urige Kneipe bietet fast täglich Livemusik *(siehe S. 72)*.

3 Wax On Bar
Karte H6 ■ Weserstr. 208 ■ Di–Sa 18–1 Uhr
Inhaber Sam Orrock setzt auf sorgsam zubereitete Drinks und freundlichen Umgang mit Gästen.

4 Van Loon
Karte G5 ■ Carl-Herz-Ufer 5–7 ■ +49 30 692 6293 ■ tägl. ab 16 Uhr
Auf dem alten Kahn im Urbanhafen kann man kleine Speisen in Kombüsenflair genießen. Zur Van Loon gehört eine große Wasserterrasse.

5 SilverWings Club
Karte F6 ■ Columbiadamm 10 ■ Sa 22–5 Uhr
Die Laden in einem ehemaligen Offiziersclub der US-Armee ist für seine vielen Events und Partys mit Rockmusik bekannt *(siehe S. 70)*.

6 Rauschgold
Karte F6 ■ Mehringdamm 62 ■ +49 30 9227 4178 ■ tägl. ab 20 Uhr
Die beliebte Bar zeigt sich vor allem spätnachts von ihrer besten Seite, wenn hier ausgelassen gefeiert wird. Das Publikum ist schwul und hetero.

7 Green Door
Karte E5 ■ Winterfeldtstr. 50 ■ +49 30 215 2515 ■ So–Do 18–2, Fr, Sa 18–3 Uhr ■ www.greendoor.de
Der Schöneberger Barklassiker ist für seine exzellenten Cocktails bekannt *(siehe S. 72)*.

8 SO36
Karte H5 ■ Oranienstr. 190 ■ +49 30 6140 1306 ■ Termine siehe Website ■ www.so36.de
Das SO36, ein alternativer Club, ist ein Kreuzberg-Klassiker. Das Publikum ist gemischt, aber immer in Partylaune *(siehe S. 69)*. Regelmäßig LGBTQ+ Partys.

9 Würgeengel
Karte H5 ■ Dresdener Str. 122 ■ +49 30 615 5560 ■ tägl. ab 19 Uhr
Die Drinks sind allesamt erstklassig. Das Barpersonal und viele Gäste könnten auch direkt einem Film von Luis Buñuel entsprungen sein.

10 Klunkerkranich
Karl-Marx-Str. 66 ■ +49 30 6809 4343 ■ www.klunkerkranich.de
Der »Kultur-Dachgarten« über einer Parkgarage wirkt erst auf den zweiten Blick, dann aber nachhaltig. DJs, Bio-Kantine und wunderbare Partys.

»Kultur-Dachgarten« Klunkerkranich

Restaurants

Preiskategorien
Preise für ein Drei-Gänge-Menü pro Person mit einer halben Flasche Wein, inklusive Steuer und Service.
....
€ unter 30 €   €€ 30 – 60 €   €€€ über 60 €

1 Defne
Karte H5 ▪ Planufer 92c
▪ +49 30 8179 7111 ▪ tägl. ab 16 Uhr
(Okt – März: ab 17 Uhr) ▪ keine Kredit-
karten ▪ €
In dem behaglichen Restaurant kommen moderne türkische Gerichte auf den Tisch.

2 Entrecôte
Karte G4 ▪ Schützenstr. 5
▪ +49 30 2016 5496 ▪ Mo – Fr
11.30 – 24, Sa, So 17.30 – 24 Uhr ▪ €€
Die Brasserie unweit vom Check-point Charlie serviert seit vielen Jahren Klassiker der französischen Küche.

3 Rutz-Zollhaus
Karte G5 ▪ Carl-Herz-Ufer 30
▪ +49 30 692 3300 ▪ Di – Sa ab 18 Uhr
▪ €€€
Die Brandenburger Landente aus dem Ofen ist der Klassiker in dem Spitzenrestaurant mit internationaler und deutscher Küche.

4 Zola
Karte H5 ▪ Paul-Lincke-Ufer 39
▪ +49 30 2769 5938 ▪ tägl. 12 – 22 Uhr
▪ €
Die stets gut besuchte, trendige Pizzeria mit Blick auf den Land-wehrkanal backt leckere Pizzen im neapolitanischen Stil.

5 Restaurant Tim Raue
Karte G4 ▪ Rudi-Dutschke-Str.
26 ▪ +49 30 2593 7930 ▪ Küche: Di – Sa
19 – 21 Uhr (Mi – Sa auch 12 – 13 Uhr)
▪ €€€
Tim Raue hat sich mit seiner einzig-artigen, asiatisch inspirierten Küche zuletzt zwei Michelin-Sterne er-kocht. Wer hier speisen will, sollte frühzeitig einen Tisch reservieren.

Lavanderia Vecchia

6 Lavanderia Vecchia
Karte H6 ▪ Flughafenstr. 46
▪ +49 30 6272 2152 ▪ Mo – Sa
12 – 15 Uhr & ab 19.30 Uhr ▪ €€
Die Trattoria setzt auf Slow Food: Das Abendmenü nimmt gerne drei Stunden in Anspruch.

7 Long March Canteen
Karte H5 ▪ Wrangelstr. 20 ▪ +49
178 884 9599 ▪ tägl. 18 – 24 Uhr ▪ €€
Dim Sum in zahlreichen Varianten und in extrem cooler Atmosphäre.

8 Horváth
Karte H5 ▪ Paul-Lincke-Ufer 44a
▪ +49 30 6128 9992 ▪ Mi – So 18.30 –
22 Uhr ▪ www.restaurant-horvath.de
▪ €€€
Das mit zwei Michelin-Sternen prä-mierte Restaurant serviert öster-reichische Speisen (siehe S. 75).

9 Lochner Weinwirtschaft
Karte D6 ▪ Eisenacher Str. 86
▪ +49 30 2300 5220 ▪ Di – Sa
17 – 24 Uhr ▪ €€
Weinwirtschaft mit wunderbaren kulinarischen Weinbegleitern.

10 Sale e Tabacchi
Karte G4 ▪ Rudi-Dutschke-Str.
23 ▪ +49 30 252 1155 ▪ tägl. ab 10 Uhr
▪ €€
Medienleute geben sich im elegan-ten Interieur des italienischen Res-taurants ein Stelldichein.

Siehe Karte S. 128f

TOP10 Prenzlauer Berg

Der ehemalige Arbeiterbezirk galt zu Zeiten der DDR tendenziell als Viertel der Künstler und der alternativen Szene. Heute steht der Prenzlauer Berg beispielhaft für den Umbruch der Stadt: Die Gegend ist zu einer bevorzugten Wohnlage aufgestiegen. Der Lebensstandard im Viertel hat sich deutlich erhöht, schicke Bars, Restaurants und Cafés findet man überall. In der Kastanienallee ist bis spätnachts Trubel: Nicht umsonst wird die Straße auch »Casting Allee« genannt.

Gethsemanekirche (Detail)

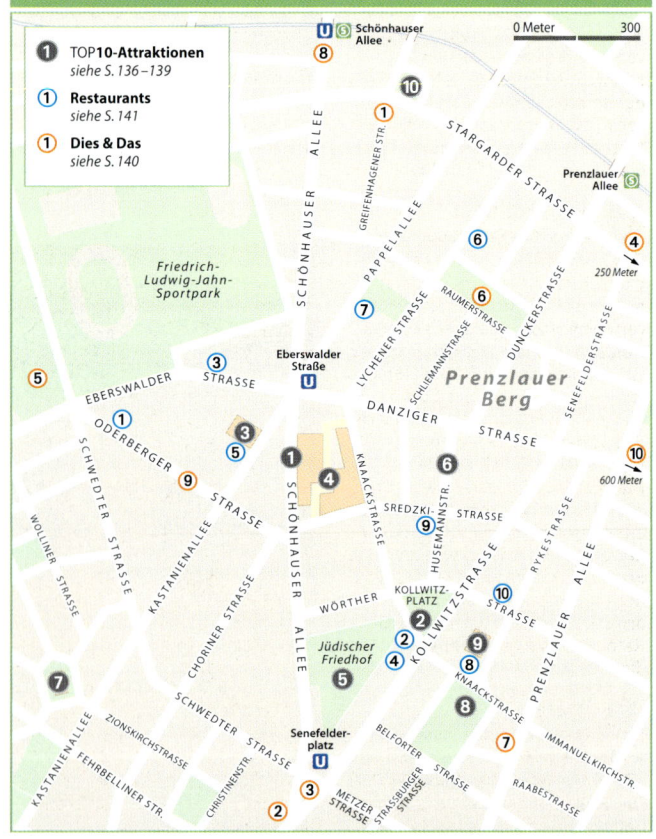

U-Bahnhof Schönhauser Allee

① Schönhauser Allee
Karte H1/2 ■ Prenzlauer Berg

Die drei Kilometer lange Schönhauser Allee ist die großstädtisch geprägte Magistrale des Bezirks. Die vierspurige Straße wird in der Mitte von den grün gestrichenen Hochbahnviadukten der U-Bahn-Linie 2 dominiert. Die renovierten Häuser vermitteln mit ihren schönen Architekturelementen einen guten Eindruck vom »alten« Prenzlauer Berg.

② Kollwitzplatz
Karte H2 ■ Prenzlauer Berg

Der Kollwitzplatz ist heute das Zentrum des Bezirks. Rund um den grünen Platz trifft man sich in den zahlreichen Cafés, Kneipen, Bars und Restaurants. Vor allem im Sommer ist hier bis spät in die Nacht einiges los. An die Vergangenheit dieses Viertels mit den alten Mietskasernen des späten 19. Jahrhunderts erinnert heute nur noch der Name des Platzes: Die Künstlerin Käthe Kollwitz (1867–1945) lebte und arbeitete am Kollwitzplatz 25 *(siehe S. 58f).* Angesichts der aufwendig restaurierten Fassaden vergisst man leicht, dass der Kollwitzplatz einst eine der ärmsten Berliner Gegenden war. Käthe Kollwitz fing in ihren Arbeiten die Armut ein.

③ Prater
Karte H1 ■ Kastanienallee 7–9
■ +49 30 448 56 88 ■ Mo – Sa 18 – 24, So 12 – 24 Uhr (Apr – Sep: tägl. ab 12 Uhr)

Der Prater ist eine der wenigen erhaltenen Vergnügungsstätten, wie man sie einst in vielen deutschen Metropolen fand. Die Berliner nannten die im Jahr 1837 außerhalb der damaligen Stadtgrenzen errichtete Schankstätte in Anlehnung an das Wiener Vorbild scherzhaft »Prater«. 1857 kam eine Konzerthalle hinzu. Heute sitzt man im Sommer im Biergarten oder speist im Restaurant *(siehe S. 141).*

④ Kulturbrauerei
Karte H1 ■ Schönhauser Allee 36–39 (Eingang: Knaack- oder Sredzkistr.) ■ www.kulturbrauerei.de

Das weitläufige Gelände ist einer der lebendigsten Szenetreffpunkte Berlins: Restaurants, Kneipen, Bars, ein Kino und ein Theater haben sich in den Backsteinbauten rund um einen großen Innenhof eingerichtet. Ein Museum beleuchtet den »Alltag in der DDR«. Das Gebäudeensemble von Franz Schwechten ist in manchen Teilen über 150 Jahre alt. Bis 1967 lag hier die Produktionsstätte einer Brauerei. Sonntags zieht der Street Food Markt im Innenhof viele hungrige Besucher an.

Kulturbrauerei

Jüdischer Friedhof

ter, antike Laden- und Gewerbeschilder und einige urige Kneipen versetzen den Besucher in das späte 19. Jahrhundert zurück.

⑦ Zionskirche
Karte G2 ■ **Zionskirchplatz**
■ Mi – Sa 14 – 19, So 10 – 17 Uhr; Sa, So mit Turmbesteigung

Die Zionskirche (1866 – 73) bildet mit dem gleichnamigen Platz eine Oase inmitten des lebendigen Stadtbezirks. Die evangelische Zionskirche ist von jeher auch ein politisches Zentrum gewesen: Im Dritten Reich formierte sich hier der Widerstand gegen das NS-Regime, zu DDR-Zeiten etablierte sich in der Gemeinde die alternative »Umweltbibliothek«, ein Informations- und Dokumentationszentrum. Die kirchlichen und oppositionellen Gruppen waren 1989/90 maßgeblich an der politischen Wende in der DDR beteiligt.

⑤ Jüdischer Friedhof
Karte H2 ■ **Schönhauser Allee 23 – 25** ■ Mo – Do 8 – 16, Fr 7.30 – 13 Uhr
■ www.jg-berlin.org

Der fünf Hektar große jüdische Friedhof gehört zu den reizvollsten Friedhöfen Berlins. Hier liegen oder stehen die Grabsteine zwischen dichtem Gestrüpp und hohen Bäumen. Er wurde 1827 als Ersatz für den jüdischen Friedhof in der Großen Hamburger Straße angelegt. Zwei der bekanntesten Persönlichkeiten, die hier ihre letzte Ruhe gefunden haben, sind der Maler Max Liebermann (1847–1935) und der Komponist Giacomo Meyerbeer (1791–1864).

⑧ Wasserturm
Karte H2 ■ **Knaackstr. 23**

Der riesig wirkende Wasserturm an der Knaackstraße ist das inoffizielle Wahrzeichen des Viertels. Der 30 Meter hohe Turm aus dem Jahr 1877 diente als Wasserreservoir, wurde jedoch 1914 stillgelegt. In dem gelben Klinkerbau sind heute Wohnungen untergebracht, das Maschinenhaus des Turms wurde 1933 als »wildes

Wasserturm

Gefängnis« von der SA genutzt. Heute erinnert eine Gedenktafel an jene Zeit. Der Turm steht auf dem

⑥ Husemannstraße
Karte H1 ■ **zwischen Wörther und Danziger Str.**

Die Straße galt einst als Vorzeigestück der DDR, das man anlässlich der 750-Jahr-Feier Berlins perfekt restauriert hatte. Ein Spaziergang zwischen den Gründerzeithäusern gehört zu den schönsten Erlebnissen in Prenzlauer Berg. Die auf alt getrimmten Straßenlaternen und Straßenschilder, das Kopfsteinpflas-

---

Prenzlberg oder Prenzlauer Berg?

Nach der Wende sagte man lässig »Prenzlberg«, wenn man »sein« Viertel meinte. Doch es waren überwiegend zugezogene Westberliner und Westdeutsche, die diesen Namen verwendeten: Der Prenzlauer Berg heißt so, wie er geschrieben wird. Der vermeintliche Kosename ist eine neumodische Erfindung für ein Viertel, das fast über Nacht zum Szenebezirk wurde.

Windmühlenberg, auf dem sich einst einige der Windmühlen befanden, für die der Prenzlauer Berg im 19. Jahrhundert berühmt war.

In der Synagoge Rykestraße

9 Synagoge Rykestraße
Karte H2 ▪ Rykestr. 53 ▪ Führungen nur nach Anmeldung (kultus@jg-berlin.org) ▪ www.jg-berlin.org

Die Synagoge von 1904 ist eines der wenigen jüdischen Gotteshäuser in Berlin, die die Reichskristallnacht überstanden, und heute die größte Synagoge in der Stadt. 2007 wurde sie nach langer Renovierung mit der feierlichen Einbringung der Thora-Rollen wieder dem Gottesdienst übergeben *(siehe S. 49)*.

10 Gethsemanekirche
Karte H1 ▪ Stargarder Str. 77 ▪ +49 30 445 7745

Von der 1891–93 erbauten roten Backsteinkirche ging im Oktober 1989 der Impuls zum Umsturz des DDR-Regimes aus, als der Staatssicherheitsdienst (Stasi) hier friedliche Demonstranten zusammenschlug.

Innenraum der Gethsemanekirche

Spaziergang

▶ **Vormittags**

Starten Sie am U-Bahnhof **Senefelderplatz** – einem der lebendigen Zentren in Prenzlauer Berg. Erkunden Sie von hier aus die alten Mietskasernen und Hinterhöfe, und gehen Sie in Richtung Westen auf der Fehrbelliner Straße zum **Zionskirchplatz** mit der gleichnamigen Kirche. Rund um den Platz laden Cafés wie das **Macke Prinz** zum Verweilen ein. Über die Zionskirchstraße geht es zur **Kastanienallee**, die Sie links hinaufgehen: Sie bildet das Zentrum im Kiez. Am Ende der Straße können Sie im **Prater** *(siehe S. 141)* vorbeischauen und dann rechts in die Oderberger Straße einbiegen, einen der ursprünglichsten Straßenzüge im Bezirk. Folgen Sie der Sredzkistraße in Richtung Osten, bis Sie auf die **Husemannstraße** gelangen. Schauen Sie sich in der Alt-Berliner Straße um – vielleicht verlockt Sie etwas zum Kauf.

Nachmittags

Zu Mittag essen können Sie in einem der zahlreichen Restaurants am **Kollwitzplatz** *(siehe S. 137)*, z.B. im **Gugelhof** oder im **November** *(siehe S. 141)*. Über die Knaackstraße gelangen Sie zur **Synagoge Rykestraße**. Von hier sind es nur wenige Schritte zum **Wasserturm** an der Knaackstraße. Das Grün rund um den Turm lädt zum Verweilen ein, bevor Sie über die Belforter und die Kollwitzstraße zur Schönhauser Allee gehen. Auf dem **Jüdischen Friedhof** können Sie die Stille genießen.

Siehe Karte S. 136

Dies & Das

① Greifenhagener Straße
Karte H1

Es ist zwar nicht der schönste Straßenzug des alten Berlin, aber einer der am besten erhaltenen.

② Pfefferberg
Karte H2 ▪ Schönhauser Allee 176 ▪ www.pfefferberg.de

Die wunderschöne historische Brauereianlage bietet viel Gastronomie und im Sommer Kulturveranstaltungen.

③ Senefelderplatz
Karte H2

Der keilförmige Platz ist Alois Senefelder, dem Vater des modernen Drucks, gewidmet. In der Mitte steht ein altes »Café Achteck«, ein öffentliches Pissoir.

④ Zeiss-Großplanetarium
Prenzlauer Allee 80 ▪ +49 30 4218 4510 ▪ Öffnungszeiten und Vorführungen tel. oder über Website erfragen ▪ www.planetarium.berlin

Unter der silbrigen Kuppel erwachen Sterne, Planeten und Galaxien zum Leben.

⑤ Mauerpark
Karte G1 ▪ Am Falkplatz

Auf einem Stück ehemaligen Grenzstreifens entstand der Mauerpark mit einem erhaltenen Mauerstück. Sonntags findet hier ein Flohmarkt statt.

Spielzeug auf dem Flohmarkt Mauerpark

Helmholtzplatz

⑥ Helmholtzplatz
Karte H1

Der Platz ist ein Paradebeispiel für die Erneuerung des Viertels. Für Nachtschwärmer ist die Gegend mit ihren vielen Bars und Restaurants ein ideales Areal.

⑦ Museum Pankow
Karte H2 ▪ Prenzlauer Allee 227 ▪ +49 30 902 953 917 ▪ Di–So 10–18 Uhr

In einem ehemaligen Schulgebäude erzählt das Museum mit Dauer- und Sonderausstellungen von der Zeit im 19. Jahrhundert, als dieses Viertel ein armer Arbeiterbezirk war.

⑧ Konnopke
Karte H1 ▪ Südausgang der U-Bahn-Station Eberswalder Straße ▪ +49 30 442 77 65 ▪ Mo–Fr 9–20, Sa 11.30–20 Uhr

Seit 1930 gibt es diesen Imbiss unter dem Viadukt der U2 in der Schönhauser Allee. Die Currywurst hier gehört zu den besten der Stadt.

⑨ Oderberger Straße
Karte GH1

Eine der ursprünglichsten Straßen im Viertel mit dichten Laubbäumen, zahlreichen Kneipen und dem historischen Stadtbad Prenzlauer Berg.

⑩ Thälmannpark
Karte H1 ▪ Prenzlauer Allee

Einer der wenigen Parks im Nordosten Berlins, inmitten sozialistischer Plattenbauten gelegen. Er ist wegen des Thälmann-Denkmals bekannt.

Restaurants

1 Oderquelle
Karte G1 ▪ Oderberger Str. 27
▪ +49 30 4400 8080 ▪ Mo–Sa
18–1 Uhr, So 12–1 Uhr ▪ €

Die kleine, alte Kiezkneipe serviert in entspannter Atmosphäre Gerichte aus Berlin und dem restlichen Deutschland.

2 Gugelhof
Karte H2 ▪ Knaackstr. 37
▪ +49 30 442 9229 ▪ Mo–Fr ab 17,
Sa, So ab 12 Uhr ▪ €€

Seit der frühere US-Präsident Bill Clinton hier die elsässische Küche probierte, zieht es Gäste aus ganz Berlin zum Speisen hierher. Schöne Terrasse an der Kollwitzstraße.

Tische im Freien vor dem Gugelhof

3 Cotto e Crudo
Karte GH1 ▪ Eberswalder Str. 33
▪ +49 30 4403 7111 ▪ Di–So 12–24 Uhr
▪ €

Das gemütliche kleine Restaurant unweit des Mauerparks bietet seinen zahlreichen Gästen authentische sizilianische Küche.

4 Lucky Leek
Karte H2 ▪ Kollwitzstr. 54
▪ +49 30 6640 8710 ▪ Mi–So
18–22 Uhr ▪ €€

Das vegane Restaurant serviert am Wochenende ein Fünf-Gänge-Menü mit zum Teil außergewöhnlichen Kreationen.

Preiskategorien
Preise für ein Drei-Gänge-Menü pro Person mit einer halben Flasche Wein, inklusive Steuer und Service.
....
€ unter 30 €   €€ 30–60 €   €€€ über 60 €

5 Prater
Karte H1 ▪ Kastanienallee 7–9
▪ +49 30 448 5688 ▪ Mo–Sa ab 18, So
ab 12 Uhr ▪ keine Kreditkarten ▪ €

Der Prater überrascht mit einem Biergarten und einem rustikalen Restaurant.

6 Sasaya
Karte H1 ▪ Lychener Str. 50
▪ +49 30 4471 7721 ▪ Do–Mo 12–15,
18–23.30 Uhr ▪ keine Kreditkarten ▪ €

Die authentischen Sushi-Kreationen zählen zu den besten der Stadt. Auch warme Gerichte. Reservierung wird dringend empfohlen.

7 Osmans Töchter
Karte H1 ▪ Pappelallee 15
▪ +49 172 274 4662 ▪ tägl. 17.30–
24 Uhr ▪ nur Barzahlung ▪ €€

Das einladende Restaurant serviert wunderbare türkische Speisen mit zeitgemäßem Touch.

8 Pasternak
Karte H2 ▪ Knaackstr. 22
▪ +49 30 441 3399 ▪ tägl. 9–1 Uhr ▪ €

In dem russischen Restaurant gibt es Borschtsch, russische Musik und Wodka.

9 November
Karte H1 ▪ Husemannstr. 15
▪ Di–Do ab 18 Uhr, Fr–So ab 10 Uhr
▪ www.november.berlin ▪ €

Die japanische Brasserie bietet viele Fischgerichte. Im Sommer sind die Tische im Freien begehrt.

10 Mao Thai
Karte H2 ▪ Wörther Straße 30
▪ +49 30 441 9261 ▪ tägl. 12–24 Uhr ▪ €

Das Mao Thai, eines der nettesten Thai-Lokale der Stadt, legt viel Wert auf die Präsentation der Gerichte.

Siehe Karte S. 136

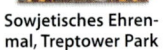 Südosten

Der Berliner Osten und der Süden sind von Gegensätzen geprägt: Die Viertel Friedrichshain, Lichtenberg und Hohenschönhausen sind dicht bebaute ehemalige Arbeiterviertel, Treptow und das idyllische Köpenick im äußersten Südosten der Stadt wirken wie Kleinstädte. Zwischen den Mietskasernen im Osten wurde im Zweiten Weltkrieg und in der DDR Geschichte gemacht. Köpenick und der Große Müggelsee laden zu Ausflügen »jwd« (»janz weit draußen«) ein. Die Club-Szene von Friedrichshain ist weit über die Stadtgrenzen bekannt.

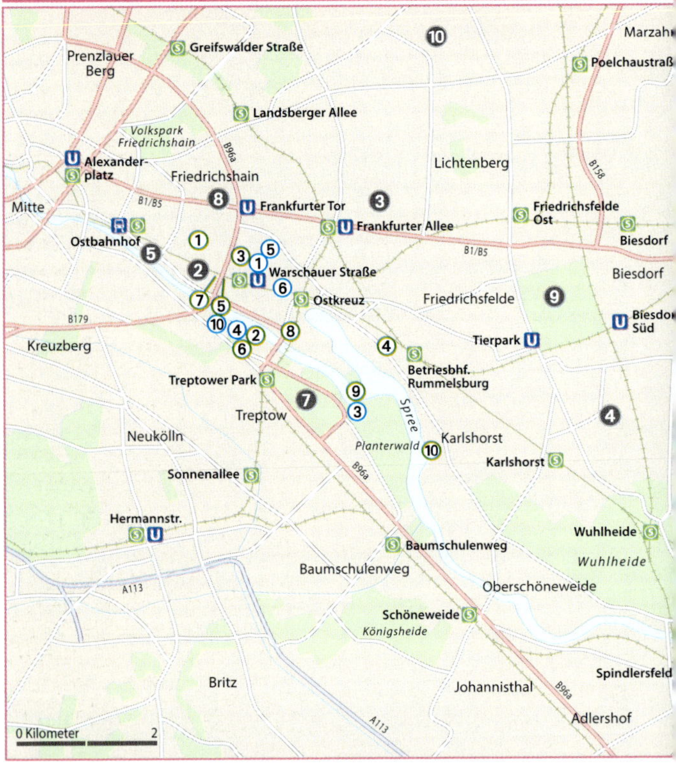

Sowjetisches Ehrenmal, Treptower Park

Vorherige Doppelseite Der Berliner Dom im Abendlicht, im Hintergrund das Sony Center

Blick von der Spree auf die Altstadt von Köpenick

① Köpenicker Altstadt & Schloss Köpenick

Schloss: Schlossinsel ▪ Di – So 11 – 18 Uhr (Okt – März: Do – So 11 – 17 Uhr) ▪ Eintritt ▪ www.smb.museum

Bis 1920 war die alte Fischersiedlung Köpenick eine eigenständige Stadt. Schon im 9. Jahrhundert befand sich auf der heutigen Schlossinsel eine Siedlung. Der Fisch findet sich noch heute im Köpenicker Wappen. Fischerhäuser des 18. und 19. Jahrhunderts prägen den an der Dahme gelegenen Kietz. Berühmt wurde Köpenick am 16. Oktober 1906, als Wilhelm Voigt als verkleideter Hauptmann mit einem Trupp Soldaten in das Rathaus marschierte, den Bürgermeister verhaftete und die Stadtkasse beschlagnahmte: Der »Hauptmann von Köpenick« steht heute als Statue vor dem Rathaus. Der große rote Backsteinbau von 1901 – 04 wurde im Stil der märkischen Backsteingotik errichtet. Das Köpenicker Schloss im Süden der Stadt entstand 1677 – 81 für Thronfolger Friedrich. Heute ist hier ein Museum mit Werken aus Renaissance, Barock und Rokoko ansässig.

② Mercedes-Benz Arena

Mühlenstr. 12 – 30/Mercedes-Platz 1 ▪ +49 30 20607 08899 (Tickets) ▪ www.mercedes-benz-arena-berlin.de

Der Bau von 2008 ist Berlins größte Event-Halle und bietet Platz für 17 000 Besucher. Hier tragen der Eishockeyclub Eisbären Berlin und der Basketballverein Alba Berlin ihre Heimspiele aus. Ansonsten gastieren hier die Größen des Musikgeschäfts.

Karte:

① TOP**10**-Attraktionen
siehe S. 145 – 147

① **Restaurants**
siehe S. 149

① **Bars & Clubs**
siehe S. 148

Kaulsdorf

Ⓢ Kaulsdorf

Mahlsdorf

B1/B5

B1/B5

Kaulsdorf Süd

Waldesruh

Mittelheide

Ⓢ Köpenick

Friedrichshagen Ⓢ

Köpenick

Friedrichshagen

Spree

⑨

② ①

⑧

⑥

⑦

Kämmereiheide

Großer Müggelsee

Mercedes-Benz Arena

3 Stasimuseum
Ruschestr. 103
Mo – Fr 10 –18, Sa, So
11 –18 Uhr ▪ Eintritt
▪ www.stasimuseum.de

Spionagekamera,
Stasimuseum

Der einstige Sitz der
gefürchteten »Stasi«,
des Staatssicherheits-
dienstes der DDR, ist
heute eine Gedenkstätte
und erinnert nicht nur an Tausende
von Opfern der »Firma Horch und
Greif«, sondern auch an ihren Mi-
nister Erich Mielke. Gezeigt werden
u. a. sein Büro sowie Spionage-
ausrüstungsstücke.

4 Deutsch-Russisches Museum
Zwieseler Str. 4 ▪ Di – So 10 –18 Uhr
▪ www.museum-karlshorst.de

In diesem Gebäude wurde am 8. Mai
1945 mit der Unterzeichnung der
bedingungslosen Kapitulation
Deutschlands der Zweite Weltkrieg
beendet. Heute wird hier der Ver-
nichtungskrieg gegen die Sowjet-
union dokumentiert.

5 East Side Gallery
Karte H4 ▪ Mühlenstraße
▪ tägl. 24 Stunden
▪ www.eastsidegallery-berlin.de

Das 1,3 Kilometer lange Teilstück
der Mauer an der Spree ist ein einzigartiges Kunstwerk: 1990 bemal-
ten 118 Künstler aus aller Welt die
graue Betonmauer mit farbenfrohen
Gemälden. 2009 erneuerten viele
der beteiligten Künstler ihre ursprüngliche Arbeit *(siehe S. 78)*.

6 Großer Müggelsee
Treptow-Köpenick

Der Große Müggelsee ist
seit je die Berliner
»Badewanne« und mit
743 Hektar Fläche das
größte Berliner Gewässer.
Die Ausflugslokale am
südlichen Ufer erreicht
man von Friedrichshagen aus per
Boot. Südlich davon hat man vom
Müggelturm eine tolle Aussicht auf
Berlin und Brandenburg. Rund um
den See kann man spazieren gehen,
Rad fahren und baden – z. B. im
Strandbad Rahnsdorf.

7 Treptower Park
Alt-Treptow

Der Treptower Park wurde im
19. Jahrhundert für die Berliner
Arbeiterschaft angelegt und ist
heute wegen des Sowjetischen Ehrenmals bekannt. Im April 1945
wurden hier 5000 Rotarmisten, die
bei der Befreiung Berlins gefallen
waren, bestattet. Hinter den Mas-
sengräbern erhebt sich die zwölf
Meter hohe Bronzestatue eines russischen Soldaten. Vom Flussufer aus
sieht man im Westen die 30 Meter
hohe Skulptur *Molecule Man* von
Jonathan Borofsky, die mitten in der
Spree thront.

8 Friedrichshain
Karte H2

Im Zuge der Industrialisierung entstand im 19. Jahrhundert der dicht
bebaute Arbeiterbezirk Friedrichs-

Eines der vielen Gemälde der East Side Gallery

hain. Als Industriestandort geriet das Viertel im Zweiten Weltkrieg ins Visier der Alliierten. Nach dem Fall der Mauer wurde Friedrichshain schnell zu einem der beliebtesten Szeneviertel der Stadt, in dem sich viele Start-ups sowie Bars, Clubs und Cafés rund um den Boxhagener Platz und die Simon-Dach-Straße ansiedelten. Im Volkspark mit dem Märchenbrunnen erholen sich junge und alte Berliner von den Strapazen der Woche unter schattigen Bäumen (siehe S. 61).

Märchenbrunnen, Volkspark

⑨ Tierpark Berlin

Am Tierpark 125 ▪ +49 30 515 310 ▪ tägl. 9–18.30 Uhr (Nov–Feb: bis 16.30 Uhr; März, Okt: bis 18 Uhr) ▪ Eintritt ▪ www.tierpark-berlin.de

Der flächenmäßig größere der beiden Berliner Zoos liegt in einem Park mit dem 1685 errichteten Schloss Friedrichsfelde in seinem Zentrum. Er beherbergt 900 Arten mit rund 9000 Tieren (siehe S. 61).

⑩ Gedenkstätte Hohenschönhausen

Genslerstr. 66 ▪ Führungen (obligatorisch): tägl. 10–16 Uhr (zu jeder vollen Stunde) ▪ www.stiftung-hsh.de

Das frühere Stasi-Gefängnis für »politische« Häftlinge war bis zum Jahr 1990 in Betrieb. Bis 1951 hatte das Gefängnis als Sammellager der Roten Armee gedient. Bei einer Führung können Wachtürme und Zellen besichtigt werden, aber auch die beklemmenden Isolationsräume sowie die »U-Boot-Zellen«, Räume ohne Fenster, in denen auch gefoltert wurde.

Tagestour

▶ Vormittags

Starten Sie Ihre Tour durch den Berliner Südosten am **S-Bahnhof Alexanderplatz**: Von hier aus bringt Sie die S-Bahn zu den teilweise weit auseinanderliegenden Sehenswürdigkeiten. Nehmen Sie die U-Bahn-Linie U5 bis zur **Magdalenenstraße**, von hier ist es nicht weit zum spannenden **Stasimuseum**. Kehren Sie dann zur U-Bahn-Station zurück, und fahren Sie weiter bis zum **Tierpark Berlin**, wo Sie den Zoo und auch das liebevoll restaurierte Schloss Friedrichsfelde anschauen können. Mit dem Bus Nr. 296 vom **U-Bahnhof Tierpark** erreichen Sie das **Deutsch-Russische Museum**.

Nachmittags

Nach der Museumsbesichtigung gelangen Sie entweder zu Fuß in 15 Minuten oder per Bus Nr. 296 über die Rheinsteinstraße Richtung Südwesten zum **S-Bahnhof Karlshorst**. Von hier fährt die Tram 27 direkt zum Rathaus Köpenick. Typisch deutsch isst man im **Ratskeller** (siehe S. 149). Anschließend erkunden Sie die **Köpenicker Altstadt** (siehe S. 145). Rund um das **Schloss Köpenick** (siehe S. 145) bieten sich viele Cafés für einen Zwischenstopp bei Kaffee und Kuchen an. Weiter geht es mit der Tram 60 nach **Friedrichshagen** und zum **Großen Müggelsee**. Per Boot gelangen Sie von hier zu den **Müggelsee-Terrassen**, wo Sie den Tag bei einem entspannten Abendessen am See Revue passieren und ausklingen lassen können.

Siehe Karte S. 144f

Bars & Clubs

① **Berghain**
Am Wriezener Bahnhof ▪ Fr, Sa ab 24 Uhr ▪ www.berghain.de
Jenseits der rigiden Türsteher des Clubs findet man sich inmitten einer riesigen, oft äußerst freizügigen Party *(siehe S. 71)*.

② **Arena**
Eichenstr. 4 ▪ +49 30 533 2030 ▪ www.arena.berlin
Der Event-Komplex umfasst drei Konzerthallen und – im Sommer – das Badeschiff.

③ **Cassiopeia**
Revaler Str. 99 ▪ +49 30 4738 5949 ▪ cassiopeia-berlin.de
In den Hallen treffen sich Punks und andere Vertreter von Subkulturen zu Partys und Konzerten.

④ **Sisyphos**
Hauptstr. 15 ▪ Programm siehe Website ▪ www.sisyphos-berlin.net
Der Techno-Club in einem alten Fabrikgebäude ist für seine Partys bekannt.

⑤ **Matrix**
Warschauer Platz 18 ▪ +49 30 2936 9990 ▪ tägl. 22 Uhr bis 7 Uhr ▪ www.matrix-berlin.de
Der Club unter dem U-Bahnhof Warschauer Straße ist einer der größten und intensivsten der Stadt.

⑥ **Festsaal Kreuzberg**
Am Flutgraben 2 ▪ +49 30 551 506 587 ▪ www.festsaal-kreuzberg.de
Der legendäre Club brannte vor einigen Jahren ab. Ende 2016 eröffnete er an einem neuen Standort. Gute Konzerte und »schmutzige« Partys werden weiterhin geboten.

⑦ **Monster Ronson's Ichiban Karaoke Bar**
Warschauer Str. 34 ▪ +49 30 8975 1327 ▪ tägl. ab 19 Uhr
Wer Karaoke mag, kann sich hier in geräumigen schalldichten Boxen oder aber auf der großen Bühne produzieren. Sonntags gibt es Brunch.

⑧ **Salon Zur wilden Renate**
Alt-Stralau 70 ▪ +49 30 2504 1426 ▪ Do ab 22, Fr, Sa ab 24 Uhr ▪ keine Kreditkarten ▪ www.renate.cc
Der von außen unscheinbare Techno- und House-Club wirkt auf den ersten Blick wie ein bürgerliches Wohnzimmer, erstreckt sich aber über mehrere Etagen und ist derzeit ziemlich angesagt.

⑨ **Insel**
Alt-Treptow 6 ▪ +49 30 53 60 80 20 ▪ Club: Mi 19–1, Fr, Sa ab 20 Uhr
Das Schlösschen auf der Insel der Jugend im Treptower Park ist im Sommer mit seinem Biergarten ein beliebter Treffpunkt, Gleiches gilt für die Clubnächte und gelegentliche Konzerte.

⑩ **Weinhafen Rummelsburg**
Nalepastr. 10–16 ▪ +49 30 6796 1470 ▪ Fr–So 14.30–21 Uhr
Der Strandclub am Rummelsburger See ist ideal für einen entspannten Drink und zudem sehr kinderfreundlich.

Club Matrix unter der U-Bahn-Trasse

Restaurants

① Il Ritrovo
Gabriel-Max-Str. 2 ▪ +49 30 2936 4130 ▪ tägl. 12 – 23 Uhr ▪ €
Der gemütliche Italiener in Friedrichshain bringt köstliche Pizzen aus dem Holzofen auf den Tisch, dazu gibt es einfache Weine und Salate, danach lohnt die Tiramisu.

Gewölbe des Ratskellers Köpenick

② Ratskeller Köpenick
Alt-Köpenick 21 ▪ +49 30 655 5178 ▪ tägl. 11.30 – 24 Uhr ▪ €
Deftiges Berliner Essen wird in den riesigen Gewölbe serviert – dort wo einst Wilhelm Voigt die Stadtbeamten zum Narren hielt *(siehe S. 145)*.

③ Klipper Schiffsrestaurant
Bulgarische Str. ▪ +49 30 5321 6490 ▪ tägl. 10 – 1 Uhr ▪ keine Kreditkarten ▪ €
Der Zweimaster von 1890 wurde in ein gemütliches Restaurant mit internationaler Küche umgewandelt.

④ Freischwimmer
Vor dem Schlesischen Tor 2 ▪ +49 30 6107 4309 ▪ Mo – Sa ab 12 Uhr, So ab 10 Uhr ▪ www.freischwimmer-berlin.com ▪ €
Die wunderbare Location in einem Bootshaus am Kanal ist seit Langem ein angesagtes Restaurant.

⑤ Burgeramt
Krossener Str. 21 – 22 ▪ +49 30 6676 3453 ▪ tägl. 12 – 24 Uhr ▪ €
Ein weiterer Burger-Laden. Das Burgeramt hofft mit auf Lavastein gebratenem Fleisch und einigen vegetarischen Optionen auf Alleinstellungsmerkmale.

⑥ Khao Taan
Gryphiusstr. 10 ▪ +49 30 5861 7400 ▪ Di – Sa 18 – 23 Uhr ▪ keine Kreditkarten ▪ €
Mitunter muss man hier weit im Voraus reservieren, um in den Genuss der wunderbaren thailändischen Gerichte zu kommen.

⑦ Krokodil
Gartenstr. 46 – 48 ▪ +49 30 6588 0094 ▪ Mo – Do 16 – 23, Fr 16 – 24, Sa 15 – 24, So 11 – 23 Uhr ▪ €
Das Gartenrestaurant unweit der Altstadt am Flussbad Gartenstraße ist im Sommer der beste Tipp in Köpenick. Sonntagsbrunch ab 11 Uhr.

⑧ Bräustübl
Müggelseedamm 164 ▪ +49 30 3744 6769 ▪ Mo – So 11 – 24 Uhr ▪ €
Uriger geht es kaum als in dem riesigen Biergarten der Brauerei Bürgerbräu: Zum Bier gibt es Wildgerichte, am Wochenende manchmal Livemusik.

⑨ Lehmofen
Freiheit 12 ▪ +49 30 655 7044 ▪ So – Do 12 – 24 Uhr, Fr, Sa 12 – 1 Uhr ▪ €
Fleisch und Vegetarisches frisch aus einem authentischen Lehmofen sind in diesem anatolischen Restaurant mit schöner Sommerterrasse der Renner.

⑩ Leander
Jungstr. 29 ▪ +49 30 2900 4803 ▪ Mo – Fr ab 14, Sa, So ab 10 Uhr ▪ €
Hier fühlt man sich zu jeder Tageszeit wohl. Die angebotenen Speisen sind kreativ-großstädtisch – und obendrein noch preiswert.

Siehe Karte S. 144f

🔟 Grunewald & Dahlem

Der Berliner Südwesten mit den Stadtteilen Grunewald und Dahlem ist reich an Seen, Flüssen, Schlössern, Villenkolonien und Ausflugscafés. Der dörfliche Charakter der Bezirke hat sich bis heute erhalten. Der Grunewald und der Wannsee laden zum Wandern und Schwimmen ein. Einige der bekanntesten Berliner Sehenswürdigkeiten wie die Pfaueninsel mit der Schlossruine, das Strandbad Wannsee und die Dahlemer Museen mit ihren völkerkundlichen Sammlungen finden sich im äußersten Berliner Südwesten. Die oft schmerzhafte Berliner Geschichte wird im Alliierten-Museum und im Haus der Wannsee-Konferenz lebendig.

Greifentor von
Schloss Glienicke (Detail)

① TOP**10**-Attraktionen
siehe S. 151–153

① **Restaurants**
siehe S. 155

① **Dies & Das**
siehe S. 154

Das unter Friedrich Wilhelm II. erbaute Schloss auf der Pfaueninsel

① Pfaueninsel
Pfaueninselchaussee ◾ **+49 331 969 4200** ◾ **tägl. 9 – 20 Uhr (Juli, Aug, sonst kürzer; Schloss wg. Sanierung bis 2024 geschl.)** ◾ **www.spsg.de**

Die Insel in der Havel bezaubert durch die Pfauen und die Schlossruine. Sie ist ein wunderbarer Flecken für Spaziergänge, jedoch nur per Fähre von der Anlegestelle Pfaueninsel aus zu erreichen *(siehe S. 60)*.

② Museum Europäischer Kulturen
Arnimallee 25 ◾ **Di – Fr 10 – 17 Uhr, Sa, So 11 – 18 Uhr** ◾ **Eintritt** ◾ **www.smb.museum**

Von den drei Museen in Dahlem verblieb lediglich das Museum Europäischer Kulturen an seinem bisherigen Standort, während das Museum für Asiatische Kunst und das Ethnologische Museum ins neue Humboldt Forum *(siehe S. 85)* auf der Berliner Museumsinsel umgezogen sind. In Dahlem ist weiterhin die umfangreiche Sammlung zur Alltagskultur und zu den Lebenswelten in Europa vom 18. Jahrhundert bis heute zu sehen, darunter einzigartige historische Artefakte.

③ Schloss Glienicke
Königstr. 36 ◾ **+49 331 969 4200** ◾ **Apr – Okt: Di – So 10 –17.30 Uhr; Nov – März: Sa, So 10 – 16 Uhr** ◾ **Eintritt** ◾ **www.spsg.de**

Das romantische Schloss wurde 1824 – 60 von Schinkel für Prinz Carl von Preußen als Sommerresidenz erbaut. Mit seinem Park gehört es zu den schönsten Hohenzollern-Schlössern Berlins. Der von Peter Joseph Lenné angelegte Landschaftsgarten hält einige Idyllen bereit, darunter die »Große« und die »Kleine Neugierde«, das Casino sowie die Orangerie.

Halensee

Grunewald

Grunewald

Schmargendorf

Dahlem-Dorf

Dahlem

Onkel Toms Hütte

Freie Universität

Lichterfelde West

umme Lanke

Zehlendorf

Mexikoplatz

Lichterfelde

Sundgauer Straße

Zehlendorf

Schönow

0 Kilometer   2

Feiner Sandstrand und Strandkörbe im Strandbad Wannsee

④ Strandbad Wannsee

Wannseebadeweg 25 ▪ +49 30 2219 0011 ▪ Saison: Mitte Apr – Mitte Sep (Details siehe Website) ▪ Eintritt ▪ www.berlinerbaeder.de

Europas größtes Binnenseebad bietet Strandkultur für bis zu 40 000 Gäste. Das Bad wurde 1907 als Familienbad eröffnet *(siehe S. 61).*

⑤ Gedenkstätte Haus der Wannsee-Konferenz

Am Großen Wannsee 56 – 58 ▪ +49 30 805 0010 ▪ tägl. 10 – 18 Uhr ▪ www.ghwk.de

Die elegante Villa – 1914/15 von Paul Baumgarten direkt am Wannsee erbaut – lässt kaum vermuten, dass

hier etwas so Entsetzliches wie der Holocaust an den europäischen Juden geplant wurde: Am 20. Januar 1942 trafen sich in dem Anwesen die NS-Spitzen, darunter Adolf Eichmann. Sie besprachen die Details der Massenvernichtung der Juden. Die Ausstellung in der Gedenkstätte dokumentiert die Konferenz selbst und ihre ungeheuerlichen Folgen.

⑥ AlliiertenMuseum

Clayallee 135 ▪ +49 30 818 1990 ▪ Di – So 10 – 18 Uhr ▪ www.alliierten museum.de

Das Museum auf einem alten US-Kasernengelände erinnert an die rund 50 Jahre während Partnerschaft zwischen den Westalliierten und Westberlinern. Es illustriert mit militärischer Ausrüstung und Dokumenten die militärische Seite der Berliner Nachkriegsgeschichte.

⑦ Grunewald-Villen

Am Großen Wannsee

Die Straßen rund um den S-Bahnhof Grunewald säumen einige Villen des 19. Jahrhunderts. In der Winklerstraße sind die Nr. 15 und die Nr. 11 sehenswert, Letztere im englischen Landhausstil gebaut. Die Nr. 12 daneben trägt den Namen Villa Maren und ist ein Beispiel der Neorenaissance. Einen Abstecher wert sind auch die vornehmen Villen in der Toni-Lessler-Straße (z. B. Nr. 23) und in der Furtwänglerstraße.

Preußen & die Antike

Peter Joseph Lenné und Karl Friedrich Schinkel wollten ab 1821 aus der Potsdamer Wald- und Seenlandschaft eine paradiesische »Insel Potsdam« schaffen: Ihr Konzept beruhte auf den antiken Gedanken der Harmonie zwischen Architektur und Landschaft und entsprach der klassizistischen Vorstellung von der Antike. Der Baustil der Schlösser orientierte sich an griechisch-römischen Vorbildern und der italienischen Renaissance.

8 Jagdschloss Grunewald

Hüttenweg 100, Grunewaldsee
■ +49 331 969 4200 ■ Di – So 10 –
17.30 Uhr (Nov, Dez, März: Sa, So
10 – 16 Uhr) ■ Eintritt ■ www.spsg.de

Das Schlösschen im Grunewald
diente seit 1542 den Kurfürsten als
Unterkunft bei ihren Jagdausflügen.
In dem Renaissance-/Barockbau ist
eine Sammlung deutscher und hol-
ländischer Gemälde, darunter fast
30 Cranach-Werke, zu besichtigen.

9 Museumsdorf Düppel

Clauertstr. 11 ■ +49 30 802 6671
■ Apr – Nov: Sa, So 10 – 18 Uhr
■ Eintritt ■ www.dueppel.de

Das Freilichtmuseum erinnert daran, dass Berlin einst aus Dörfern
bestand. Eine der ältesten Siedlun-
gen stammt aus dem 13. Jahrhundert. Das Museum versucht, ein Dorf
so zu rekonstruieren, wie es vor
rund 800 Jahren tatsächlich existiert
hat. Schauspieler leben und arbeiten
(zumindest während der Besuchs-
zeiten) wie im Mittelalter.

Villen am Mexikoplatz

10 Mexikoplatz

Der Mexikoplatz im südlichen
Zehlendorf ist einer der stimmungs-
vollsten und architektonisch reizvollsten Plätze Berlins: Der Platz besteht
aus zwei spiegelbildlich angeordne-
ten Rasenflächen mit Blumenrabat-
ten. Die Symmetrie wird durch zwei
Springbrunnen betont, der letzte
verbliebene Berliner Jugendstil-
S-Bahnhof ergänzt das Gesamtbild.
Zu beiden Seiten der Argentinischen
und der Lindenthaler Allee sieht
man einige der wohl schönsten Berliner Stadtvillen. Rund um den Platz
wohnen einige Prominente.

Tagestour

Vormittags

Beginnen Sie die Tour durch Berlins Südwesten mit einer Fahrt
(S-Bahn-Linie S1) zum **Mexikoplatz**. Bewundern Sie hier die
schönen Villen und den grünen
Platz, bevor Sie im traditionsrei-
chen **Café Krone** (Argentinische
Allee 2) frühstücken. Nehmen Sie
dann Bus 118 Richtung Süden
zum **Museumsdorf Düppel**. Mit
Bus 115 kommen Sie anschließend zum **AlliiertenMuseum**. Von
hier können Sie zu Fuß über die
Königin-Luise-Straße durch die
malerischen Straßen bis zum
Biergarten **Luise** *(siehe S. 155)* an
der Freien Universität zum Mittagessen schlendern.

Nachmittags

Starten Sie nachmittags im **Museum Europäischer Kulturen**
(siehe S. 151). Alternativ bietet
sich der **Botanische Garten** *(siehe
S. 60f)* an, den Sie vom Biergarten
zu Fuß in 15 Minuten erreichen.
Die Pflanzenpracht beeindruckt
jeden Besucher. Vom **S-Bahnhof
Botanischer Garten** fahren Sie
dann zum **S-Bahnhof Wannsee**,
von dem aus alle Attraktionen im
Südwesten Berlins erreichbar
sind. An schönen Tagen bietet
sich das **Strandbad Wannsee** an.
Sie können aber auch die **Gedenkstätte Haus der Wannsee-
Konferenz** besichtigen und anschließend im Park von **Schloss
Glienicke** *(siehe S. 151)* entspannen. Danach locken Kaffee
und Kuchen oder ein Essen im
**Restaurant Remise im Schloss
Glienicke** *(siehe S. 155)*. Mit der
S-Bahn kommen Sie ganz
einfach in die Stadt zurück.

Siehe Karte S. 150f

Dies & Das

① Domäne Dahlem
Königin-Luise-Str. 49
■ Landgut: tägl. 7–22 Uhr;
Museum: Mi–So 10–17 Uhr
■ www.domaene-dahlem.de
In dem Freilichtmuseum, das sich vor allem an Kinder richtet, erfährt man viel über Landwirtschaft.

② Grunewaldturm
Havelchaussee
Der neugotische Backsteinturm bietet einen herrlichen Blick. Er wurde 1897 zur Erinnerung an Kaiser Wilhelm I. erbaut und beherbergt heute ein Restaurant.

Grunewaldturm

③ Onkel Toms Hütte
Argentinische Allee
Die Wohnsiedlung (1926–1932 nach einem Entwurf u. a. von Bruno Taut) war ein Versuch, den grauen Mietskasernen Wohnen im Grünen entgegenzusetzen.

④ Freie Universität
Habelschwerdter Allee 45
■ +49 30 8385 8888 ■ Bibliothek:
Mo–Fr 9–22, Sa, So 10–20 Uhr
Der Campus der größten Berliner Universität nimmt weite Teile von Dahlem ein. Sehenswert sind der Henry-Ford-Bau aus den 1950er Jahren und die Philologische Bibliothek von Norman Foster.

Norman Fosters Philologische Bibliothek

⑤ Teufelsberg
Der Trümmerberg und der dunkelgrün schimmernde Teufelssee sind am Wochenende ein beliebtes Naherholungsziel zum Drachenfliegen, Biken und Sonnenbaden.

⑥ Grabstätte Heinrich von Kleist
**Bismarckstr. 3,
Am Kleinen Wannsee**
1811 erschoss sich der Dramatiker Kleist gemeinsam mit seiner Geliebten Henriette Vogel. Beide sind hier begraben.

⑦ St.-Peter-und-Paul-Kirche
Nikolskoer Weg 17 ■ +49 30 805 2100
■ tägl. 11–16 Uhr
Die von F. A. Stüler 1834–37 erbaute Holzkirche ähnelt einer russisch-orthodoxen Kirche. Das Gotteshaus ist als Traukirche beliebt.

⑧ Blockhaus Nikolskoe
Nikolskoer Weg 15 ■ +49 30 805 2914 ■ tägl. 11–20 Uhr
Das Blockhaus von 1819 war ein Geschenk König Friedrich Wilhelms III. an seine Tochter Charlotte und seinen Schwiegersohn, den künftigen Zaren Nikolaus I. Heute ist hier ein Restaurant untergebracht.

⑨ St.-Annen-Kirche
Königin-Luise-Str./Pacelliallee
Die gotische Kirche (14. Jh.) birgt schöne Wandmalereien mit Szenen aus dem Leben der heiligen Anna sowie elf spätgotische Heiligenfiguren und eine Barockkanzel.

⑩ Liebermann-Villa
Colomierstr. 3 ■ +49 30 8058 5900 ■ Apr–Sep: Mi–Mo 10–18 Uhr;
Okt–März: Mi–Mo 11–17 Uhr
■ www.liebermann-villa.de
Die Villa des Malers Max Liebermann am Wannsee dient heute als Museum.

Restaurants

Preiskategorien
Preise für ein Drei-Gänge-Menü pro Person
mit einer halben Flasche Wein, inklusive
Steuer und Service.
....
€ unter 30 € ■ €€ 30–60 € ■ €€€ über 60 €

Blockhaus Nikolskoe

1 **Mutter Fourage**
Chausseestr. 15a ■ +49 30 805
2311 ■ tägl. 9–19 Uhr (Winter: 10–
18 Uhr) ■ www.mutter-fourage.de ■ €
Der kleine Hof mit reizendem Garten
verfügt über mehrere Ateliers und
ein einladendes Café mit einer guten
Auswahl an Kuchen und Snacks.

2 **Haus Sanssouci**
Am Großen Wannsee 60
■ +49 30 805 3034 ■ Di–So 12–22 Uhr
■ €€
Das idyllische Restaurant direkt am
Wannsee bietet neben gediegener
deutscher Küche auch regelmäßig
tolle Specials wie erstklassige
Hummer-Diners.

3 **Floh**
Am Bahnhof Grunewald 4 ■ +49
30 892 9356 ■ tägl. 16–23 Uhr ■ €
Das rustikal gestaltete Gasthaus mit
Biergarten direkt am S-Bahnhof
Grunewald serviert einfache, aber
schmackhafte deutsche Haus-
mannskost.

4 **Wirtshaus zur
Pfaueninsel**
Pfaueninselchaussee 100
■ +49 30 805 2225 ■ Sommer:
tägl. 10–20 Uhr; Winter: Di–So
10–18 Uhr ■ €
Das kleine Lokal serviert deftige
deutsche Speisen unter freiem Himmel: der ideale Zwischenstopp vor
einem Besuch auf der Pfaueninsel.

5 **Alter Krug Dahlem**
Königin-Luise-Str. 52 ■ +49 30
832 7000 ■ tägl. 10–24 Uhr ■ keine
Kreditkarten ■ €
In dem großen Biergarten des Wirts-
hauses gibt es Hängeschaukeln und
Grillgerichte.

6 **Blockhaus Nikolskoe**
Nikolskoer Weg 15 ■ +49 30 805
2914 ■ Di–Do, So 12–18, Fr, Sa 12–
20 Uhr ■ €€
Deutsche Traditionsküche in einer
als Datscha gebauten Blockhütte.

7 **Luise**
Königin-Luise-Str. 40 ■ +49 30
841 8880 ■ tägl. 10–1 Uhr ■ €
Einer der nettesten Berliner Bier-
gärten am Campus der Freien Universität, schon mittags voll.

8 **Wiener Conditorei
Caffeehaus**
Hagenplatz 3 ■ +49 30 8972 9360
■ tägl. 7.30–19 Uhr ■ €€
Neben kleinen warmen Speisen gibt
es hier vor allem feinste Backwaren
aus der eigenen Backstube.

9 **Restaurant Remise im
Schloss Glienicke**
Königstr. 36 ■ +49 30 805 4000
■ Mi–So ab 12 Uhr ■ €€
■ www.schloss-glienicke.de
Das Lokal bietet gepflegte Küche in
edlem Ambiente und serviert Fischgerichte und Salate im Sommer
sowie Wild und Braten im Winter.

10 **Chalet Suisse**
Clayallee 99 ■ +49 30 832 63 62
■ tägl. ab 12–1 Uhr ■ €€
Schweizer Gemütlichkeit im Grunewald: Die Küche bietet neben
Schweizer auch französische und
deutsche Spezialitäten.

Siehe Karte S. 150f

 Potsdam & Sanssouci

Marmorpalais

Potsdam ist ein Stück europäischer Kulturgeschichte, ein Zentrum der europäischen Aufklärung, das mit der architektonischen und künstlerischen Gestaltung des Schlosses durch Friedrich den Großen im 18. Jahrhundert seinen Höhepunkt erreichte. Die glanzvolle Schlossanlage Sanssouci mit ihrem wunderschönen weitläufigen Park gehört zum Welterbe der UNESCO und verzaubert jährlich Millionen Besucher aus aller Welt. Potsdam ist mit rund 175 000 Einwohnern die Hauptstadt des Bundeslandes Brandenburg. Die alte Garnisonsstadt hält für ihre Gäste viel Sehenswertes bereit: kleine Schlösser und alte Kirchen, idyllische Parks und historische Einwandererkolonien.

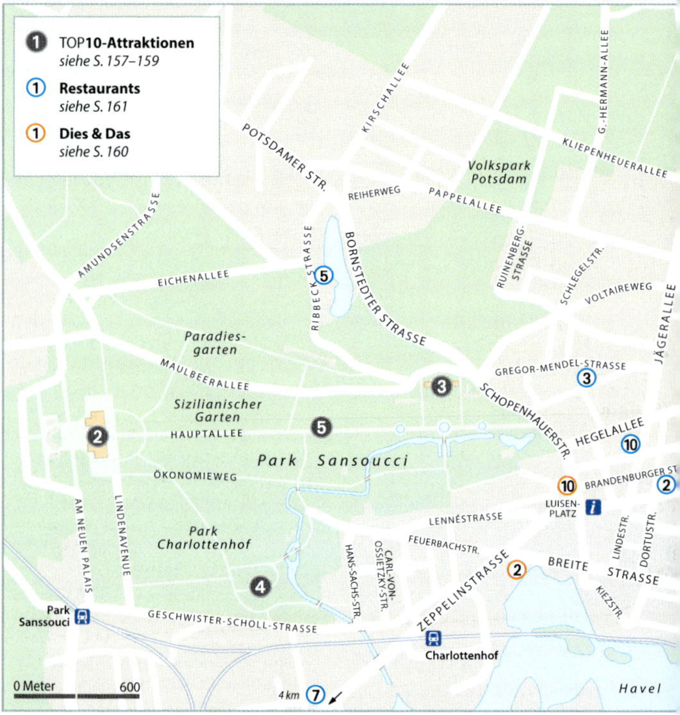

1 TOP**10**-Attraktionen
siehe S. 157–159

1 Restaurants
siehe S. 161

1 Dies & Das
siehe S. 160

1 Museum Barberini
Alter Markt, Humboldtstr. 5 – 6
■ +49 331 236 014 499 ■ Mi – Mo 10 –
19 Uhr ■ www.museum-barberini.de

Der ursprüngliche Palast Barberini
wurde 1771 – 72 unter Friedrich dem
Großen errichtet und 1945 zerstört.
Der rekonstruierte Neubau wurde
2017 als privat gestiftetes Museum
Barberini mit einer exquisiten
Kunstsammlung eröffnet. Darüber
hinaus sind hier erstklassige
Wechselausstellungen zu sehen.

2 Neues Palais
Am Neuen Palais ■ +49 331 969
4200 ■ Mi – Mo 10 – 17.30 Uhr
(Nov – März: Mi – Mo 10 – 16.30 Uhr)
■ Eintritt ■ www.spsg.de

Als eines der schönsten Schlösser
Deutschlands erhebt sich das barocke Neue Palais im Norden des

Das barocke Neue Palais

Schlossparks von Sanssouci. Es entstand 1763 – 69 nach Entwürfen von
Johann Gottfried Büring, Jean Laurent Le Geay und Carl von Gontard.
Der zweistöckige Bau umfasst
200 Räume, darunter den Marmorsaal und das Schlosstheater, in dem
noch heute gespielt wird. Prachtvoll
sind auch die Privatgemächer Friedrichs, vor allem sein Arbeitszimmer
im Rokokostil, die obere Galerie mit
aufwendig gestaltetem Parkett
sowie das Obere Vestibül, ein mit
Marmor ausgekleideter Saal.

3 Schloss Sanssouci
Maulbeerallee ■ +49 331 969
4200 ■ Di – So 10 – 17.30 Uhr
(Nov – März: bis 16.30 Uhr) ■ Eintritt
■ www.spsg.de

»Ohne Sorge« – auf Französisch
»sans souci« – wollte Friedrich der
Große vor den Toren des ungeliebten
Berlin leben. So ließ er 1745 eines
der schönsten Schlösser Europas
nach eigenen Entwürfen von Georg
Wenzeslaus von Knobelsdorff planen
und ausführen. Das Hauptgebäude
mit der gelben Fassade erhebt sich
oberhalb alter Weinberge. Sie führen
terrassenförmig zum Kuppelbau mit
dem Marmorsaal hinauf. Links und
rechts davon liegen einige der
schönsten Räume, darunter das
Konzertzimmer mit Gemälden von
Antoine Pesne und die Bibliothek
Friedrichs. In diesem Flügel gab
der Monarch Flötenkonzerte oder
parlierte mit Voltaire.

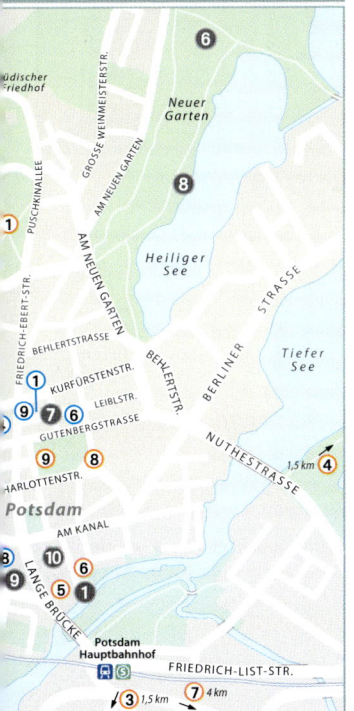

④ Schloss Charlottenhof

Geschwister-Scholl-Str. 34a
■ +49 331 969 4200 ■ Mai – Okt: Di – So
10 – 17.30 Uhr (nur mit Führung)
■ www.spsg.de

Das klassizistische Schloss im Park
Sanssouci wurde einst für Friedrich
Wilhelm IV. gebaut. In dem im Jahr
1829 von Karl Friedrich Schinkel errichteten Schloss ist vor allem der
zeltähnlich gestaltete Humboldtsaal
sehenswert.

⑤ Schlosspark Sanssouci

+49 331 969 4200 ■ Chine-
sisches Haus: Am Grünen Gitter;
Mai – Okt: Di – So 10 – 17.30 Uhr
■ Römische Bäder: Lennéstr.; Mai – Okt:
Di – So 10 – 17.30 Uhr ■ Orangerie:
An der Orangerie 3 – 5 ■ Apr: Sa, So
10 – 17.30 Uhr; Mai – Okt: Di – So
10 – 17.30 Uhr ■ www.spsg.de

Im rund 287 Hektar großen Schlosspark kann man leicht einen ganzen
Tag verbringen. Der herrliche Landschaftsgarten hält etliche reizvolle
Gebäude bekannter Architekten versteckt. Das Chinesische Teehaus
wurde 1754 – 56 von Johann Gottfried
Büring erbaut. Es zeigt ostasiatische
Porzellankunst. Auch die Römischen
Bäder, eine am See gelegene Gruppe
von Pavillons, orientieren sich an
historischen Vorbildern – Friedrich
Karl Schinkel erbaute sie 1829 – 40
als Gäste- und Badehaus. Die
1851 – 64 von Friedrich August Stüler
errichtete Orangerie war ebenfalls
für die Gäste des Königs gedacht.
Heute ist hier eine Gemäldegalerie
mit zum Teil wertvollen Werken untergebracht.

⑥ Schloss Cecilienhof

Im Neuen Garten ■ +49 331 969
4200 ■ Di – So 10 – 17.30 Uhr (Nov –
März: bis 16.30 Uhr) ■ www.spsg.de

Das 1913 – 1917 im englischen Landhausstil errichtete Schlösschen
machte 1945 Geschichte, als hier die
Potsdamer Konferenz das Schicksal
Deutschlands besiegelte. Heute
zeigt es eine kleine Ausstellung.

Haus im Holländischen Viertel

⑦ Holländisches Viertel

Friedrich-Ebert-, Kurfürsten-,
Hebbel-, Gutenbergstr.

Ein ausgiebiger Spaziergang durch
das historische Altstadtviertel ist
eines der schönsten Erlebnisse in
Potsdam. Das zwischen 1733 und
1742 entstandene Viertel diente holländischen Arbeitern als Siedlung.

Potsdamer Konferenz

Im Juli und August 1945 trafen sich die Regie-
rungschefs der USA (Harry Truman), der UdSSR
(Josef Stalin) und Großbritanniens (Winston
Churchill) auf Schloss Cecilienhof, um die Zukunft Deutschlands vertraglich festzuschreiben.
In Potsdam wurde über so wichtige Punkte wie
die Entmilitarisierung Deutschlands, die Höhe
der Reparationen, die Bestrafung der Kriegs-
verbrecher, die deutsche Aussiedlung aus
Polen und die neuen Grenzen Deutschlands
entschieden.

8 Marmorpalais

Im Neuen Garten 10 ■ +49 331 969 4200 ■ Apr: Sa, So 10 – 17.30 Uhr; Mai – Okt: Di – So 10 – 17.30 Uhr; Nov – März: Sa, So 10 – 16 Uhr ■ www.spsg.de

Der frühklassizistische Palast am Ufer des Heiligen Sees enthält historische Möbel, Porzellan und einen eleganten Konzertsaal. Der Bau wurde in den Jahren 1787 – 93 u. a. von dem Architekten Carl Gotthard Langhans errichtet.

9 Marstall (Filmmuseum)

Breite Str. 1a ■ +49 331 271 8112 ■ Di – So 10 – 18 Uhr ■ www.filmmuseum-potsdam.de

Das Museum im barocken, nach Plänen von Johann Arnold Nering ab 1685 errichteten Pferdestall der königlichen Stadtresidenz dokumentiert anhand alter Kameras, Requisiten und Vorführgeräte die Geschichte des deutschen Films.

10 Nikolaikirche

Am Alten Markt ■ +49 331 270 8602 ■ Di – Sa 11 – 19, So 11.30 – 19 Uhr ■ www.evkirchepotsdam.de/gemeinden/nikolai

Potsdams schönste Kirche wurde ab 1830 nach Plänen von Schinkel als klassizistischer Bau errichtet. Die Kirche begeistert vor allem durch die riesige Kuppel.

Nikolaikirche am Alten Markt

Spaziergang

▶ Vormittag

Starten Sie Ihre Entdeckungstour im Schlosspark Sanssouci möglichst früh, um dem Besucheransturm zu entgehen. Beginnen Sie mit dem **Schloss Sanssouci** *(siehe S. 157)* und dem **Neuen Palais** *(siehe S. 157)*, besichtigen Sie dann das **Chinesische Haus**, die **Römischen Bäder** und die **Orangerie**. Von der Terrasse der Orangerie haben Sie einen schönen Blick auf die Schlossanlagen. Sie können auch **Schloss Belvedere** auf den Hügel erklimmen. Gehen Sie vom Schlosspark über den Voltaireweg zum **Neuen Garten** im Nordosten Potsdams, und erholen Sie sich in dem Lokal **Meierei** (Im Neuen Garten 10) mit schönem Biergarten.

Nachmittag

Den Nachmittag beginnen Sie am **Schloss Cecilienhof** und mit einem Spaziergang durch den Neuen Garten. Machen Sie eine Pause am Heiligen See. Dann besichtigen Sie in der Potsdamer Innenstadt zunächst das **Holländische Viertel**, wo Sie eines der vielen Cafés besuchen. Nun stehen die St.-Peter-und-Paul-Kirche, die Französische Kirche *(siehe S. 160)*, die **Nikolaikirche** und das **Alte Rathaus** *(siehe S. 160)* sowie das Filmmuseum im **Marstall** auf dem Plan. In Babelsberg lohnen der Filmpark und Schloss Babelsberg *(siehe S. 160)* sowie der Telegrafenberg *(siehe S. 160)*. Der Tag lässt sich wunderbar im Restaurant **Pino** *(siehe S. 161)* in Potsdam beschließen.

Siehe Karte S. 156f

Dies & Das

1 Alexandrowka
Russische Kolonie/Puschkinallee

Die russische Holzhauskolonie im Norden von Potsdam wurde 1826–27 erbaut. Die Anlage diente als Heim für die russischen Sänger des ersten preußischen Garderegiments.

2 Dampfmaschinen-haus Sanssouci
Breite Str. 28 ▪ +49 331 969 4200 ▪ nur zu Veranstaltungen

Das fremdartige Gebäude im Schlosspark Sanssouci gleicht einer Moschee mit Minarett als Schornstein. Die Dampfmaschine wurde 1842 erbaut.

3 Telegrafenberg
Albert-Einstein-Str. ▪ Einsteinturm: Führungen Okt–März ▪ +49 331 291 741 ▪ Eintritt

Der elegante Einsteinturm auf der Anhöhe wurde 1920 von Erich Mendelsohn zur Sonnenbeobachtung entworfen.

4 Schloss Babelsberg
Park Babelsberg ▪ nur bei Sonderveranstaltungen geöffnet ▪ www.spsg.de

Das nach Plänen von Schinkel 1833–35 im neugotischen Stil erbaute Schloss liegt in einem idyllischen Parkgelände an der Havel.

Schloss Babelsberg

5 Potsdamer Stadtschloss
Neuer Markt

Der Hohenzollern-Palast war einst Residenz von Friedrich dem Großen. Im Zweiten Weltkrieg wurde er zerstört. Der Nachbau ist Sitz des Brandenburgischen Landtags.

6 Altes Rathaus
Am Alten Markt

Das alte Rathaus von 1753 ist mit Skulpturen und dem Stadtwappen Potsdams geschmückt. Zwei vergoldete Atlasfiguren tragen jeweils eine Weltkugel.

Altes Rathaus

7 Filmpark Babelsberg
Großbeerenstr. 200, Potsdam ▪ +49 331 721 2750 ▪ Apr–Sep: 10–18 Uhr; Okt: 10–17 Uhr (Mo, Fr außer Juli, Aug geschl.) ▪ Eintritt ▪ www.filmpark-babelsberg.de

Die Besuchertour durch die legendären UFA-Studios ist für Kinoenthusiasten ein Muss. Der Themenpark begeistert auch Kinder (siehe S. 65).

8 Französische Kirche
Am Bassinplatz ▪ +49 331 291 219 ▪ Di–So 12–17 Uhr

Die von Johann Boumann entworfene Hugenottenkirche hat einen ovalförmigen Grundriss und einen Säulenportikus. Das Interieur stammt von Karl Friedrich Schinkel.

9 St.-Peter-und-Paul-Kirche
Am Bassinplatz ▪ +49 331 230 79 90 ▪ tägl. 10–18 Uhr (Winter: bis 17 Uhr)

Die 1867–70 nach Entwürfen von August Stüler und Wilhelm Salzenberg erbaute Kirche birgt im Inneren drei Gemälde von Antoine Pesne.

10 Brandenburger Tor
Luisenplatz

Das schönste von fünf alten Stadttoren wurde von Gontard und Unger 1770 in Erinnerung an den Sieg im Siebenjährigen Krieg erbaut.

Restaurants

Preiskategorien

Preise für ein Drei-Gänge-Menü pro Person mit einer halben Flasche Wein, inklusive Steuer und Service.

....

€ unter 30 €   €€ 30–60 €   €€€ über 60 €

1 Café Guam

Mittelstr. 39 ▪ **tägl. 11–19 Uhr** ▪ **€**

Ganze 30 verschiedene Käsekuchensorten weiß man hier zu backen, acht bis zehn köstliche Varianten stehen jeden Tag in der Vitrine des reizenden Cafés.

2 Zanotto

Dortustr. 53 ▪ **+49 157 5242 4304** ▪ **Mi–So ab 18 Uhr** ▪ **€€**

Die hausgemachte Pasta und der Einsatz frischer Produkte sorgen für italienischen Hochgenuss.

3 Pino

Weinbergstr. 7 ▪ **+49 331 270 3030** ▪ **Mo–Sa 18–24 Uhr** ▪ **€€**

Das gemütliche wie schicke Restaurant bietet gute regionale Küche aus Sizilien und feine Weine.

4 Restaurant Juliette

Jägerstr. 39 ▪ **+49 331 270 1791** ▪ **Mi–Mo 12–15.30, 18–22 Uhr** ▪ **Juli geschlossen** ▪ **€€**

Eines der charmantesten französischen Restaurants der Gegend in einem alten Stadthaus. Serviert wird klassische Cuisine à la française.

5 Krongut Bornstedt

Ribbeckstr. 6–7 ▪ **+49 331 550 6548** ▪ **tägl. 11–22 Uhr** ▪ **€€**

Das Restaurant in der Brauerei des historischen Kronguts Bornstedt liegt unweit von Schloss Sanssouci. Probieren Sie das vor Ort gebraute Hausbier Bornstedter Büffel.

6 Maison Charlotte

Mittelstr. 20 ▪ **+49 331 280 5450** ▪ **tägl. 12–23 Uhr** ▪ **€€**

Das gemütliche Weinlokal in einem alten Backsteinhaus bietet rustikale deutsch-französische Küche – auch als Menü – und eine gepflegte Weinauswahl.

7 Kabinett F. W.

Im Wildpark 1 ▪ **+49 331 550 50** ▪ **Di–Sa ab 19 Uhr** ▪ **€€€**

Das mehrfach ausgezeichnete Gourmet-Restaurant im Hotel Bayrisches Haus *(siehe S. 176)* gehört zu den besten in Potsdam und trägt zu Recht einen Michelin-Stern. Im Sommer kann man auf der Terrasse dinieren.

8 Waage

Am Neuen Markt 12 ▪ **Di–Sa 12–24, So 12–22 Uhr** ▪ **€€**

Das urige historische Restaurant in zentraler Lage zaubert regionale Wild- und Fischgerichte in ungewöhnlichen Kreationen.

Spezieller Shuttle-Service: Café Heider

9 Café Heider

Friedrich-Ebert-Str. 29 ▪ **+49 331 270 5596** ▪ **Mo–Fr ab 8, Sa ab 9, So ab 10 Uhr** ▪ **€**

Ein schönes altes Café mitten in der Potsdamer Altstadt. Das grandiose Frühstück schmeckt im Sommer besonders gut, wenn man draußen auf der Terrasse essen kann.

10 La Madeleine

Lindenstr. 9 ▪ **+49 331 270 5400** ▪ **tägl. 12–22 Uhr** ▪ **keine Kreditkarten** ▪ **€**

Kleines Bistro für den kleinen Hunger. Crêpes in allen Variationen: süß mit Marmelade oder Schokocreme, aber auch pikant mit Käse oder Schinken.

Siehe Karte S. 156f

Reise-Infos

Untergeschosse des Berliner Hauptbahnhofs

Anreise & In Berlin unterwegs

Anreise mit dem Flugzeug

Der internationale Flugverkehr von und nach Berlin wird über den **Flughafen Berlin Brandenburg (BER)** abgewickelt. Er bietet zahlreiche innerdeutsche und internationale Flugverbindungen.

Der Flughafen ist schnell mit öffentlichen Verkehrsmitteln zu erreichen. Mehrmals stündlich verkehren der Regionalzug Airport Express (FEX) sowie die Regionalbahnen RE7 und RB14 zwischen dem Berliner Hauptbahnhof und dem Bahnhof Flughafen BER – Terminal 1-2. Im 20-Minuten-Takt fahren außerdem die S-Bahn-Linien S9 und S45 zum Flughafen. Der Preis für ein Einzelticket (Zonen A, B, C) beträgt derzeit 3,80 €.

Der Flughafen ist durch mehrere (Express-)Buslinien mit Berlins Innenstadt verbunden. Die Expressbusse X7/X71 verbinden den U-Bahnhof Rudow (U7) mit den Terminals 1 und 2. Die Fahrtdauer beträgt 16 Minuten. Darüber hinaus verkehren die (zuschlagpflichtigen) Expressbusse BER1 (Rathaus Steglitz – BER T1/2) und BER2 (Potsdam Hbf – BER T1/2; 55 Min. Fahrzeit) mehrmals täglich.

Anreise mit dem Zug

Der zentrale **Hauptbahnhof** liegt unweit des Regierungsviertels. Die meisten nationalen und internationalen Fernzüge kommen hier an. Viele S-Bahn-Linien, die Tramlinien M5, M8 und M10 sowie die U-Bahn-Linie 5 verkehren ab hier. In der direkten Umgebung des Bahnhofs findet man einige Hotels.

Neben dem Hauptbahnhof dienen vier weitere Bahnhöfe dem Fernverkehr: Gesundbrunnen (im Norden), Ostbahnhof, Südkreuz und Spandau (im Westen). Alle diese Bahnhöfe haben zumindest S-Bahn-Anbindung.

Anreise mit dem Bus

Der **Zentrale Omnibusbahnhof (ZOB)** am Funkturm in Charlottenburg *(siehe S. 122)* bietet schnelle und günstige Busverbindungen in alle deutschen und europäischen Großstädte. Die ZOB-Website zeigt alle Abfahrts- und Ankunftszeiten sowie die Buslinien. Die wichtigsten Anbieter sind **BlaBlaCar** und **FlixBus**.

Anreise mit dem Auto

Mit dem Auto erreicht man die Innenstadt über den Berliner Stadtring (A10). Von Norden kommt man über die A111 über Stolpe in Richtung Autobahndreieck Funkturm direkt auf die Stadtautobahn. Von Süden erreicht man die Innenstadt über die Avus (A115).

Auf dem Berliner Ring beträgt das Tempolimit 100 km/h, auf den Berliner Stadtautobahnen zwischen 80 und 100 km/h.

U- und S-Bahnen

Das öffentliche Verkehrsnetz Berlins wird von der **Berliner Verkehrsgesellschaft (BVG)** und der S-Bahn Berlin GmbH, einem Tochterunternehmen der Deutschen Bahn, betrieben. Die Tickets gelten jeweils für beide Unternehmen.

Das Berliner U-Bahn-Netz ist das schnellste und bequemste Transportmittel in der Stadt. Die neun U-Bahn-Linien haben jeweils eine eigene Farbe. U-Bahnen verkehren täglich zwischen 4 Uhr morgens und 1 Uhr nachts. Bis auf U4 fahren alle Linien am Wochenende nachts im 15-Minuten-Takt.

Die Berliner S-Bahnen verbinden das Zentrum auf 15 Linien jeweils alle 10 bis 20 Minuten mit dem Umland. Viele Linien befahren dieselben Strecken, achten Sie deshalb auf die Anzeigen. Einige S-Bahnen fahren am Wochenende durchgehend im 30-Minuten-Takt.

Busse und Trams

Busse und Trams gehören zum BVG-Netz. Die gelben Doppeldeckerbusse verkehren vor allem in der Innenstadt. Buslinien haben dreistellige Nummern, Expressbusse sind mit einem »X« gekennzeichnet. Metrobusse (»M«) bedienen Viertel ohne direkten S- oder U-Bahn-Anschluss. Ab 24 Uhr fahren auf vielen Linien Nachtbusse. Beim Einsteigen gilt: Fahrgäste müssen vorne einsteigen und beim Fahrer ein Ticket vorzeigen bzw. kaufen. An den hinteren Türen steigt man aus.

Die Tramlinien verkehren im Ostteil der Stadt.

Alle Bus- und Tramlinien haben einen detaillierten Fahrplan, der an den Haltestellen aushängt. Die meisten Haltestellen in der Innenstadt sind mit digitalen Bildschirmen ausgestattet, die die verbleibenden Wartezeiten anzeigen.

Tickets

Tickets für U-, S-Bahnen und Busse in Berlin sind an allen Bahnhöfen und Bushaltestellen erhältlich. Berlin ist in drei Tarifzonen (A, B, C von innen nach außen) eingeteilt. Ein Einzelfahrausweis kostet 3 € (Zonen A, B) und gestattet innerhalb von zwei Stunden Fahrten in eine Richtung. Eine Kurzfahrstrecke (2 €) erlaubt Fahrten mit bis zu drei Bahn- oder sechs Bus- bzw. Tramstationen. Kinder unter 14 Jahren fahren zum ermäßigten Tarif, Kinder unter sechs Jahren umsonst. Fahrkarten müssen im Bahnhof oder im Bus entwertet werden. Es gibt u. a. 24-Stunden-Tickets für 8,80 € (für Tarifzonen A, B) und 10 € (Tarifzonen A, B, C), 7-Tages-Karten für 36 € (A, B) und Kleingruppenkarten (bis zu fünf Personen; Zonen A, B, C) für 26,50 € pro Tag.

Taxis

Taxistände gibt es überall in Berlin. Der Grundpreis ist 3,90 €, die ersten sieben Kilometer kosten je 2,30 €, jeder weitere Kilometer wird mit 1,65 € berechnet. Mit dem Kurzstreckentarif kann man für 6 € zwei Kilometer weit fahren (nur bei auf der Straße angehaltenen Taxis möglich).

Mittlerweile gibt es einige Apps für Smartphones zum bequemen Bestellen eines Taxis.

Velotaxis – eine Art Fahrrad-Rikscha – verkehren überall in der Stadt, wetterbedingt allerdings nur zwischen April und Oktober.

Autoverkehr

In der Innenstadt Berlins gilt die zweite Stufe der **Umweltzone**, der zufolge nur Fahrzeuge mit bestimmten Abgasstandards fahren dürfen. Voraussetzung ist die grüne Plakette, die die Schadstoffgruppe 4 kennzeichnet. Informationen hierzu bietet die Webseite: www. umwelt-plakette.de.

Mietwagen bekommt man bei den großen Anbietern gegen Vorlage von Führerschein, Ausweis und Kreditkarte.

Carsharing liegt auch in Berlin im Trend. Rund ein Dutzend Anbieter sind im Stadtgebiet mit Fahrzeugen vertreten. Entsprechende Apps gibt es für iOS und Android.

Radfahren

Berlin gilt mit seinen zahlreichen entsprechend markierten Radwegen als fahrradfreundlich, im Alltag sehen sich Radfahrer allerdings in direkter Konkurrenz zu Autofahrern (von denen manche eine gewisse Ruppigkeit an den Tag legen...). Es gibt in der Stadt einige Verleihstationen privater Anbieter. Die Bahn AG bietet mit dem System **Call a Bike** rund 350 Leihstationen im Stadtgebiet. Nach der Registrierung kann man per App ein Rad finden und entleihen. Ein weiterer Anbieter ist **nextbike** mit rund 5000 Rädern im ganzen Stadtgebiet.

Anreise mit dem Flugzeug

Flughafen Berlin Brandenburg (BER)
w berlin-airport.de

Anreise mit dem Zug

Berlin Hauptbahnhof
Karte F3 ■ Europaplatz 1
w bahnhof.de

Deutsche Bahn
w bahn.de

Anreise mit dem Bus

BlaBlaCar
w blablacar.de

FlixBus
w flixbus.de

ZOB
w zob.berlin

U- und S-Bahnen

BVG
w bvg.de

S-Bahn
w s-bahn-berlin.de

Taxis

Taxi Berlin
w taxi-berlin.de

Velotaxi
w velotaxi.de

Autoverkehr

Umweltzonen
w umwelt-plakette.de

Radfahren

Call a Bike
w callabike.de

nextbike
w nextbike.de

Praktische Hinweise

Einreise & Zoll

Deutschland verzichtet als Teilnehmerland des Schengener Abkommens auf Kontrollen des Personenverkehrs an den gemeinsamen Grenzen zu anderen Teilnehmerstaaten. Ein Reisepass oder ein Personalausweis muss dennoch immer mitgeführt werden. Für Nicht-EU-Bürger gelten folgende Zollfreigrenzen: bis zu 200 Zigaretten und ein Liter Alkohol pro Erwachsenem. Besucher aus EU-Staaten dürfen Mengen einführen, die für den Privatgebrauch üblich sind.

Versicherung

Wer eine Reise macht, tut gut daran, sich gegen Unfall, Krankheit und Diebstahl zu versichern. Auch eine Reiserücktrittsversicherung ist empfehlenswert. Sofern sie nicht im persönlichen Versicherungspaket ohnehin enthalten ist, wird sie bei einer Reisebuchung meist optional (und zu akzeptablen Bedingungen) angeboten.

Notruf

In Deutschland ist die Notrufnummer für Krankenwagen und Feuerwehr 112, für die Polizei 110. Polizei, Rettungsdienst und Feuerwehr können auch über die europäische Notrufnummer 112 alarmiert werden. Diese Nummern sind auch an öffentlichen Telefonen sowie an allen Mobiltelefonen gebührenfrei.

Medizinische Versorgung

Das deutsche Gesundheitssystem gilt allgemein als eines der weltweit besten.

Für EU-Bürger deckt die Krankenversicherung die ärztliche Behandlung ambulant und im Krankenhaus ab. Legen Sie hierfür Ihre Europäische Krankenversichertenkarte (EHIC) vor. Diese ist identisch mit der Gesundheitskarte einer (gesetzlichen) Krankenversicherung.

In praktisch allen Stadtteilen finden sich eine oder mehrere Kliniken mit Notaufnahme rund um die Uhr.

Die **Charité** ist eine der größten und renommiertesten Universitätskliniken Europas. Neben dem Campus in Mitte verfügt das Klinikum über drei weitere Standorte im Stadtgebiet.

Neben zahlreichen **Apotheken** überall in der Stadt steht ab 20 Uhr ein telefonischer Apothekennotdienst-Service zur Verfügung, der Ihnen die am nächsten gelegene Apotheke mit Nachtdienst nennt. Die Apotheke am Hauptbahnhof hat rund um die Uhr geöffnet. Die Apotheke in der Friedrichstraße/Ecke Oranienburger Straße ist täglich von 8 bis 24 Uhr geöffnet.

Für besondere Notfälle gibt es in Berlin eine Reihe von **Notrufnummern** *(siehe S. 167)*, die meist rund um die Uhr erreichbar sind. Sie leisten telefonisch Hilfe oder informieren andere Notdienste, sofern dies erforderlich ist.

Persönliche Sicherheit

Im Gegensatz zu ihrem Ruf ist Berlin eine sichere Großstadt. Doch wie in jeder Metropole gilt es, einige Regeln zu befolgen: Achten Sie in U- und S-Bahnen sowie Bussen auf Wertgegenstände. Meiden Sie nachts folgende Bereiche oder Bezirke: die Gegend hinter der Gedächtniskirche, den Görlitzer Park in Kreuzberg sowie die Bezirke Lichtenberg, Marzahn und Wedding. Rund um das RAW-Gelände an der Warschauer Straße in Friedrichshain mit seinen vielen Clubs und Bars tummeln sich seit Längerem nachts leider auch viele Dealer und Taschendiebe. Letztere versuchen oft mittels »Antanzen«, vorbeikommende Passanten zu bestehlen.

Fahren Sie, wenn Sie dunkler Hautfarbe oder offen homosexuell sind, möglichst nicht nachts mit der S-Bahn östlich des Alexanderplatzes oder nach Brandenburg.

Fundsachen

Fundsachen werden beim **Zentralen Fundbüro** verwahrt. Nach Gegenständen, die Sie in öffentlichen Verkehrsmitteln verloren haben, können Sie im **Fundbüro der BVG** fragen. Für die S-Bahn oder Bahn ist das **Fundbüro der Deutschen Bahn AG** zuständig.

Allein reisende Frauen

Allein reisende Frauen sind in Berlin in der Regel sicher. Allerdings sollten sie bei Dunkelheit Parks und einsame Straßen sowie Außenbezirke im Osten Berlins meiden.

Frauen sollten in Bars und Clubs ihre Getränke im Auge behalten und keine Gläser von fremden Gästen akzeptieren – auch in Berlin werden Straftaten mit sogenannten K.-o.-Tropfen verübt.

Behinderte Reisende

Berlin ist auf einem guten Weg zu einer barrierefreien Stadt. Fast alle Bürgersteige in Berlin sind rollstuhlgeeignet, an den Kreuzungen sind die Bürgersteige abgeflacht. Rollstuhlfahrer sollten jedoch auf Radfahrer achten, die auf den markierten Fahrradwegen oft in beiden Fahrtrichtungen unterwegs sind.

Viele U- und S-Bahnhöfe sind barrierefrei gestaltet. Außerdem stehen Blindenleitsysteme und visuelle Anzeigen für Hörgeschädigte zur Verfügung. Die BVG informiert, welche Haltestellen entsprechend ausgestattet sind.

Die Fahrzeuge der U- und S-Bahnen, Busse und Trams sind alle barrierefrei. Hilfe beim Ein- und Aussteig erhalten Sie gegebenenfalls vom Zugfahrer oder durch die örtliche Aufsicht. Auf allen Bahnsteigen der U-Bahn stehen behindertengerechte Notruf- und Informationssäulen zur Verfügung.

Die rund 190 **City Toiletten** im gesamten Stadtgebiet sind alle behindertengerecht. Die Nutzung kostet 50 Cent.

Wer sich als Behinderter allein oder mit anderen in Berlin und Brandenburg mit dem Wagen fahren lassen möchte, kann die Angebote spezieller Reiseagenturen wie **Micky Tours** nutzen.

Der **Berliner Blinden- und Sehbehindertenverein** erteilt Informationen für blinde Besucher und bietet auch einen Begleitservice an.

Banken

Alle großen deutschen Banken sind mit Filialen in der Innenstadt vertreten. Gewöhnlich haben Banken in Berlin Mo – Fr 9 – 18 Uhr geöffnet, oft gelten freitags und mittwochs verkürzte Öffnungszeiten.

Geld können Sie am Flughafen und bei Banken umtauschen.

Kredit- & Debitkarten

Zum Erstaunen (und verständlicherweise zum Ärger) vieler Besucher gibt es in Berlin noch immer eine große Zahl an Restaurants und Läden, die ausschließlich Barzahlung akzeptieren. Nicht selten fehlt ein entsprechender Hinweis an der Eingangstür bzw. auf der Speisekarte. Fragen Sie also im Zweifelsfall vor der Bestellung oder dem Kauf nach.

Natürlich gibt es auch in Berlin zahlreiche Restaurants, Cafés und Läden, in denen man mit Kreditkarten wie **Visa** oder **MasterCard** bezahlen kann. Weniger verbreitet sind **American Express** und **Diners Club**.

Mit **girocard** oder Kreditkarte plus PIN können Sie an vielen Geldautomaten Bargeld abheben.

Verständigen Sie bei einem Kartenverlust bzw. -diebstahl unverzüglich Ihre Bank bzw. das Kreditkartenunternehmen, und veranlassen Sie die Sperrung der Karte. Der **Sperr-Notruf** ist die zentrale Anlaufstelle zur Sperrung von Debitkarten per Telefon.

Botschaften

Österreich
Karte L1
Stauffenbergstr. 1
📞 +49 30 202 870
🌐 oesterreichische-botschaft.de

Schweiz
Karte J2
Otto-von-Bismarck-Allee 4a
📞 +49 30 390 4000
🌐 eda.admin.ch/berlin

Notruf

Polizei
📞 110 oder 112

Feuerwehr
📞 112

Zahnärztlicher Notdienst
📞 +49 30 8900 4333

Giftnotrufzentrale
📞 +49 30 192 40

Behinderte Reisende

Berliner Blinden- und Sehbehindertenverein
Auerbachstr. 7
🌐 absv.de

Rotes Kreuz
Hannemannstr. 73
🌐 drk-berlin.de/reservierung.html

Micky Tours
Rhinstr. 7
🌐 mickytours.de

Telefonieren

Im Zeitalter des mobilen Telefonierens sind immer weniger öffentliche Telefone in Betrieb. Bei den meisten handelt es sich um Kartentelefone. Die entsprechenden Karten erhält man in Postfilialen oder in T-Punkt-Läden. Einige funktionieren auch mit Kreditkarten. Vermeiden Sie Gespräche vom Hotelzimmer aus, die Gebühren sind sehr hoch.

Alle in Europa gängigen Handys und Smartphones funktionieren in Berlin ohne Probleme, die Netzabdeckung ist lückenlos.

Internet & WLAN

Fast alle Berliner Hotels bieten ihren Gästen im Zimmer oder in einem der öffentlichen Bereiche Internet-Zugang an, meistens WLAN. Die Benutzung ist in der Regel kostenlos. Auch viele Cafés und andere Lokalitäten bieten WLAN an, womit man über den eigenen Laptop oder ein Smartphone ins Internet kommt. Von den Mitarbeitern erhält man dazu ein Passwort.

Unter dem Motto »Free WiFi Berlin« hat die Stadt aktuell 5000 kostenfreie WLAN-Hotspots im gesamten Stadtgebiet bereitgestellt. Eine regelmäßig aktualisierte Liste der Hotspots bietet: www.berlin.de/wlan/.

Trotz der rasanten Zunahme von WLAN-Hotspots gibt es weiterhin **Internet-Cafés**, in denen Sie online gehen können. Dort kann man im Netz surfen und E-Mails lesen, abgerechnet wird in der Regel im 15- oder 30-Minuten-Takt. Zur Ausstattung gehören teilweise auch Webcams, sodass die Kunden via Skype telefonieren oder Chat-Programme nutzen können.

Post

Postfilialen sind über das ganze Stadtgebiet verteilt. In einigen Fällen befinden sich die Zweigstellen in Einkaufszentren oder größeren Läden. Die Filialen öffnen zwischen 8 und 10 Uhr und schließen zwischen 18 und 21 Uhr (je zentraler gelegen, desto später). In den Filialen kann man zudem Dokumente kopieren und Büromaterial kaufen. Die App der Deutschen Post hilft bei der Suche nach Filialen und Briefkästen.

Ein Standardbrief (bis 20 g) kostet EU-weit 1,10 € (national 0,85 €), ein Kompaktbrief (bis 50 g) 1,70 € (national 1,00 €), eine Postkarte 0,95 € (national 0,70 €). Briefkästen findet man am ehesten vor Einkaufszentren.

Fernsehen & Radio

Der Rundfunk Berlin-Brandenburg (RBB) ist die öffentlich-rechtliche Rundfunkanstalt der Länder Brandenburg und Berlin. Er betreibt jeweils ein Studio in Berlin und in Potsdam. Daneben unterhalten die ARD und das ZDF Hauptstadtstudios in Berlin. Auch einige Privatsender haben sich in Berlin angesiedelt.

Neben dem Radioprogramm des RBB gibt es 17 private Radiosender in der Stadt.

Zeitungen & Zeitschriften

In Berlin erscheinen deutschlandweit die meisten Tageszeitungen. Eher von regionaler Bedeutung sind *Tagesspiegel*, *Berliner Morgenpost* und *Berliner Zeitung*. Von überregionaler Bedeutung sind *Bild*, *Die Welt* und *taz*. Die *B.Z.* ist wie die *Bild* ein Boulevardblatt.

Alle 14 Tage erscheinen die beiden Stadtmagazine *tip* und *ZITTY* mit umfangreichem Veranstaltungskalender und vielen Reportagen aus Berlin. Ihre Websites sind noch aktueller. Das Stadtmagazin *ExBerliner* erscheint monatlich auf Englisch. Das traditionsreiche Stadtmagazin *[030]* ist ebenfalls ein Online-Magazin. Kostenlos ist das Stadtmagazin *HIMBEER* für Leute mit Kindern.

Das Monatsmagazin *Siegessäule* richtet sich an die große LGBT+ Gemeinde in Berlin.

Öffnungszeiten

Berlin hat die liberalsten Öffnungszeiten in Deutschland. In der Metropole dürfen die Läden selbst entscheiden, wann sie schließen. Entsprechend Ladenöffnungsgesetz können alle Berliner Läden montags bis samstags rund um die Uhr öffnen. An acht Sonntagen darf von 13 bis 20 Uhr geöffnet werden. Ungeachtet dieser Sonntagsregel findet man in Szene-Kiezen immer wieder Läden, vor allem Boutiquen, die sonntags öffnen. Sehr beliebt sind auch die »Spätis«, in denen man nachts (außer sonntags) das Nötigste bekommt.

Viele große Supermärkte schließen wochentags erst um 23 oder 24 Uhr, einige sind 24 Stunden geöffnet.

Am Hauptbahnhof, dem Bahnhof Friedrichstraße und am Ostbahnhof kann man an jedem Tag der Woche bis spätabends Lebensmittel, aber auch Bücher und Zeitschriften sowie Mode kaufen.

Zeitzone

Berlin liegt in der Mitteleuropäischen Zeitzone (MEZ). Wie in allen Nachbarländern gilt auch in Deutschland von Ende März bis Ende Oktober die Sommerzeit.

Reisezeit & Klima

Das Berliner Wetter ist besser als sein Ruf: Das für die gesamte Region typische Kontinentalklima sorgt vor allem zwischen Mai und September, der besten Reisezeit, für mildes und trockenes Wetter. Frühjahr und Herbst können nasskalt sein, besser zu meiden ist Berlin zwischen November und Februar, wenn der Himmel meist bedeckt ist und ein kalter, scharfer Ostwind weht.

WelcomeCard & CityTourCard

Die WelcomeCard ist die beste Art, in Berlin günstig Ausstellungen und Museen zu besuchen und dabei preiswert mit öffentlichen Verkehrsmitteln durch die Stadt zu fahren. Sie ist in mehreren Varianten erhältlich. Die Variante für einen Erwachsenen und bis zu drei Kinder (bis 14 Jahre) kostet für den Tarif ABC 29 € (48 Std.) bzw. 39 € (72 Std.). Sie ist in S- und U-Bahnhöfen sowie in den Filialen von Berlin Tourist Info erhältlich. Mit der WelcomeCard erhält man 50 Prozent Ermäßigung bei vielen Museen und Sehenswürdigkeiten. Die CityTour-Card gilt für eine Person 48 bzw. 72 Stunden (23,90 bzw. 34,90 €) im Tarifbereich ABC und gewährt ebenfalls Rabatte. Der Kauf über die Website ist mitunter vergünstigt.

Gesundheit

Apothekennotdienst
w akberlin.de

Ärztlicher Bereitschaftsdienst der KV Berlin
C +49 30 310 031 oder 116 117

Charité Krankenhaus
Karte J3
Charitéplatz 1
C +49 30 450 50
w charite.de

Fundsachen

Fundbüro der BVG
Karte E5
Potsdamer Str. 182
Mo – Do 9 –18 Uhr,
Fr 9 –14 Uhr
C +49 30 194 49
w bvg.de

Fundbüro der Deutschen Bahn
C 0900 199 0599
w bahn.de

Zentrales Fundbüro
Karte F6
Platz der Luftbrücke 6
C +49 30 902 773 101

Kartenverlust

Allg. Notrufnummer
C 116 116

American Express
C +49 69 9797 1000

Diners Club
C +49 69 900 150 135

Mastercard
C +49 800 071 3542

Visa
C +49 800 811 8440

Zeitungen & Zeitschriften

[030]
w berlin030.de

ExBerliner
w exberliner.com

HIMBEER
w berlinmitkind.de

Siegessäule
w siegessaeule.de

tip
w tip-berlin.de

ZITTY
w zitty.de

Information

Berlin.de
w berlin.de

VisitBerlin
w visitberlin.de

Führungen

Berlin 1st Hand
C +49 170 753 8333
w berlinfirsthand.de

Berlin City Tour
w berlin-city-tour.de

Berliner Unterwelten
w berliner-unterwelten.de

Berolina Berlin
w sightseeing-berlin.com

BEX
w bex.de

City Circle
w city-circle.de

Reederei Riedel
w reederei-riedel.de

Top Tour
w top-tour-sightseeing.de

Information

Das offizielle Tourismus-Portal der Stadt Berlin, **VisitBerlin**, unterhält Informationsbüros am Hauptbahnhof, am Brandenburger Tor und am Flughafen Berlin Brandenburg. Hier gibt es zahlreiche (zum Teil gebührenpflichtige) Broschüren, Infos zu Veranstaltungen, Tickets, Berlin-Literatur oder auch Souvenirs. Außerdem erhält man hier die WelcomeCard und die CityTourCard *(siehe S. 169)*.

Die Website **Berlin.de** ist das offizielle Hauptstadtportal mit vielen wichtigen Informationen auch für Besucher.

Die Zahl der Smartphone-Apps zum Thema »Berlin« ist mittlerweile beachtlich. Die App *BVG FahrInfo Plus* der Berliner Verkehrsbetriebe informiert über Verbindungen, zeigt reale Abfahrtszeiten an und ermöglicht den Ticket-Kauf in der App. Mit einer interaktiven Karte führt die App *Die Berliner Mauer* zu historischen Orten entlang dem einstigen Mauerverlauf.

Ausflüge

Die Flusslandschaft des **Spreewalds** südwestlich von Berlin ist eine einzigartige Naturidylle rund um die Städtchen Lübben und Lübbenau. Von hier kann man per Boot das alte Siedlungsgebiet der slawischstämmigen Sorben erkunden und die regionalen Spezialitäten – Fisch und Gemüse, vor allem die berühmten Spreewaldgurken – genießen.

Ein bewegender Ausflug führt nach **Sachsenhausen** in das erste NS-Konzentrationslager Deutschlands. Es entstand 1933 als »wildes KZ« für politische Häftlinge. Ab 1936 wurden hier 100 000 Menschen umgebracht. Neben dem KZ kann eine Ausstellung besichtigt werden.

Das kleine **Schloss Rheinsberg** lädt zu einer schönen Ausflugstour ein. Berühmt wurde es durch Kurt Tucholskys Liebesgeschichte.

Nördlich von Potsdam versteckt sich das Örtchen **Sacrow**, das wegen der Heilandskirche am gleichnamigen See für Ausflüge und Abstecher sehr beliebt ist. Nicht weit entfernt liegt **Caputh** in einer Seenlandschaft und lockt Besucher wegen des Barockschlosses und des Sommerhauses von Albert Einstein (Am Waldrand 15–17) an.

Führungen

Nichts ist schöner als eine Stadtrundfahrt in einem nostalgischen, im Sommer offenen Doppeldecker. Unternehmen wie **City Circle**, **BEX**, **Berolina**, **Top Tour** und **Berlin City Tour** bieten meist auch Hop-on-Hop-off-Routen an.

Die günstigste Stadtrundfahrt Berlins ist eine Tour mit den Buslinien 100 oder 200 der BVG: Die gelben Doppeldecker verkehren zwischen Bahnhof Zoo und Alexanderplatz. Sie passieren dabei alle wichtigen Sehenswürdigkeiten zwischen West und Ost – Berlin kompakt für nur 3,00 €.

Berlin 1st Hand bietet außergewöhnlich kenntnisreiche Stadtführungen eines erfahrenen Historikers, auf Wunsch auch zu speziellen Themen.

Etwas ganz Besonderes sind die Führungen von **Berliner Unterwelten** durch den unheimlichen unterirdischen Leib des Großstadtmolochs, durch Bunker und alte Tunnel.

Berlin lädt zu Schiffsausflügen auf Havel, Spree, Landwehrkanal, Wannsee und Müggelsee ein. Viele dieser Touren zeigen in zwei bis drei Stunden die historischen Sehenswürdigkeiten zwischen Charlottenburg und Mitte (Adressen siehe S. 169).

Shopping

Die drei Haupteinkaufsstraßen Berlins sind der Kurfürstendamm, die Tauentzienstraße und die Friedrichstraße. Günstig kann man am Tauentzien und rund um den Alexanderplatz einkaufen. Die Friedrichstraße mit den Galeries Lafayette ist ebenso wie der westliche Ku'damm sehr elegant geprägt. Eine ausgewogene Mischung bietet das Shopping-Quartier Mall of Berlin (Leipziger Platz), The Playce am Potsdamer Platz und die Schloßstraße in Steglitz.

Ein umfassendes Angebot an Damen- und Herrenmode bietet das Kaufhaus des Westens *(siehe S. 76)*. Junge Berliner Labels sind vorwiegend in Mitte angesiedelt.

Ein riesiges CD- und DVD-Angebot sowie Bücher findet man im Kulturkaufhaus Dussmann *(siehe S. 91)*.

Die meisten Antiquitätenläden sind südlich vom Nollendorfplatz *(siehe S. 130f)* und in den Seitenstraßen des Kurfürstendamms zu finden. Günstiger und vielfältiger sind der Kunst- und Trödelmarkt auf der Straße des 17. Juni *(siehe S. 76)* sowie die Antikgeschäfte in den S-Bahn-Bogen zwischen Friedrichstraße und Museumsinsel.

Mehrwertsteuer

In Deutschland gilt eine Umsatzsteuer (USt. bzw. MwSt.) von 19 Prozent bzw. eine ermäßigte Umsatzsteuer von sieben Prozent u. a. für Bücher, in Hotels und Restaurants.

Restaurants

Wie überall auf der Welt sind auch in Berlin indische, chinesische und türkische Restaurants oft sehr günstig. Eine gute Alternative sind auch die türkischen Dönerimbisse sowie die deutschen Currywurststände: Beide bieten neben den Klassikern oft auch andere warme Mahlzeiten zu erschwinglichen Preisen.

In den letzten Jahren hat sich in Berlin gastronomisch extrem viel getan, vor allem in Neukölln experimentieren junge Köche mit internationalen Einflüssen.

Berlin kann auf stolze 24 mit einem oder mehreren Michelin-Sternen ausgezeichnete Restaurants verweisen. Und der »Koch des Jahres 2022« des Gault&Millau residiert in einem eher unscheinbaren Lokal im Wedding.

Inzwischen sind in praktisch allen Stadtteilen Berlins ambitionierte Restaurants mit entsprechendem Speiseangebot zu finden. Dabei reicht die Vielfalt der Küchen von der Nouvelle Cuisine Frankreichs bis zu asiatischem Streetfood.

Wer sich auf Entdeckungstour durch die Streetfood-Szene Berlins machen will, sollte donnerstags ab 17 Uhr in der Markthalle Neun in Kreuzberg vorbeischauen, wo man sich durch jede Menge frischer, kreativer und immer köstlicher Gastronomiekonzepte probieren kann.

Jeden Sonntag macht »Street Food auf Achse« in der KulturBrauerei in Prenzlauer Berg mit zahlreichen Food Trucks im Freien Station.

In den Stadtvierteln bieten die beliebtesten Flaniermeilen meist auch die größte Anzahl an Speiselokalen, so der Kurfürstendamm, die Kastanienallee *(siehe S. 139)*, die Oranienburger Straße *(siehe S. 95)*, die Wühlischstraße in Friedrichshain oder die Oranienstraße *(siehe S. 130)* in Kreuzberg.

Hotels

Berlin bietet Unterkünfte für jeden Anlass – vom Städtetrip bis zur Geschäftsreise – und für jeden Geschmack. Die auf den Seiten 172–179 vorgestellten Hotels sind in acht Kategorien gegliedert: »Luxus« ist die Bezeichnung für Hotels am oberen Ende der Preisskala. Bei »Boutique« handelt es sich um meist kleinere Häuser

mit speziellem Design. »Hotels & Pensionen mit Flair« versammelt einige ausgefallene Häuser und umfasst auch Pensionen. »Business« kennzeichnet für Geschäftsreisende geeignete Unterkünfte. »Preiswert« richtet sich an Preisbewusste, auch Jugendherbergen werden hier gelistet.

Beachten Sie, dass das Berliner Zweckentfremdungsverbot die Vermietung von Ferienwohnungen über Portale wie Airbnb (www.airbnb.de) stark einschränkt.

Airbnb
🆆 airbnb.com

Booking.com
🆆 booking.com

Expedia
🆆 expedia.de

HRS
🆆 hrs.de

LastMinute
🆆 lastminute.de

Trivago
🆆 trivago.com

Ausflüge

Einsteinhaus
Am Waldrand 15–17
📞 +49 331 271 780
🆆 einsteinsommerhaus.de

Gedenkstätte und Museum Sachsenhausen
Straße der Nationen 22
📞 +49 3301 200 200
🆆 stiftung-bg.de

Schloss Caputh
Straße der Einheit 2
📞 +49 33209 703 45
🆆 spsg.de

Schloss Rheinsberg
Mühlenstr. 1
🆆 spsg.de

Spreewald
Lindenstr. 1, Raddusch
🆆 spreewald.de

Hotels

> **Preiskategorien**
> Preise für ein Standard-Doppelzimmer pro Nacht, inklusive Frühstück, Steuer und Service.
> ....
> € unter 120 € ▪ €€ 120–250 € ▪ €€€ über 250 €

Luxus

Grand Hotel Esplanade
Karte N6 ▪ Lützowufer 15 ▪ +49 30 254 780 ▪ www.esplanade.de ▪ €€
Das glitzernde, moderne Hotel ist zwischen funktionaler Sachlichkeit und Bauhausstil eingerichtet. Service und Ausstattung sind erstklassig.

Hotel Bristol Berlin
Karte P4 ▪ Kurfürstendamm 27 ▪ +49 30 884 340 ▪ www.bristolberlin.com ▪ €€
Glanz, Eleganz, ein Hauch große weite Welt und moderne Annehmlichkeiten – das berühmte, 1952 eröffnete Berliner Hotel hat alles. Es ist in der ganzen Welt bekannt, deshalb residierten hier zahlreiche illustre Gäste.

Hotel de Rome
Karte K4 ▪ Behrenstr. 37 ▪ +49 30 460 6090 ▪ www.hotelderome.com ▪ €€€
Das Hotel liegt am Bebelplatz, unweit der Staatsoper von Unter den Linden. Das Restaurant und der Spa-Bereich erfüllen die Erwartungen, die man an ein Hotel der Spitzenklasse stellt.

Hotel InterContinental Berlin
Karte N6 ▪ Budapester Str. 2 ▪ +49 30 260 20 ▪ www.berlin.intercontinental.com ▪ €€€
Das vor nicht allzu langer Zeit umfangreich renovierte Luxushaus am Tiergarten bietet eine grüne Berlin und ist bei Geschäftsleuten beliebt. Dem Bau mangelt es an Flair, obgleich die Zimmer zeitlos elegant eingerichtet sind. Erstklassig sind hingegen die Restaurants, die Bars sowie der Pool- und Fitness-Bereich.

Orania
Karte H5 ▪ Oranienstr. 40 ▪ +49 30 6953 9680 ▪ www.orania.berlin ▪ €€€
Das elegante Boutique-Hotel Orania befindet sich in einem ehemaligen Geschäftsgebäude im quirligen östlichen Teil von Kreuzberg. Es verfügt über 25 Zimmer und 16 Suiten, die alle wunderschön unter Verwendung von viel Holz eingerichtet sind. Im Erdgeschoss finden die Gäste eine einladende Bar, ein Restaurant und eine gemütliche Lounge mit Kamin. Dienstags und donnerstags gibt es tolle Jazz- und klassische Konzerte.

Radisson Collection Hotel
Karte K5 ▪ Karl-Liebknecht-Str. 3 ▪ +49 30 238 280 ▪ www.radissonblu.com/hotel-berlin ▪ €€
Highlight des Luxushotels beim Alexanderplatz ist das riesige Aquarium in der Lobby. Das Restaurant Balaustine bietet Küche des Nahen Ostens. Ein großes Plus ist auch die Lage zur Flaniermeile Unter den Linden.

Sofitel Berlin Gendarmenmarkt
Karte L4 ▪ Charlottenstr. 50–52 ▪ +49 30 203 750 ▪ www.sofitel.com ▪ €€
Das relativ preiswerte und kleinste First-Class-Hotel (70 Zimmer, 22 Suiten) ist sicher eines der schönsten Berlins – auch wegen des wunderbaren Blicks auf den Gendarmenmarkt.

Soho House
Karte H2 ▪ Torstr. 1 ▪ +49 30 405 0440 ▪ www.sohohouseberlin.com ▪ €€
Das siebenstöckige Gebäude im Stil der Neuen Sachlichkeit diente einst als Kaufhaus, später als Archiv der SED. Heute sind hier ein Top-Hotel und ein Private Members' Club untergebracht, wobei die Hotelgäste Zutritt zum Clubrestaurant, dem Fitnessstudio und zur Dachterrasse haben.

The Mandala Hotel Potsdamer Platz
Karte L2 ▪ Potsdamer Str. 3 ▪ +49 30 590 050 000 ▪ www.themandala.com ▪ €€€
Das Apartment-Hotel in bester Lage am Potsdamer Platz bietet Suiten mit 35 bis 200 Quadratmeter Fläche. Küche, Stereoanlage, Wellness-Bereich mit Sauna, Tageszeitung und jeder erdenkliche Service sind hier selbstverständlich.

The Westin Grand

Karte K4 ▪ Friedrichstr. 158–164 ▪ +49 30 202 70 ▪ www.westin-berlin.com ▪ €€€

Die Luxusherberge mit der historischen Adresse (Ecke Friedrichstraße und Unter den Linden) bietet geräumige, sehr elegante Zimmer und guten Service. Atemberaubend ist die großzügige Lobby mit riesiger Freitreppe, einem Café und einer Bar.

Waldorf Astoria

Karte N4 ▪ Hardenberg-straße 28 ▪ +49 30 814 0000 ▪ www.waldorf astoriaberlin.de ▪ €€€

Das einzige Haus der Hotelmarke Waldorf Astoria in Deutschland residiert in 32 Stockwerken des Hochhauses »Zoofenster« mit einmaligem Blick auf den benachbarten Zoo Berlin. Das Hotel verfügt über 232, im Stil des Art déco eingerichtete Zimmer und Suiten. Der Service ist entsprechend exzellent. Im Guerlain Spa mit Pool, Whirlpool, Sauna und Fitnessstudio kann man sich wunderbar erholen.

Boutique

art'otel berlin-mitte

Karte L6 ▪ Wallstr. 70–73 ▪ +49 30 240 620 ▪ www.artotels.com ▪ €€

Eines der besten Berliner Design-Hotels legt hohen Wert auf Details: Von der Seife im Badezimmer bis zu den Möbeln ist hier alles durchgestylt. An den Wänden des historischen Gebäudes hängen Gemälde von Georg Baselitz. Das Hotel liegt zentral in der Nähe des Nikolaiviertels.

Casa Camper

Karte J5 ▪ Weinmeister-str. 1 ▪ +49 30 2000 3410 ▪ www.casacamper.com/berlin ▪ €€

Das szenige Boutique-Hotel liegt im Herzen des Szenebezirks Mitte unweit vom Hackeschen Markt. Die Zimmer sind minimalistisch-chic. Der Gastrobereich tentempié im obersten Stock mit toller Aussicht auf die Umgebung ist exklusiv für Hotelgäste und 24 Stunden geöffnet. Das Büfett soll die Minibar auf den Zimmern ersetzen. Der Clou: Für die Gäste ist der Service umsonst.

Dormero Hotel Berlin Ku'damm

Karte P4 ▪ Eislebener Str. 14 ▪ +49 30 214 050 ▪ www.dormero.de ▪ €€

Das Boutique-Hotel überzeugt mit seiner Balance aus Klassik und Moderne, Zeitgeist und Tradition und passt damit ausgezeichnet nach Berlin. Das historische Gebäude wurde liebevoll restauriert, die Zimmer sind unaufdringlich-chic gestaltet. Zum Kurfürstendamm sind es nur wenige Schritte. Das Restaurant Die Quadriga (siehe S. 127) serviert exzellente internationale Gerichte.

Hecker's Hotel

Karte B5 ▪ Grolmanstr. 35 ▪ +49 30 889 00 ▪ www.heckers-hotel.com ▪ €€

Schon der Eingang dieses modernen Business-Hotels in einer Seitenstraße des Kurfürstendamms bereitet auf die Atmosphäre vor: unterkühlter Minimalismus, geschickte Lichtakzente und sehr guter Service.

Ku'Damm 101

Karte G1 ▪ Kurfürsten-damm 101 ▪ +49 30 520 0550 ▪ www.kudamm101.com ▪ €€

Das durchgestylte Hotel wird überwiegend von kunstinteressierten Urlaubern besucht. Die komfortablen Zimmer sind modern eingerichtet, jedes ist mit einem großen Bad ausgestattet. Die Aussicht aus dem Frühstücksraum ist großartig. Das Hotel liegt zentral, aber dennoch an einem ruhigeren Abschnitt des Kurfürstendamms.

Lux Eleven

Karte J6 ▪ Rosa-Luxem-burg-Str. 9–13 ▪ +49 30 936 2800 ▪ www.lux-eleven.com ▪ €€

In dem modernen Apartment-Hotel wurden Designer-Träume wahr: Die alten Stadthäuser bieten überwiegend in Weiß gehaltene Zimmer mit allen Annehmlichkeiten eines Business-Hotels. Das Lux liegt voll im Trend – auch wegen des Restaurants Luchs mit italienischer Küche und der namensgleichen Bar.

Maritim proArte Hotel Berlin

Karte K4 ▪ Friedrichstr. 151 ▪ +49 30 203 35 ▪ www.maritim.de ▪ €€

In dem modernen Business-Hotel an der Friedrichstraße mit mehr als 400 Zimmern und Suiten herrschen Grün- und Blautöne vor, fast 300 moderne Gemälde schmücken die Zimmer. Jedes Möbelstück wurde bis ins Detail sorgfältig gestaltet. Im Haus gibt es zwei gute Restaurants und einen großen Wellness-Bereich.

nhow Hotel
Stralauer Allee 3
▪ +49 30 290 2990 ▪ www.nhow-hotels.com ▪ €€
Das ein wenig schrille Hotel mit seinem von einem Designer gestalteten Interieur wirbt mit der Formel »music and lifestyle«. Tatsächlich gibt es ein Tonstudio, Musik-Konferenzräume und, als besonderen Service, Gitarre und Keyboard aufs Zimmer. Nichts für Leute, die Ruhe suchen.

Park Plaza Wallstreet Berlin Mitte
Karte L6 ▪ Wallstr. 23–24
▪ +49 30 847 1170 ▪ www.parkplaza.com/berlinde_wallstrasse ▪ €€
Dominierendes Thema des schicken Design-Hotels mit 167 Zimmern ist die New Yorker Börse. Die hellen Zimmer präsentieren sich in gediegen-minimalistischer Ausstattung. Das Hotel in guter Lage zum Osten der Stadt bietet unter anderem Highspeed-Internet, ein Fitness-Center sowie 24-Stunden-Zimmerservice.

Q!
Karte P3 ▪ Knesebeckstr. 67 ▪ +49 30 810 0660
▪ www.hotel-q.de ▪ €€
Im eleganten und diskreten Q! steigen gerne auch mal Hollywood-Stars ab. Die Zimmer sind als »lebende Landschaften« gestaltet, bei denen die Möbel zum Teil in die Wände integriert wurden. Das Restaurant Fox Bar bietet klassische und zeitgenössische thailändische Speisen. Das Spa des Hauses verfügt u. a. über einen Sandraum zum Erholen.

Sir Savigny
Karte C4 ▪ Kantstr. 144
▪ +49 30 2178 2638
▪ www.sirhotels.com/de/savigny ▪ €€
Das Hotel in einem Mietshaus aus dem 19. Jahrhundert verfügt über 45 Zimmer und Suiten. Das Restaurant vor Ort dient gleichzeitig als Bar.

Hotels & Pensionen mit Flair

25hours Hotel Bikini
Karte N5 ▪ Budapester Str. 40 ▪ +49 30 2636 9594
▪ www.25hours-hotels.com ▪ €€
Das Hotel mit 150 Zimmern gehört zum neu gestalteten Bikini-Haus (siehe S. 30). Aus den Jungle-Zimmern blickt man auf das Affen- und Elefantenhaus des Zoos. Das Dachrestaurant eröffnet eine herrliche Sicht über Berlin. In der Monkey Bar kann man abends gepflegte Drinks genießen.

Almodóvar Hotel
Boxhagener Str. 83 ▪ +49 30 692 097 080 ▪ www.almodovarhotel.de ▪ €
Berlins erstes Bio-Hotel nimmt die Sache ernst: Alles in den Zimmern ist aus nachhaltigen und erneuerbaren Materialien, im Restaurant kommen nur vegetarisch-vegane Bio-Speisen auf den Tisch. Auf den Zimmern findet sich selbstverständlich eine Yoga-Matte. Vom Spa aus kann man das Panorama der Stadt genießen.

Arte Luise Kunsthotel
Karte J3 ▪ Luisenstr. 19
▪ +49 30 284 480 ▪ www.luise-berlin.com ▪ €€

Die 50 Zimmer des einladenden Hotels sind individuell eingerichtet und von regionalen Künstlern thematisch gestaltet, von Pop-Art bis klassische Moderne. Die Nähe zu Unter den Linden und dem Hauptbahnhof ist ein weiterer Pluspunkt.

CUBE Lodges Columbia Berlin
Columbiadamm 160
▪ +49 30 6980 7841
▪ €
Mitten im Szenebezirk stehen 37 Holzwürfel-Häuschen für bis zu vier Gäste auf einer Wiese. Die Ausstattung ist minimalistisch, Bäder gibt es nur im Haupthaus, dafür hat man den Garten direkt vor der Tür. Die Anlage befindet sich unweit des Tempelhofer Parks.

Eastern Comfort
Mühlenstr. 73–77 ▪ +49 30 6676 3806 ▪ www.eastern-comfort.com ▪ €
Das Schiffhotel auf der Spree nahe Oberbaumbrücke wird vor allem vom Party-Volk mit Ziel Kreuzberg und Friedrichshain gebucht. 24 Kabinen verteilen sich über zwei Decks. Ein weißer Sandstrand gehört auch zum Areal.

Hollywood Media Hotel
Karte P3 ▪ Kurfürstendamm 202 ▪ +49 30 889 100 ▪ www.filmhotel.de
▪ €€
Das Hotel direkt am Ku'damm widmet sich leidenschaftlich dem Thema »Kino« in all seinen Facetten. Überall hängen Filmposter und Porträts von Filmstars. Die 182 Zimmer sind je-

weils einem berühmten Schauspieler oder Regisseur gewidmet.

Michelberger Hotel
Warschauer Str. 39
■ +49 30 2977 8590
■ www.michelbergerhotel.
com ■ €
Inmitten des Szeneviertels Friedrichshain ist das Michelberger längst eine feste Größe unter den jüngeren Berlin-Besuchern. Es bietet WLAN und eine coole Lounge zum Entspannen. Die Zimmer sind funktionell-minimalistisch eingerichtet.

Ostel
Wriezener Karree 5
■ +49 30 2576 8660
■ www.ostel.eu ■ €
Das Hotel in Friedrichshain nahe Ostbahnhof hat den Charme eines Hauses aus sozialistischer Zeit. Als Gast kann man zwischen Doppelzimmer mit eigenem oder Gemeinschaftsbad, Zimmern mit Zweier- oder Dreier-Stockbetten sowie Apartments für bis zu sechs Personen wählen.

Propeller Island City Lodge
Karte B5 ■ **Albrecht-Achilles-Str. 58** ■ +49 30 891 9016 ■ www.propeller-island.de ■ €€
Multimedia-Künstler Lars Stroschen hat alle Zimmer nes Hotels selbst individuell gestaltet. Das Ergebnis ist für den Gast eine einmalige ästhetisch-visuelle Erfahrung. Für die günstigsten Zimmer stehen Gemeinschaftsbäder zur Verfügung, alle anderen Zimmer haben ein Bad mit Dusche oder Badewanne.

Riverside City
Karte J4 ■ **Friedrichstr. 106** ■ +49 30 284 900 ■ www.riverside-mitte.de ■ €€
Das kleine Hotel zählt zu den besten Spa-Hotels der Stadt. Das Haus – ein renoviertes Gebäude aus DDR-Zeiten – mit herrlichem Blick auf die Spree ist mit gediegenem Mobiliar eingerichtet und bietet einen sehr guten Service.

Gemütlich

Ackselhaus & Blue Home
Karte H2 ■ **Belforter Str. 21** ■ +49 30 4433 7633 ■ www.ackselhaus.de ■ keine Kreditkarten ■ €€
Die stilvollen, individuell eingerichteten geräumigen Zimmer befinden sich in einem altehrwürdigen Haus aus der Zeit um 1900. Wer hier wohnt, sucht vor allem behagliche Ruhe und Entspannung nach einem turbulenten Tag. Die Namen der Zimmer verweisen auf den Einrichtungsstil und die Stimmung. Das exklusive Gästehaus liegt in einer ruhigen Seitenstraße gleich beim quirligen Kollwitz-Kiez und in Gehweite zum Szenebezirk Mitte.

Derag Livinghotel Henriette
Karte L6 ■ **Neue Roßstr. 13** ■ +49 30 2460 0900 ■ www.deraghotels.de ■ €€
Das stilvolle Hotel rund um einen eleganten Innenhof überzeugt mit eichenholzgetäfelten Wänden sowie schweren Teppichen und Vorhängen. Es gibt in Berlin nur wenige Hotels mit besserem Service.

Hotel Johann
Karte G5 ■ **Johanniterstr. 8** ■ +49 30 225 0740 ■ www.hotel-johann-berlin.de ■ €
Das kleine einladende Hotel mit freundlichem Personal bietet den Gästen seiner 33 Zimmer preislich angemessenen Komfort. Von hier kommt man zu Fuß bequem in zehn Minuten zum Jüdischen Museum, jenseits des Landwehrkanals liegt das bekannte Prinzenbad, südlich der schöne Bergmannkiez.

Hotel-Pension Funk
Karte P4 ■ **Fasanenstr. 69** ■ +49 30 882 7193 ■ www.hotel-pensionfunk.de ■ €€
Die 14 Zimmer und der große Frühstückssalon der gemütlichen Pension unweit des Ku'damms bildeten einst die Wohnung des dänischen Stummfilmstars Asta Nielsen (1881–1972). Herrliche Antiquitäten, alte Tapeten und wunderbare Möbel atmen den Glanz der Goldenen Zwanziger. Die Zimmerpreise sind unschlagbar günstig, weshalb man unbedingt frühzeitig reservieren sollte.

Midi Inn City West Kurfürstendamm
Karte P2 ■ **Wielandstr. 26** ■ +49 30 881 6485 ■ http://kudamm.midi-inn.de ■ €
Die reizende kleine Pension nur wenige Schritte vom Ku'damm entfernt bietet einige wenige im Stil der 1920er Jahre eingerichtete Zimmer. Kostenloses WLAN und Fernsehe gehören zur Ausstattung des familiären Betriebs.

Preiskategorien siehe S. 172

Myer's Hotel

Karte H2 ■ Metzer Str. 26 ■ +49 30 440 140 ■ www. myershotel.de ■ €€
Der Familienbetrieb in einem schönen Altbau des 19. Jahrhunderts in Prenzlauer Berg wendet sich an Familien und Pärchen. Die Zimmer sind mit einiger Eleganz eingerichtet, Tapeten sorgen für Behaglichkeit. Der Service ist aufmerksam, die Atmosphäre im Haus entspannt. Ein Wellness-Bereich ist vorhanden.

Nürnberger Eck

Karte P5 ■ Nürnberger Str. 24a ■ +49 30 235 1780 ■ www.nuernberger-eck. de ■ €
Nur fünf Minuten vom Ku'damm entfernt und dennoch ruhig wohnt man in der seit bald 100 Jahren bestehenden Pension. Die acht Gästezimmer – fünf davon sind mit modernem Bad ausgestattet – besitzen den Charme einer längst vergangenen Zeit. Glanzpunkt ist die Hochzeitssuite aus dem frühen 20. Jahrhundert.

Pension Peters

Karte N3 ■ Kantstr. 146 ■ +49 30 312 2278 ■ www.pension-peters-berlin.de ■ €
Die freundliche kleine Pension unweit des Savignyplatzes mit seinen vielen Cafés, Bars und Restaurants ist einladend eingerichtet und bietet helle Zimmer mit schallisolierten Fenstern. Die Familienzimmer bieten Platz für bis zu fünf Personen. Einige der Zimmer öffnen sich auf einen begrünten Innenhof. Das Frühstück besteht gänzlich aus Bio-Produkten.

Im Grünen

Hotel Bayrisches Haus

Im Wildpark/Elisenweg 2, Potsdam ■ +49 331 550 50 ■ www.bayrisches-haus. de ■ €€
Das urige Hotel im Wildpark vor den Toren Potsdams ist ein wunderbarer Rückzugsort nach dem Trubel in Berlin. Es bietet 41 über zwei Gebäude verteilte, reizende Gästezimmer. Zum Haus gehören das mit einem Michelin-Stern prämierte Restaurant Kabinett F.W. *(siehe S. 161)* und ein Pool.

Hotel Müggelsee Berlin

Müggelheimer Damm 145 ■ +49 30 658 820 ■ www. hotel-mueggelsee-berlin. de ■ €€
Das Luxushotel am Müggelsee mischt mediterrane und asiatische Elemente und verfügt mit Kegelbahnen, einem Fitness-Club, Tennisplätzen, Sauna, Billard sowie Boots- und Fahrradverleih über ein umfassendes Freizeitangebot für seine Gäste.

Landhaus Schlachtensee

Bogotastr. 9 ■ +49 30 809 9470 ■ www.hotel-landhaus-schlachtensee.de ■ €€
Die kleine Pension mit dem freundlichen Service verströmt den Charme des alten, ländlichen Berlin. Die Villa in der Nähe von Schlachtensee und Krumme Lanke verfügt über 20 Zimmer. Die Einrichtung wirkt etwas altmodisch. Das Strandbad Wannsee liegt vier Kilometer entfernt.

Locanda 12 Apostoli

Hüttenweg 90 ■ +49 30 818 1910 ■ www. 12-apostoli.de ■ €€
Das Hotel liegt abgeschieden mitten im Grunewald am Grunewaldsee. Das reizende Haus stammt aus der Zeit um 1900. Den Gästen stehen ein Restaurant im historischen Gewölbesaal, ein Café und eine Sommerterrasse sowie – bei schönem Wetter – ein gut besuchter Biergarten zur Verfügung. Gleich nebenan befindet sich der Reitclub Grunewald e. V.

Pentahotel Berlin-Köpenick

Grünauer Str. 1 ■ +49 30 654 790 ■ www. pentahotels.com/ berlin-koepenick ■ €
Das lange unpersönlich wirkende Haus ist seit der Renovierung einladend und chic. Die Lage am Flüsschen Dahme im Zentrum von Köpenick südöstlich Berlins war ohnehin schon immer top. Auch zum Müggelsee ist es nicht weit. Und zum neuen Flughafen BER braucht man mit der S-Bahn nur wenige Minuten.

Ringhotel Seehof

Karte A4 ■ Lietzenseeufer 11 ■ +49 30 320 020 ■ www.hotel-seehof-berlin.de ■ €€
Das traditionsreiche, gepflegte Hotel liegt zentral in Charlottenburg, unweit des Messegeländes und dennoch idyllisch am Lietzensee. Neben dem sehr schönen Innenpool ist vor allem die Sonnenterrasse zum See hin ein großes Plus. Zum Haus gehört das Restaurant »Au Lac«.

Schlosshotel Berlin by Patrick Hellmann
Karte A6 ▪ Brahmsstr. 10 ▪ +49 30 895 8430 ▪ www. schlosshotelberlin.com ▪ €€€
Das historische Palais Pannwitz bildet die Kulisse für dieses herrliche Hotel. Es bietet mit erlesenen Möbeln ausgestattete Zimmer und Suiten, einen idyllischen Garten, einen schönen Pool und einen Wellness-Bereich.

Schlossparkhotel
Karte AB3 ▪ Heubnerweg 2a ▪ +49 30 326 9030 ▪ www.schlossparkhotel. de ▪ €€
Das Hotel ist an eine Klinik angebunden und liegt direkt am Schlosspark. Die Wellness-Einrichtungen und der Service sind für ein Haus dieser Größe (40 Zimmer) sehr gut. Zur westlichen Innenstadt sind es nur wenige Minuten.

Hotel Spree-idyll
Müggelseedamm 70 ▪ +49 30 641 9400 ▪ hotel-spree-idyll.berlin ▪ €
Der kleine Familienbetrieb an der Müggelsee liegt unweit eines Badestrands und eines Bootsverleihs und lässt die Großstadt Berlin wenige Kilometer nordwestlich rasch vergessen: der ideale Ort zum Ausspannen ganz in der Nähe der Innenstadt mit ihren Annehmlichkeiten.

Mittelklasse

Bleibtreu-Hotel
Karte P3 ▪ Bleibtreustr. 31 ▪ +49 30 884 740 ▪ www. bleibtreu.com ▪ €€
Hier fühlt man sich ein bisschen wie in der Toskana: Der stilvolle Innenhof des Hotels mit Restaurant und nahen Läden bildet ebenso wie die Hotelzimmer eine Ruheoase mitten in der westlichen Innenstadt. Die Zimmer sind hell und geschmackvoll eingerichtet. Die Gäste kommen aus aller Welt. Zum Angebot gehören u. a. Pool, Sauna und Massage.

Derag Livinghotel Großer Kurfürst
Karte L6 ▪ Neue Roßstr. 11 ▪ +49 30 246 000 ▪ www. deraghotels.de ▪ €€
Das Hotel liegt südlich der Museumsinsel direkt an der Spree und bietet Zimmer sowie umfassend ausgestattete Apartments. Zum Angebot gehören ein Fitnessraum, eine Sauna und Fahrradverleih.

Ellington Hotel Berlin
Karte P5 ▪ Nürnberger Str. 50 – 55 ▪ +49 30 683 150 ▪ www.ellingtonhotel. de ▪ €€
Das reizvolle Hotel im lebhaften Viertel um Tauentzien und Kurfürstendamm bietet modernes Design in Bauhaus-Architektur der 1920er Jahre. Das Ellington ist in dieser Gegend eine Alternative, die man sich auch mit kleinerem Budget noch leisten kann.

Hackescher Markt
Karte J5 ▪ Große Präsidentenstr. 8 ▪ +49 30 280 030 ▪ www.classik-hotel-collection.com ▪ €€
Ein tolles Hotel in bester Lage – kaum ein anderes Mittelklassehaus in Berlin bietet ein derart gutes Preis-Leistungs-Verhältnis. Geräumige, helle Zimmer mit eleganter Einrichtung, persönlicher Service und viele kleine Extras wie der reizvolle Innenhof machen den Besuch zum Genuss.

HENRI Hotel
Karte P4 ▪ Meinekestr. 9 ▪ +49 30 884 430 ▪ www. henri-hotels.com ▪ €€
Das Hotel in einem Stadthaus in Ku'damm-Nähe bietet eine persönliche, stilvoll-gemütliche Atmosphäre. Die Räume aus der Zeit um 1900 sind geschmackvoll eingerichtet. Ab 19 Uhr gibt es für Gäste kostenlos Abendbrot mit Buletten, Stulle und Salat. Apartments bieten sich für längere Aufenthalte an.

Honigmond Garden Hotel
Karte F2 ▪ Invalidenstr. 122 ▪ +49 30 2844 5577 ▪ www.honigmond. de ▪ €€
Die Dependance des Hotels Honigmond in Mitte bietet zusätzlich zu den schönen, toll möblierten Gästezimmern in einem denkmalgeschützten Haus einen wunderbar stillen Garten zum Entspannen und Ausruhen.

Hotel Amano
Karte G2 ▪ Auguststr. 43 ▪ +49 30 809 4150 ▪ www. amanogroup.de ▪ €€
Das Hotel in bester Lage unweit des Hackeschen Markts bietet ein exzellentes Preis-Leistungs-Verhältnis. Die Zimmer sind nüchtern-chic mit Parkettboden und hellen Möbeln. Auch großzügige Apartments für einen längeren Aufenthalt sind vorhanden. Von der Dachterrasse hat man eine tolle Sicht auf die Umgebung.

Preiskategorien siehe S. 172

Hotel Kastanienhof

Karte G2 ■ Kastanien-
allee 65 ■ +49 30 443 050
■ www.kastanienhof.biz
■ €€
Das charmante Hotel in
einem Gebäude aus der
Zeit um 1900 besitzt ein-
fache, aber gut ausge-
stattete Zimmer (mit
Safe, Minibar und Fön).

Hotel Mani

Karte G2 ■ Torstr. 136
■ +49 30 5302 8080
■ www. amanogroup.de
■ €€
Das Hotel in der Tor-
straße steht nur wenige
Meter vom quirligen Ro-
senthaler Platz. Die kom-
pakten Zimmer sind mi-
nimalistisch eingerichtet.
Das Hotelrestaurant
serviert französisch-
israelische Gerichte.

Riehmers Hofgarten

Karte F6 ■ Yorckstr. 83
■ +49 30 7809 8800
■ www.riehmers-
hofgarten.de ■ €€
Leben wie ein Offizier in
Preußen: Im traditions-
reichen Riehmers Hof-
garten ist es möglich. In
den alten Kreuzberger
Wohnungen mit eher
nüchternen Räumen fühlt
man sich in das 19. Jahr-
hundert zurückversetzt.
Beeindruckend ist der
riesige Altbaukomplex
rund um die Innenhöfe.

Business

Arcotel John F

Karte K5 ■ Werderscher
Markt 11 ■ +49 30 405
0460 ■ www.arcotelhotels.
com/JohnF ■ €€
Das Hotel liegt beim Aus-
wärtigen Amt und ideal
zur Museumsinsel. Es
bietet viele Einrichtungen
für Geschäftsleute. Erst-
klassiges Frühstück.

Estrel Residence Congress Hotel

Sonnenallee 225 ■ +49 30
683 10 ■ www.estrel.com
■ €€
Mit über 1000 Zimmern
bietet Europas größter
Hotelkomplex Drei- bis
Vier-Sterne-Service zu
relativ günstigen Preisen
an. Das Estrel eignet sich
dank seiner Säle und der
ausgezeichneten Konfe-
renztechnik für große Ta-
gungen oder Veranstal-
tungen, ist aber auch für
den Einzelreisenden inte-
ressant. Das Hotel ist direkt an das Estrel Festi-
val Center angebunden.

Hilton Berlin

Karte L4 ■ Mohrenstr. 30
■ +49 30 202 300
■ www.hilton.de ■ €€
Das Luxushaus wird
wegen seiner zentralen
Lage, der Aussicht auf
den Gendarmenmarkt,
des guten Frühstücks
und der Executive-Zim-
mer gerne von Managern
gebucht. Zum Service
gehört auch ein Sekre-
tariatsdienst.

Leonardo Airport Hotel Berlin Brandenburg

Schwalbenweg 18
■ +49 30 679 020 ■ www.
leonardo-hotels.com ■ €
Das günstige Flughafen-
hotel eignet sich für
Geschäftstreffen und eine
garantiert angenehme
Nachtruhe. Der Service
ist schnell und nett.

NH Berlin Heinrich Heine

Karte H4 ■ Heinrich-
Heine-Platz 11 ■ +49 30
278 040 ■ www.nh-hotels.
com ■ €€
Die beste Wahl in Berlin,
wenn man für längere
Zeit geschäftlich in der

Stadt bleibt. Die Apart-
ments nahe dem Nikolai-
viertel sind mit Küche
und Schreibtisch ausge-
stattet, das Personal ist
speziell auf Geschäfts-
reisende und deren Be-
dürfnisse ausgerichtet.

Pullman Berlin Schweizerhof

Karte N5 ■ Budapester
Str. 25 ■ +49 30 269 60
■ www.pullmanhotels.
com ■ €€
Das Luxushotel beein-
druckt im Herzen der
westlichen Innenstadt
durch klare Linien, edle
Hölzer und einen großen,
sinnvoll gestalteten Wellness-Bereich. Kunst wird
hier großgeschrieben: In
den hellen Zimmern hän-
gen moderne Gemälde
des Malers Ter Hell.

Sofitel Berlin Kurfürstendamm

Karte P4 ■ Augsburger
Str. 41 ■ +49 30 800 9990
■ www.sofitel.com ■ €€€
Das von Jan Kleihues ge-
staltete Hotel bietet äu-
ßerst geräumige Zimmer
mit herrlicher Aussicht
auf den Ku'damm sowie
alle Komfortmerkmale,
die man von einem Fünf-
Sterne-Haus erwarten
kann.

The Mandala Suites

Karte L4 ■ Friedrichstr.
185–190 ■ +49 30 202 920
■ www.themandalasuites.
de ■ €€
Das Boardinghouse in
Top-Lage bietet Suiten
zwischen 40 und
100 Quadratmetern. Ihre
Büroausstattung lässt
keine Wünsche offen. Alle
Räume sind elegant ein-
gerichtet. Ein nahezu
perfekter Sekretariats-
service ist hier das
Nonplusultra.

Wyndham Berlin Excelsior Hotel

Karte N4 ▪ Hardenbergstr. 14 ▪ +49 30 315 50 ▪ www.hotel-excelsior.de ▪ €€

Das Vier-Sterne-Haus mit 316 Zimmern liegt zentral in der westlichen City. Es präsentiert sich in zurückhaltender zeitgenössischer Eleganz mit freundlichem Service, vielen Business-Einrichtungen und guten Extras bei exzellentem Preis-Leistungs-Verhältnis.

Preiswert

BaxPax Kreuzberg

Karte H5 ▪ Schlesische Str.18 ▪ +49 30 611 7116 ▪ www.baxpax.de ▪ €
Besser als eine Jugendherberge und günstiger als eine Pension: Im BaxPax schläft man in ausrangierten VW-Käfer-Betten und bekommt ein nettes, junges und internationales Publikum gleich dazu. Aber: nichts für Leute über 30 und tief im Kreuzberger Kiez gelegen.

BaxPax Mitte

Karte F2 ▪ Chausseestr. 102 ▪ +49 30 2839 0965 ▪ www.baxpax.de ▪ €
Das Hostel ist ideal für junge Rucksacktourlauber. Am günstigsten ist ein Bett im Schlafsaal. Es gibt Pool und Sauna.

Bed & Breakfast Ring

www.bandb-ring.de ▪ keine Kreditkarten ▪ €
Bed & Breakfast Ring vermittelt Gästezimmer im gesamten Berliner Stadtgebiet. Meist handelt es sich hierbei um Zimmer in Pensionen, aber auch Privatzimmer werden angeboten. Mit-

unter hat man auch ein ganzes Apartment für sich. Die Qualität der Unterkünfte ist unterschiedlich, der Preis hingegen stimmt immer.

die fabrik

Schlesische Str. 18 ▪ +49 30 611 7116 ▪ www.diefabrik.com ▪ keine Kreditkarten ▪ €
Der Name ist Programm in dieser Mischung aus Pension und Jugendherberge: Das alternative Jugend- und Kulturzentrum in Kreuzberg ist Anlaufstelle für Rucksackurlauber aus aller Welt.

EastSeven Berlin Hostel

Karte H2 ▪ Schwedter Str. 7 ▪ +49 30 9362 2240 ▪ www.eastseven.de ▪ €
Das Hostel liegt unweit von schicken Bars und Cafés und in Gehweite zu Museumsinsel und Alexanderplatz. Zum Angebot des Hauses gehören ein Garten zum Entspannen und kostenloses WLAN.

Gay Hostel

Karte D5 ▪ Motzstr. 28 ▪ +49 30 2100 5709 ▪ www.gay-hostel.de ▪ €
Das Hostel liegt im Herzen von Schöneberg mit seiner schwulen Szene. Mit dem Hostel-Pass erhält man in den Lokalen der Gegend Ermäßigungen. Die Zimmer bieten Tresor, Flachbild-TV und kostenloses WLAN.

Grand Hostel Berlin

Karte F5 ▪ Tempelhofer Ufer 14 ▪ +49 30 2009 5450 ▪ www.grandhostel-berlin.de ▪ €
Das Hostel in einem Wohnhaus der Gründerzeit liegt zentral in Kreuzberg. Es bietet Zim-

mer für eine bis zu sechs Personen mit bequemen Betten sowie Frühstücksbüfett, kostenloses WLAN und Fahrradvermietung.

Hotel Transit

Karte F6 ▪ Hagelberger Straße 53 – 54 ▪ +49 30 789 0470 ▪ www.hotel-transit.de ▪ €
Die internationale Jugendherberge versteckt sich auf zwei Etagen eines alten Industriebaus und bietet u. a. auch Mehrbettzimmer für bis zu sechs Personen an. Das Transit Loft ist die Filiale zwischen Alexanderplatz und Prenzlauer Berg.

Hüttenpalast

Karte H6 ▪ Hobrechtstr. 66 ▪ +49 30 3730 5806 ▪ www.huettenpalast.de ▪ €
Das in einer alten Staubsaugerfabrik gelegene Boutique-Hotel besteht aus zwei Hallen, in denen mehrere alte Wohnwagen sowie kleine Holzhütten als Herbergen aufgestellt wurden. Indoor-Schaukel, ein künstlicher Teich und Bio-Speisen im Straßencafé gehören zum Angebot des Hauses.

The Circus

Karte G2 ▪ Weinbergsweg 1a ▪ +49 30 2000 3939 ▪ www.circus-berlin.de ▪ €
Der Circus besteht aus zwei Häusern in unmittelbarer Nachbarschaft zueinander und in bester Lage am Rosenthaler Platz mit seinen vielen Cafés und Restaurants: einem Hostel und einem Hotel mit 60 Zimmern. Beide sind ungemein beliebt, weshalb man frühzeitig reservieren sollte.

Preiskategorien siehe S. 172

Textregister

Impressum & Bildnachweis

Autor
Jürgen Scheunemann
Mitautor Jeremy Gray

DK London

Lektorat
Georgina Dee, Vivien Antwi, Ankita Awasthi-Tröger, Michelle Crane, Rachel Fox, Freddie Marriage, Fíodhna Ní Ghríofa, Scarlett O'Hara, Sally Schafer, Avijit Sengupta, Christine Stroyan, Petra Falkenberg, Anna Streiffer, Hilary Bird

Überarbeitete Neuauflage
Hansa Babra, Parnika Bagla, Marta, Bescos, Subhadeep Biswas, Mohammad Hassan, Gabrielle Innes, Bharti Karakoti, Shikha Kulkarni, Priyanka Kumar, Daniel Mosseri, Adrian Potts, Kanika Praharaj, Rohit Rojal, Anuroop Sanwalia, Farah Sheikh, Anupama Shukla, Lucy Sienkowska, Mark Silas, Aakanksha Singh, Rituraj Singh, Flora, Spens, Hollie Teague, Priyanka Thakur, Vaishali, Vashisht, Vinita Venugopal, Ajay Verma, Danielle, Watt, Åsa Westerlund, Tanveer Zaidi

Gestaltung und Bildredaktion
Phil Ormerod, Sunita Gahir, Jason Little, Phoebe Lowndes, Susie Peachey, Vagisha Pushp, Ellen Root, Oran Tarjan

Umschlaggestaltung
Maxine Pedliham, Bess Daly

Kartografie
Dominic Beddow, Simonetta Giori, Mohammad Hassan, Suresh Kumar, Casper Morris

Herstellung
George Nimmo, Azeem Siddiqui, Linda Dare

Zusätzliche Fotos
Dorota Jarymowicz, Mariusz Jarymowicz, Britta Jaschinski, Rough Guides/Tim Draper, Rough Guides/Diana Jarvis, Rough Guides/Roger d'Olivere Mapp, Rough Guides/Roger Norum

Illustrationen
www.chrisorr.com

Bildnachweis

Mateuszolszowy 41u; Matteocozzi 114or; Lucian Milasan 12ml; Minnystock 1; Mishkacz 96ul; Luciano Mortula 55om, 129or, 145o; Kalin Nedkov 3or, 162–163; Noppasinw 79or; Olena Buyskykh 25mlu; Andrey Omelyanchuk 61or; Vladimir Ovchinnikov 160ul; Sean Pavone 24–25m, 157or; Petarneychev 78ol; Andrey Popov 12–13m; Peter Probst 60mr; Ricochet69 132ml; Romangorielov 10mro; Rudi1976 3ol, 4o, 82–83; Mario Savoia 30ml; Spongecake 156ol; Petr Švec 124o; Sylvaindeutsch 52ml; Tmscherzer 120ul; Totalpics 142–143; Anibal Trejo 49u, 98mu,112ol; Ferenc Ungor 138m; Mirko Vitali 80um; Vvoevale 7or, 24ml, 26um, 76ol; Jannis Werner 152ur; Jeff Whyte 50mlo; Alex Zarubin 116um

Facil Restaurant: Lukas Roth 75or

©Filmpark Babelsberg: 65ul

Friedrichstadt-Palast: Götz Schleser 67or

Brauhaus Georgbräu: 108ul

Getty Images: 58mru; Bloomberg 91ul; DeAgostini 51um; John Freeman 31mro; Sean Gallup 68mlu; Heritage Images 19um, *Bildnis des Kaufmanns Georg Gisze* von Hans Holbein (1532), Staatliche Museen Berlin 40mlo; Lonely Planet 36ol; Travelstock44 – Jürgen Held 20–21m; ullstein bild 132ur

Grand Hyatt Berlin: 117or

Gugelhof: 141ml

Restaurant & Café Heider: 161mru

iStockphoto.com: DigitalVision Vectors/ Grafissimo 47ur; Robert Herhold 21ul

Jüdisches Museum Berlin: Schenkung von Dieter und Si Rosenkranz/Jens Ziehe 43ol, Burkhard Katz 43mro; Spertus Institute Chicago/Roman März 43mlu, Yves Sucksdorff 42ul, 42–43mo

Klunkerkranich: Julian Nelken 134ur

Kulturforum Berlin: © Philipp Eder 4ml, 38ml, 38mru, 38ml

Kunst-Werke: 99ur

Labyrinth Kindermuseum: 64ul

La Lavanderia Vecchia: 135or

James MacDonald: 73ul

Matrix: 148ul

Mein Haus am See: 71mr

Mr. Susan: 100u

Museum für Naturkunde: A. Dittmann 64mr

Nola's: 101or

Overkill GmbH: 133mru

Pop-Kultur: Camille Blake 81cl

Ratskeller Köpenick: 149ml

Restaurant Lubitsch: 127mro

Robert Harding Picture Library: Hubertus Blume 31ol; Siegfried Grassegger 20um; Thomas Robbin 30mlu; Ingo Schulz 28–29, 33ol; Lothar Steiner 23u

Schwules Museum: Tobias Wille 69u

Sra Bua Bar: 92ul

Staatliche Museen zu Berlin: 38bl; David von Becker 38–39m

SuperStock: Javier Larrea/age fotostock 18mo

Tim Raue Restaurant, Berlin: 74o

Victoria Bar: 73o

Weekend Club: 70u

Zillestube: 109or

Umschlag

Vorderseite und Buchrücken:
Dreamstime.com Sergey Dzyuba
Rückseite: **AWL images** Sabine Lubenow mlo;
Dreamstime.com Minnystock ur; **iStockphoto.com** jotily or; Leonordo Patrizi ur

Extrakarte

Dreamstime.com Sergey Dzyuba

Alle anderen Bilder © Dorling Kindersley.
Weitere Informationen unter
www.dkimages.com

Titel der englischen Originalausgabe

DK Eyewitness TOP10 Berlin
© Dorling Kindersley Limited, London, 2002, 2022
Ein Unternehmen der
Penguin Random House Group
Alle Rechte vorbehalten

Text © Jürgen Scheunemann

© der deutschsprachigen Ausgabe by Dorling Kindersley Verlag GmbH, München, 2002, 2022
Ein Unternehmen der
Penguin Random House Group
Alle deutschsprachigen Rechte vorbehalten

Aktualisierte Neuauflage 2023/2024

Verlagsleitung Monika Schlitzer
Programmleitung Heike Faßbender
Redaktionsleitung Stefanie Franz
Projektbetreuung Theresa Fleichaus
Herstellungskoordination Antonia Wiesmeier
Covergestaltung Sabine Hüttenkofer

Redaktion Matthias Liesendahl, Berlin
Schlussredaktion Birgit Annecke-Patsch, Unterschleißheim

Satz & Produktion DK Verlag
Druck Vivar Printing, Malaysia

MIX
Papier | Fördert gute Waldnutzung
FSC
www.fsc.org
FSC® C018179

ISBN 978-3-7342-0699-3
17 18 19 20   25 24 23 22

www.dk-verlag.de

Berlinerisch für Anfänger

Die »Berliner Schnauze« ist berühmt-berüchtigt. Jeder Neu-Berliner und Besucher kann eine Anekdote über die erste Begegnung mit einem alteingesessenen Berliner und dessen vermeintlich rüder Anrede erzählen. Alles halb so wild! Oder, wie der Berliner sagt: **Beboomölen Se sich man nich!**

Einflüsse

Der Berliner Dialekt entwickelte sich ursprünglich aus dem Niederdeutschen. Hinzu kamen zahlreiche Einflüsse aus dem Niederländisch-Flämischen, aus dem Französischen und dem Jiddischen, nicht zu vergessen die vielen slawischen Einfärbungen, wie man sie an den Endungen vieler Ortsnamen auf **-in** und **-ow** erkennen kann. Und schließlich hat das Obersächsische deutliche Spuren hinterlassen.

Vor allem die französischen Hugenotten, die der von Kurfürst Friedrich Wilhelm im Edikt von Potsdam (1685) ausgesprochenen Einladung folgten, bereicherten das Berlinerische unüberhörbar, etwa wenn der Berliner von seiner **Bagage** (Familie) spricht oder von der **Elle** (Schwester). Man bestellt eine **Bulette** in der **Budike** (Kneipe), und der Tischnachbar macht mal wieder einen auf **etepetete** (von: être peut-être).

Was liebe **uff jut Berlinisch** gesagt wird, ist also eine gewachsene Mixtur. Dabei war der Dialekt seit je vor allem eine Angelegenheit der unteren Schichten der Gesellschaft. Der Adel und das Bürgertum bemühten sich dagegen um »richtiges Deutsch«, also Hochdeutsch. Wirklich berlinert wird eigentlich nur noch in den östlichen Bezirken der Stadt sowie in Wedding und Neukölln. Der »echte« Westberliner schaltet allenfalls bei Bedarf von Hochdeutsch auf Berlinisch um – und genauso schnell wieder zurück.

Vom Wahren im Falschen

Die Grammatik des Berlinerischen weist einige Eigentümlichkeiten auf, die Zugereiste immer wieder zusammenzucken lassen. Am auffälligsten ist der »Akkudativ«, bei dem hochdeutscher Akkusativ und Dativ gewissermaßen verschmelzen. **Ick liebe dir** bleibt für Berliner völlig korrekt, genauso wie **Haste die Frau dit jesagt?** Den Genitiv hat man gleich ganz abgeschafft: **Mit den Mann seine Misch-**

poke bezeichnet man die Familie des Mannes. Möglich wäre auch **die Mischpoke von den Mann**. Gewöhnungsbedürftig ist zudem die Passivformen, die man mit allerlei Einschüben und Verdoppelungen versieht: **Det is jemacht jeworden.** Überhaupt sind außergewöhnliche Satzkonstruktionen höchst beliebt und sozusagen der Ritterschlag für jeden Berliner: **Det hätt ick man eher solln wissn.** Falsch klingt das alles nur für den **Zujezogenen**. Und ob die Cottbusser sich über das Kottbusser Tor in Kreuzberg aufregen, interessiert den Berliner **nich die Bohne**, das ist ihm schlicht **piepejal**.

Zwischenmenschliches

Heute hört man echtes Berlinerisch wesentlich seltener als noch vor 50 Jahren. Oft begegnet man ihm noch bei Bus- oder Taxifahrern, Kellnern und Verkäuferinnen, die mal mehr, mal weniger stark berlinern.

Wenn es aber darum geht, etwas exakt **uff'n Punkt** zu bringen, benutzt der Berliner gerne die eine oder andere Vokabel oder Redensart. In der Metropole Berlin bemüht jedoch auch der Zugezogene seine rudimentären Kenntnisse des Berlinerischen regelmäßig, um sich verständlich zu machen. Das beginnt bei **Haste ma 'n Euro?** und endet bei **Machen Se't jut!** Es gehört einfach zum guten Ton, ein paar Brocken Berlinerisch zu können. Die Einladung **Imma rin inne jute Stube** beim Betreten eines Ladens verlangt eine angemessene Antwort wie **Een wundaschön!** für »Guten Tag!« oder zumindest **Tachchen.**

Eine Frage wie **Wie jeht's?** beantwortet man gar nicht mundfaul mit **Jestan jing's noch.**

Von Blümchenkaffee und Destillen

Beim Einkaufen sind einige Besonderheiten zu beachten. So provoziert die Frage nach der süddeutschen »Semmel« statt **'ner Schrippe** schlimmstenfalls völliges Übergangenwerden seitens des Verkäufers. Der **Pfannkuchen** entspricht dem süddeutschen Krapfen, die bereits erwähnte **Bulette** der Frikadelle.

Neben der allseits bekannten Berliner Weiße trinkt man in Berlin gerne **'ne Molle und'n Korn**, die Damen bevorzugen **Berliner Luft**. In die **Destille**, die Kneipe, geht man, um **een zu zwitschan**. Wer zu viel getrunken hat, fühlt sich schnell **blümerant**, dann hilft auch kein **Blümchenkaffee** (der so dünn ist, dass das Blümchenmuster der Tasse durchscheint) mehr. Aber das hat man nun mal davon, wenn man sich die **Kante jibt**.

Apropos: Auch in Berlin sind **Fluppen** oder **Steebchen** (Zigaretten) nur vor der Kneipe zu genießen!

Beim Bezahlen von **eens fuffzich** muss so mancher Nicht-Berliner nachfragen, um dann – gar nicht charmant – als **falscha Fuffzja** bezeichnet zu werden. Die völlig falsche Antwort auf eine Zahlungsaufforderung seitens des Kellners wäre: **Ick hab keene Puseratze mehr,** denn damit würde man signalisieren, dass einem das Geld ausgegangen ist.

Zum Schluss sei jedem Besucher Berlins angesichts der holprigen Gehwege und **Tretminen** (Hundehaufen) geraten: **Kieken Se'n bisskin, wo Se hinloofen!**

Ach Jottchen!	Ach Gott!
Atze	Bruder
Auf dem Kien sein	wachsam sein
ausbaldowern	planen, herausfinden
ausgebufft	raffiniert, schlitzohrig
baff	verwundert, erstaunt
Bammel	Angst
belämmert	ungünstig, unangenehm
belämmert gucken	verdutzt aussehen
Billett	Eintrittskarte
Bimbam	Ausruf des Erstaunens (»Heiliger Bimbam!«)
blümerant	unwohl, frz. »bleu murant« (blassblau)
Bockwurst	Lieblingsimbiss der Berliner (vor Erfindung der Currywurst)
Bonje	Kopf
Bredouille	Bedrängnis
Bulette	Frikadelle; aus dem Französischen
Currywurst	mit Curry gewürzte Dampfwurst; erfunden 1949 in Charlottenburg
Daffke	Trotz
Deez	Kopf
dicke tun	sich aufspielen
dicke sein	befreundet sein
Dreikäsehoch	kleiner Junge

dufte	klasse, toll
dunnemals	damals, vor langer Zeit
Dunst	Ahnung
Dusel	Glück gehabt
Es zieht wie Hechtsuppe	Es zieht; abgeleitet aus dem Jiddischen »hech soppa« (starker Sturm)
Essig	Reinfall (»Mit Freibier war't Essig«: Es gab kein Freibier.)
Etablissement	Kneipe, Lokal; aus dem Französischen
etepetete	zimperlich, vornehm
Fatzke	Wichtigtuer
Feez	Ärger, Unsinn (»Nu' mach hier ma' nich' so'n Feez!«)
Fisimatenten	Schwierigkeiten; Verballhornung des frz. »Visite ma tente«
Fletz	ungehobelter Mensch
Flitzpiepe	Nichtsnutz, Spinner
Fresse	abfällig für Mund (»Halt die Fresse!«)
Futterage	Esswaren
Gesangsverein	Ausruf des Erstaunens (»Mein lieber Herr Gesangsverein!«)
Getue	großspurige Aufmachung, hinter der nichts steckt
Göre	Kind
Griebsch	Kerngehäuse eines Apfels
Großkotz	Angeber
Hackepeter	gewürztes Schweinehack
happig	stark, viel, mächtig
Heckmeck	Getue
Heini	abfällige Bezeichnung für einen Mann
helle	klug

höchste Eisenbahn	eilig, knapp	**Nuckelpinne**	abfällig für kleines Auto
Hupfdohle	Balletttänzerin		
jwd	ganz weit weg, außerhalb der Stadt (von: »janz weit draußen«)	**Omme**	Kopf
		Ooge	Auge
		Paddenpuber	Ausflugsdampfer
		pesen	sausen, flitzen
Kabuff	kleines Zimmer	**Pfannkuchen**	Berliner, Krapfen
kajolen	jagen, eilen	**piefig**	verstaubt, spießig
Keule	bester Freund, Kumpel	**Piefke**	Dummkopf
		Pinke	Geld
Kiez, Kietz	Wohnviertel	**Pinkel, feiner**	abwertend für: vornehmer Herr
Kinkerlitzchen	überflüssiges Drumherum; frz. »quincaille« (dt. Flausen)		
		Plauze	Bauch
Kintopp	Kino; Alfred Topp war Besitzer des ersten Kinos in Berlin.	**Pulle**	Flasche
		Quadden	kleine Kinder
		Rotzlöffel	besonders frecher Junge
Knille	Macke, Vogel		
knülle	betrunken	**Scheese**	Auto; frz. »chaise«
labern	zu viel reden	**schnieke**	elegant, schön
Lackaffe	Schönling	**Schrippe**	einfaches Brötchen
lackmeiern	jemanden reinlegen		
		Schusterjunge	Roggenbrötchen
Leine ziehen	verschwinden	**schwofen**	tanzen, sich vergnügen
Macker	männlicher Freund		
meschugge	verrückt (aus dem Jiddischen)	**Spree-Athen**	Berlin
		Steppke	kleiner Junge
Mischpoke	ganze Familie	**Stuckerpflaster**	Kopfsteinpflaster
mittenmang	mittendrin	**Stulle**	belegtes Brot
Molle	Bier	**Trottoir**	Bürgersteig, frz.
Mostrich	Senf	**urst**	toll (Ostberl.)
Muckefuck	Ersatzkaffee; frz. »mocca faux« (falscher Mokka)	**veräppeln**	reinlegen
		verduften	abhauen
		Wackelpeter	Götterspeise
Nappsülze	inaktiver Mensch	**Zoff**	Ärger, Streit
		zwitschern	(Alkohol) trinken